EMILIA LINT

Bis ans Ende meiner Welt

GOLDMANN
Lesen erleben

Buch

Juliane ist 35 Jahre alt, als sie wie durch einen Faustschlag aus ihrem Alltag gerissen wird. Sie hat Krebs, der Tumor in ihrem Kopf ist unheilbar. Auf der Heimfahrt vom Krankenhaus verunglückt vor ihr auf der Autobahn ein Schlachtpferdetransporter. Einem spontanen Impuls folgend, rettet sie einen Wallach, den sie auf den Namen »Lazarus« tauft. Als ob sie nicht schon genug Probleme hätte, muss sich Juliane nun auch noch um ein ausgewachsenes Pferd kümmern. Statt gänzlich zu verzweifeln, beschließt sie, ihrem bisherigen Leben den Rücken zu kehren. Sie packt ihren alten Wanderrucksack, schreibt Abschiedsbriefe und bricht auf. Lazarus nimmt sie mit auf ihren Weg. Unterwegs begegnet sie verschiedenen Menschen, die ihr Mut und Kraft geben, mit ihrem Schicksal umzugehen. Und mit jedem Schritt mehr wandelt sich ihre Flucht vor der Krankheit zu einer Reise zu sich selbst …

Autorin

Emilia Lint, 1978 im Ruhrgebiet geboren, studierte Literaturwissenschaften und Geschichte. Schon seit Kindertagen reitet sie und hat eine besondere Vorliebe für Barockpferde. In ihrer Freizeit zieht es sie oft in die Berge zum Wandern und manchmal auch nur auf die Couch, um ein gutes Buch zu lesen. Emilia Lint schrieb unter anderem Namen bereits mehrere erfolgreiche Romane.

Emilia Lint

Bis ans Ende meiner Welt

Roman

GOLDMANN

1. Auflage
Originalausgabe Oktober 2017

Umschlaggestaltung: UNO Werbeagentur, München
Umschlagmotiv: FinePic®, München
Adyna / getty images
Redaktion: Hannah Brosch
em · Herstellung: kw
Satz: Uhl + Massopust, Aalen
Druck und Bindung: GGP Media GmbH, Pößneck
Printed in Germany
ISBN: 978-3-442-48619-9
www.goldmann-verlag.de

Für meinen Vater

Kapitel 1

Eigentlich sah es harmlos aus. Fast wie ein kleiner Tintenfisch. Rundlich, mit krummen Armen, die er nach allen Seiten ausstreckte, um vorsichtig die Windungen ihres Hirns zu ertasten.

Juliane starrte auf die Bilder, überprüfte eines nach dem anderen, auf denen der Krake mal größer und mal kleiner aussah. Sie ging methodisch vor, las jeden Code und jeden Buchstaben, von beidem verstand sie nichts.

Alles in dem Zimmer mit seinem Elektronikgesumm und den kahlen weißen Wänden schien seinen Fokus auf sie und den kleinen Kraken zu wenden, der es sich in ihrem Kopf gemütlich gemacht hatte.

Es war so unwirklich, dass es nur ein schlechter Scherz sein konnte. Juliane wartete darauf aufzuwachen. Sie hätte sich gerne gekniffen, doch dazu fehlte ihr die Kraft. Reichte die doch gerade noch, um zu atmen. Ganz flach, ganz selten, als könne sie sich aus diesem Alptraum davonstehlen, wenn sie sich nur lange genug leise verhielt.

Krebs.

Ich habe Krebs.

Deshalb die Kopfschmerzen, deshalb die Konzentrationsprobleme. Wie lange hatte sie schon bei Migräne Schmerzmittel geschluckt? Ein Jahr? Siebzehn Monate? Länger?

Warum hatte es niemand vorher erkannt? Warum hatte es verdammt noch mal acht Wochen gedauert, bis sie einen Termin fürs CT bekam?

Der Arzt stand neben ihr wie ein weißgekleideter Todesengel. Er sah freundlich aus. Ein rundliches, rotwangiges Gesicht, Adlernase und etwas zu große Ohren. Er ging auf die sechzig zu, besaß nur noch an den Schläfen einige graue Haare, und auch die schienen auf der Flucht.

Warum sagt er nichts?, dachte sie mit wachsender Panik und beobachtete, wie sein Adamsapfel auf und ab stieg, während er schluckte und nach den richtigen Worten suchte.

Gab es womöglich keine richtigen Worte, sondern nur falsche?

Juliane wollte keine Phrasen hören, wenn es nur Schlechtes zu sagen gab. Kein *Kopf hoch* oder *Das wird schon wieder*. Pure, marmorkalte Ehrlichkeit, das wollte sie und hatte zugleich mehr Angst als je zuvor in ihrem Leben.

Warum ist Martin jetzt nicht hier? Er ließ sie doch sonst nie im Stich, wenn es darauf ankam. Aber er musste arbeiten, und dies war eine Routineuntersuchung.

Diese verdammte Stille des Arztes … sein Schweigen wurde mit jedem Sekundenbruchteil unerträglicher.

»Sagen Sie doch etwas«, flehte Juliane.

Ihr Flüstern ließ den Arzt zusammenzucken. Er trat von ihr weg, näher an die Lichtwand, an der die Bilder aus dem CT befestigt waren.

»Es tut mir leid, Frau Radu. Sie haben Krebs.« Er sah sie nicht an, was ihr sofort klarmachte, dass sie nicht einfach davonkommen würde.

»Können Sie … können Sie es herausoperieren?«

»Um das herauszufinden, müssen wir noch weitere Untersuchungen durchführen. Frau Radu …« Jetzt drehte er sich doch um. Sie erkannte ihn kaum wieder. Sein Gesicht war zur Maske geworden. Blass und schmaler als zuvor. Seine spiegelnden Brillengläser verhinderten, dass sie ihm in die Augen blicken konnte. Machte er das mit Absicht? Hatte er diese Position einstudiert?

»Ich will Ihnen keine falschen Hoffnungen machen …«

Unsichtbare Hände schienen ihr die Kehle zuzudrücken. Juliane spie ihm die Worte regelrecht entgegen. »Sagen Sie doch, dass ich sterbe! Ich bin schon dabei und habe es bis jetzt nicht einmal geahnt.«

»Die Wahrscheinlichkeit, dass Sie an dieser Krankheit sterben werden, ist sehr hoch. Ich bedauere. Aber das heißt nicht, dass Sie nicht noch einige Zeit haben … Es gibt Therapien.«

Er sagte es so emotionslos wie eine Verkäuferin, die ihr mitteilte, dass es keinen Gouda mehr gab, sie aber stattdessen Edamer Käse kaufen könne. Und da war es plötzlich mit ihrer Ruhe vorbei. Ein wildes Zittern entstand in ihrer Brust, pochend, bebend, brennend.

»Können Sie es verdammt noch mal da rausholen?«, presste sie hervor.

»Wir müssen noch weitere Untersuchungen …«

»Reden Sie Klartext, ich bin doch nicht blöde!«

Der Mediziner rang nach Atem. »Sehen Sie das?«

Er trat vor und wies mit dem Zeigefinger auf einen Krakenarm. »Da ist das Problem. Ihr Tumor sitzt nicht wie eine Kugel in dem Gewebe, sondern erstreckt sich in viele Bereiche hinein. Wir müssen erst eine Chemotherapie versuchen, wenn er ausreichend schrumpft, und nur dann, können wir operieren.«

»Und dann wäre ich geheilt?« Es klang unwirklich.

»Die Wahrscheinlichkeit, dass ich den Tumor restlos entfernen kann, ohne wichtige Bereiche des Hirns zu schädigen, ist offen gesagt sehr gering.«

Juliane nickte, nickte und konnte nicht mehr aufhören, bis ihr klar wurde, dass der Krake in ihrem Kopf mitnickte. Schlagartig hielt sie inne.

Der Arzt verzog seine Mundwinkel zu einer Grimasse, die wohl ein aufmunterndes Lächeln darstellen sollte. »Ich denke, es ist das Beste, wenn Sie Ihren

Mann oder ein Familienmitglied anrufen, das Sie abholt. So eine Diagnose zu bekommen ist hart. Vertrauen Sie sich jemandem an, und dann telefonieren wir in den nächsten Tagen über weitere Schritte.«

»Nein.«

»Nein?«

»Ich möchte, dass Sie mir jetzt sagen, wie meine Chancen sind.«

Der Arzt fasste sie am Arm, doch Juliane wand sich aus seinem Griff und wich zurück, bis sie an der Stelle im Raum stand, die am weitesten von der Tür entfernt war. Sie fühlte sich, als würde sie jeden Moment den Verstand verlieren. Und wie immer, wenn sie sich aufregte, wurden ihre Kopfschmerzen heftiger.

»Wie lange?«, brüllte sie.

Die Tür wurde geöffnet, und eine Krankenschwester sah besorgt durch den Spalt herein. Der Arzt flüsterte etwas und schickte sie mit einer Geste fort. Dann ging er zu einem Stuhl und setzte sich.

Stille breitete sich aus. Wieder Stille. Schließlich ließ das Pochen in Julianes Kopf ein wenig nach, und sie trat zögernd auf den Mediziner zu. »Wie lange?«, fragte sie mit erzwungener Ruhe.

»Wenn wir alles ausschöpfen, was die Medizin Ihnen bieten kann, also Chemotherapie und Operationen, würde ich sagen, dass Sie auf jeden Fall noch ein Jahr haben, mit sehr viel Glück zwei.«

Juliane schluckte an der bitteren Wahrheit. »Und wie viel Zeit davon werde ich im Bett verbringen?«

»Schwer zu sagen …«

»Weil Sie wahrscheinlich nicht alles rausbekommen oder irgendwas kaputt schneiden …«

Er nickte. »Exakt.«

»Und wenn ich nichts mache?«

Der Mediziner hob ruckartig den Kopf und sah sie an, als hätte sie vorgeschlagen, sich zwecks OP von Aliens entführen zu lassen. »Nichts?«

»Ja genau. Wenn ich einfach lebe, und die Zeit, die ich habe, nutze, so gut ich kann. Wie lange kann ich noch laufen, sehen, denken? Wie lange Mensch sein?«

Er stieß den Atem aus und kratzte sich am Kopf. Schob die Brille erst auf seiner Nase zurück und nahm sie dann ganz ab. »Drei Monate, vielleicht ein halbes Jahr. Sie könnten Cortison nehmen, vielleicht hemmt es das Wachstum ein wenig.«

»Also entweder verbringe ich den Rest meines Lebens hier, feilsche um ein paar Monate, indem ich meinen Körper vergifte und Sie an mir herumoperieren lasse, oder ich habe weniger Zeit, dafür aber wie und wo ich will?«

Der Arzt war von ihrem Ausbruch völlig irritiert. »Aber ich würde Ihnen raten …«

Juliane hatte genug gehört, sie griff nach Jacke und Handtasche und ging.

Die Krankenhausflure glichen einem weißen Labyrinth. Juliane durchwanderte sie wie in Trance. Schwankte mehr vorwärts, als dass sie lief.

Sie scheute sich vor jedem Gedanken. *Wenn mein Kopf doch nur einfach leer sein könnte! Ganz leer.*

Als sie ihr Auto erreichte, einen silbergrauen Mini, wusste sie einen Moment lang nicht, wie sie überhaupt in die Tiefgarage gelangt war. Konnte sie sich doch weder an das Parkhaus noch die Treppe erinnern, die sie sicher hinuntergegangen war. Auch das Parkticket war bezahlt.

Es fängt schon an, dachte Juliane in einem Anflug von Panik. *Der Krake frisst nicht nur mein Hirn, sondern auch meine Gedanken und Erinnerungen auf.* Dann fielen ihr wieder die Flure mit den Kunstdrucken von Sonnenblumen und Tulpen ein und die Richtungsweiser an der Treppe. Die Schilder hatten sie hergeleitet.

Sie drückte auf den Autoschlüssel, riss die Tür auf und ließ sich in den bequemen Sportsitz fallen. Beinahe automatisch griff sie nach ihrem Handy und suchte Martins Nummer heraus. Anruf oder SMS? Sie zögerte. Legte das Telefon auf ihren Schoß. Wie sollte sie es ihm sagen?

Hallo Schatz, ich habe einen Hirntumor, aber reg dich nicht auf, ich fahre auf dem Rückweg noch einkaufen.

Sie hatte mehr Zeit ihres Lebens mit Martin verbracht als ohne ihn. Seit der elften Klasse waren sie ein Paar, hatten nur selten Dinge getrennt unternommen.

Manchmal glaubte Juliane, sie kenne ihren Ehemann besser als sich selbst. Und so zweifelte sie nicht daran, dass sie ihm mit dieser Nachricht das Herz brechen würde. Fortan würde er jeden Moment bei ihr verbringen wollen, sie nicht mehr aus den Augen lassen.

In den letzten Jahren hatten sie vor allem nebeneinander und wenig miteinander gelebt. Martin hatte als Architekt eigentlich immer viel zu tun. Besonders in letzter Zeit, nachdem sich sein langjähriger Partner in den Ruhestand verabschiedet hatte. Sie sahen sich selten, aber das machte ihnen nach all den Jahren nicht mehr viel aus. Sie aßen morgens und abends gemeinsam, besprachen ihren Alltag, und am Wochenende unternahmen sie immer zumindest an einem Tag etwas. Eis essen oder einen kleinen Spaziergang.

Juliane hatte geglaubt, dass es für immer so weitergehen würde. Bis sie beide uralt waren. Jetzt hatte ihre Vorstellung plötzlich Risse bekommen, die sich durch nichts wieder kitten lassen würden. Ihre Lebensplanung war zerbrochen. Es fühlte sich an, als hätte ihr jemand alle Pläne entrissen und sie durch eine Tür geschickt. Nun stand sie in einer neuen und zugleich so vertrauten Welt, in der Hand nur noch eine Uhr, die beständig rückwärtslief.

Sie meinte, sie ticken hören zu können, zu sehen, wie der Zeiger dem Ende, ihrem Ende, entgegenhuschte.

Juliane atmete tief durch und schob ihr Handy zurück in die Handtasche. *Ich kann das nicht*, dachte sie. *Ich kann nicht einfach so am Telefon sagen, dass ich sterbe.*

Nach einigen tiefen Atemzügen fühlte sie sich ruhig genug, um den Wagen zu starten. Langsam steuerte sie aus der Tiefgarage, aus einer grauen Betonwelt in einen sonnigen Frühlingstag hinein. Die gleißende Helligkeit flutete die tiefen Straßenschluchten.

Juliane fischte ihre Sonnenbrille aus dem Handschuhfach, setzte sie auf und dachte: *Dies ist mein letzter Frühling. Ich hoffe, er wird schön.*

Es war seltsam, wie klar sie plötzlich wieder denken konnte. Die Angst hatte sich einen Moment lang zurückgezogen.

Sie schlug das Lenkrad ein, konzentrierte sich ganz aufs Fahren und steuerte den Wagen durch die Innenstadt, vorbei an Einkaufspassagen und einer Baustelle hin zur Landstraße.

Martin und sie hatten immer von einem Haus auf dem Land geträumt und sich diesen Wunsch vor acht Jahren erfüllt. Seitdem war zwar der Weg zur Arbeit länger, aber dafür brauchte sie für einen Spaziergang einfach nur zur Tür hinauszugehen und war im Wald.

Eigentlich hätte sie nun zur Arbeit fahren sollen.

Einem kleinen Labor für Lebensmittelüberwachung, in dem sie als Chemikerin angestellt war. Aber es war gerade nicht viel zu tun, ihre Kollegen, fast alles Männer, würden auch ohne sie zurechtkommen.

Der Arzt hatte sie für drei Wochen krankgeschrieben, die Meldung würde sie per Post schicken. Nachher noch eine SMS an ihre Chefin, dass es im Krankenhaus länger gedauert hatte und sie krank war. Dann hätte sie erst mal Zeit, sich zu überlegen, wie sie mit der Diagnose umgehen wollte.

Auf beiden Seiten zogen nun Felder vorbei. Die Allee aus alten, krummen Eichen war noch licht, die Blätter hellgrün und frisch ausgetrieben.

Wie konnte ein so schöner Tag so schlimme Nachrichten bringen? Juliane fühlte die Frühlingssonne auf ihrer Haut und fröstelte, obwohl ihr nicht kalt war.

Sie ließ die Fenster ein Stück herunter und ließ den Fahrtwind ihr dunkelblondes Haar zerzausen. Kurz schloss sie die Augen. Jetzt einfach das Leben ausknipsen, Gas geben, vor die Rotbachbrücke fahren, die gleich nach der nächsten Kurve auftauchen würde, und das wäre es dann.

Ein Knall und Schluss.

Martin würde nicht wochenlang an ihrem Bett sitzen müssen, nicht zusehen, wie ihr die Haare ausfielen, sie abmagerte und ihre Haut zu Pergament werden würde.

Ausknipsen.

Juliane riss die Augen auf. Sie näherte sich mit erhöhter Geschwindigkeit einem Lkw, hinter dem sich schon ein Stau aus mehreren Autos gebildet hatte. Gerade noch rechtzeitig trat sie auf die Bremse und riss den Wagen wieder in die Spur.

Ihr Herz pochte wie verrückt.

Die Fahrer vor ihr drängelten. Einer nach dem anderen trat aufs Gas und überholte den Lkw. Es war offenbar ein Viehtransporter. Juliane drehte automatisch die Lüftung aus und schloss die Fenster. Immer stank es aus diesen Dingern. Die Geflügeltransporte, die es in dieser Gegend oft gab, zogen meist eine Spur aus Federn hinter sich her.

Aber in dem Lkw waren keine Hühner oder Enten.

Je näher sie kam, desto deutlicher konnte sie den Pferdeschweif erkennen, der vom Wind gegen die Seitenwand getrieben wurde. Es war kein Pferdetransporter, wie er sonst von Turniersportlern eingesetzt wurde, dieser hier war dreckig und verbeult. Juliane war jetzt so nah, dass sie ins Innere sehen konnte, wo sich verschwitzte Leiber dicht an dicht pressten.

Der Lkw stieß schwarze Dieselwolken aus, als der Fahrer beschleunigte.

»Idiot!«, schimpfte Juliane. Offenbar kam er nicht von hier, sonst hätte er die scharfe Linkskurve gekannt, die ihn gleich wieder zum Bremsen zwingen würde und es ihr nicht erlaubte zu überholen.

Juliane ging vom Gas. Langsam vergrößerte sich der Abstand, und sie konnte die Tiere nicht mehr so deutlich sehen.

Der Schweif wehte noch immer im Wind, als der Fahrer seinen Fehler bemerkte und ruckartig bremste.

Die Rückleuchten flammten auf. Der Lkw geriet ins Schlingern. Der Fahrer schien die Bewegung abfangen zu können, doch dann kam die Kurve.

Juliane bremste und krallte die Hände ums Lenkrad, während sie zusah, wie das Unvermeidliche seinen Lauf nahm. Der Transporter neigte sich gefährlich weit nach rechts. Das Gewicht der lebenden Fracht drückte ihn auf der Außenseite noch mehr herunter, so weit, dass die linken Räder den Kontakt zum Asphalt verloren.

Funken stoben, als das Fahrzeug von der Wucht gegen die Leitplanke gedrückt wurde. Ein Reifen platzte, Teile wurden nach hinten geschleudert.

»Oh Gott, nein, nein, nein!«, schrie Juliane.

Mit einem dumpfen Knall und einem metallenen Kreischen legte sich der Lkw auf die Seite, rutschte vorwärts und wurde schließlich von einem der Alleebäume abgefangen.

Juliane hielt an und schaltete ihren Warnblinker ein. Ihre Hände zitterten kaum, als sie den Notruf wählte und den Unfall meldete. Sie funktionierte einfach, als hätte sie das schon tausendmal gemacht.

Nachdem sie das Warndreieck aufgestellt hatte, rannte sie zurück zu ihrem Auto.

Sobald sie stehen blieb, hörte sie es. Hufschläge donnerten gegen die blecherne Außenwand des Lkws, Pferde schnaubten. Ansonsten war es unheimlich still.

Der Fahrer hatte sich offenbar aus dem Wagen gerettet. Fassungslos sah sie, wie er davonhumpelte und sich dann einfach ins Gras setzte und den Kopf in die Hände stützte.

»Hey, geht es Ihnen gut? Kommen Sie, Sie müssen nach den Tieren sehen!«

Der Mann schaute sie nur kurz an und verharrte dann weiter. Er rieb sich über das Gesicht und wandte sich von ihr ab. Das war Antwort genug.

Juliane ging zögernd auf den umgekippten Laster zu. Mochte sich gar nicht ausmalen, wie es jetzt da drinnen aussah.

Am liebsten hätte sie sich auch einfach ins Gras gesetzt und abgewartet, bis Leute kamen, für die solche Situationen Alltag waren. Fast hätte sie es getan, wäre da nicht plötzlich dieses klägliche Wiehern gewesen, das ihr durch Mark und Bein ging.

Sie lugte durch einen Riss im Dach des Fahrzeugs und konnte mehrere Pferde ausmachen, die übereinanderlagen. Einige versuchten aufzustehen und traten dabei auf ihre Leidensgenossen. Im hinteren Bereich standen zwei Pferde schwankend auf reglosen Körpern.

»Ich hab doch eigentlich nichts mehr zu verlieren«, sagte Juliane leise, sah noch einmal zu dem verantwortungslosen Fahrer und ging dann ganz um das Fahrzeug herum. Die Ladeklappe stand offen. Mehrere Pferde waren herausgestürzt und lagen reglos auf dem Asphalt. Ein dünnes Rinnsal Blut glitzerte in der Frühlingssonne.

Im Inneren des Lkws war noch Leben. Juliane glaubte wie durch ein Tor direkt in die Hölle zu sehen. Überall Mist, Blut und verrenkte Leiber. Pferde stöhnten vor Schmerzen, ein Geräusch, das sie nie zuvor gehört hatte.

Sie nahm all ihren Mut zusammen und betrat den Lastwagen.

Vorsichtig bahnte sie sich den Weg an zwei Ponys vorbei, die den Unfall nicht überlebt hatten. Ein weiteres Pferd starrte mit glasigem Blick vor sich hin und bewegte langsam ein Vorderbein, der Rest des Tieres war unter anderen begraben, ihm konnte sie auch nicht mehr helfen.

Ein schwaches Wiehern ließ sie aufhorchen. Mit weichen Knien arbeitete sie sich tiefer in den Wagen vor, und dann sah sie das Pferd. Ein Falbe mit einer großen Blesse. Er reckte den Kopf in ihre Richtung und verdrehte panisch die Augen.

Als er versuchte, auf die Beine zu kommen, sah Juliane, dass er mit einem Huf durch einen Lüftungsschlitz in der Außenwand gerutscht war und nun darin feststeckte.

»Ruhig, bleib ganz ruhig«, redete sie auf das Tier ein und erinnerte sich wieder an früher, als sie mit vierzehn jede freie Minute auf dem Reithof verbracht hatte. Sie durfte dem Pferd jetzt keinen Grund geben, noch mehr in Panik zu verfallen.

Es fiel ihr schwer, nicht einfach hinzulaufen, sondern sich zur Ruhe zu zwingen.

»Hey du, wir haben heute beide einen Scheißtag, besser wir überstehen ihn irgendwie gemeinsam«, sagte sie leise und ging vorsichtig in die Hocke. Als sie ihre Hand ausstreckte, schnaubte das Tier erschrocken und blähte die Nüstern noch etwas weiter.

Ganz vorsichtig strich Juliane mit zwei Fingern über die samtene Haut. Dieser Augenblick veränderte etwas in ihr. Sie sah nur noch die panischen Augen des Pferdes und den Angstschweiß, der sich unter dem zerschlissenen Halfter gesammelt hatte, dessen ursprünglich grüne Farbe kaum noch zu erkennen war.

Ganz langsam strich sie dem Tier über die Stirn. »Ruhig, ganz ruhig, bald ist jemand da, der dir helfen wird. Du musst nur ruhig bleiben.«

Juliane spürte, wie das Beben in ihrer eigenen Brust nachließ, das sich dort seit ihrem Aufbruch aus dem Krankenhaus eingenistet hatte. Sie setzte sich vorsichtig neben das Pferd, das sich in ihrer Nähe langsam beruhigte. Zumindest versuchte es nicht mehr aufzustehen.

Juliane verlor ihr Zeitgefühl. Sie hörte sich immer wieder »Alles wird gut, alles wird gut« sagen. Waren die beruhigenden Worte eher an sie selbst oder an das Pferd gerichtet? Wahrscheinlich beides.

Schließlich blinkte Blaulicht über den Asphalt und in den umgestürzten Transporter hinein. Jetzt bemerkte sie auch ein junges Paar, das offenbar zwei Pferde eingefangen hatte und mit ihnen am Straßenrand stand.

Als die Sirenen nun immer lauter wurden, begannen die beiden Pferde zu scheuen. Sie rissen die Köpfe hoch und zerrten an den provisorischen Stricken aus Gürteln und Handtaschenriemen.

Auch im Anhänger wuchs die Unruhe.

»Macht doch die verfluchte Sirene aus«, stöhnte Juliane. Instinktiv fasste sie nach dem Halfter des Wallachs, der daraufhin erst sämtliche Muskeln anspannte und dann derart heftig zerrte, dass er sie ein Stück mit in die Höhe riss.

Sie erschrak und krallte sich nur noch mehr fest.

Das Pferd kämpfte, als ginge es um sein Leben. Seine beschlagenen Vorderhufe kreischten über das Metall des Lkws, doch sie fanden auf der glatten Fläche keinen Halt.

Schließlich verließ ihn die Kraft, und er sank ermattet zu Boden, die Augen gerötet und panisch verdreht. Im gleichen Moment wurde die Sirene endlich abgeschaltet.

Vorsichtig löste Juliane die verkrampften Hände. Der Wallach schnaubte und wurde sofort ruhiger.

Hatte er etwa gar nicht wegen dem Geräusch Angst gehabt, sondern weil er nicht wollte, dass ihn jemand festhielt? »Du armer Kerl, was musst du durchgemacht haben«, sagte Juliane leise und versuchte nicht daran zu denken, wohin dieser Tiertransport unterwegs gewesen war. So reisten sicher keine kostbaren Reit- oder Turnierpferde.

Es bestand kein Zweifel daran, dass diese armen Kreaturen für den Schlachthof bestimmt waren. Womöglich standen sie noch ganz am Anfang ihrer Reise, die sie nach Frankreich oder Italien führen würde. »Ich verspreche dir etwas«, flüsterte Juliane, »wenn du es hier halbwegs fit rausschaffst, dann tue ich alles, was ich kann, um dir ein schönes Zuhause zu suchen.«

Sie strich sanft über das weiche Fell und hatte das Gefühl, dass er sie ganz genau verstand.

»Hey, Sie, sind Sie okay?«, rief jemand.

Es war ein Polizist, der in den Transporter hineinspähte und sie mit der Taschenlampe anleuchtete.

»Ja, ich habe Sie angerufen. Es muss sich dringend jemand um die Pferde kümmern. Viele sind verletzt.«

»Das hier ist tot«, sagte der Polizist nüchtern und richtete den Lichtkegel auf ein am Boden liegendes Pony.

»Und bald werden noch mehr tot sein, wenn sich niemand kümmert«, rief Juliane. Die stoische Art des Mannes machte sie wütend. »Ist denn kein Tierarzt …«

Draußen hallte ein Schuss. Juliane zuckte zusammen. Noch einmal knallte es. Das war sicher eines der Pferde, die aus dem Lkw gefallen waren. Juliane hatte sie alle für tot gehalten. »Bald trifft Verstärkung ein und hoffentlich auch ein Veterinär. Wir haben einen Jäger hinzugezogen«, sagte der Mann erklärend.

Juliane musste blass geworden sein, zumindest fühlte sie sich so, wenn sie sich vorstellte, was gerade dort draußen geschah. Schrecklich. Wahrscheinlich besser für die, die nicht mehr zu retten waren. Aber konnte der Jäger das überhaupt wissen? Er hatte doch gar keine Erfahrung mit Pferden! »Sie sollten nicht hier drin sein, das ist zu gefährlich. Kommen Sie raus, bitte.«

Juliane sah ungläubig zu dem Uniformierten auf. Das konnte nicht sein Ernst sein. »Machen Sie sich keine Sorgen um mich, ich bleibe.«

Er schien ihre Worte nicht gelten lassen zu wollen und näherte sich ihr. Wollte er sie etwa mit Gewalt aus dem Lkw schleifen?

Das Pferd, das bis dahin ruhig geblieben war

und sogar die Schüsse draußen stoisch hingenommen hatte, riss den Kopf hoch und stieß ein lautes Schnauben aus. Es schien zu sagen: *Bis hierher und nicht weiter.*

Der Polizist hob abwehrend die Linke, während die Rechte in Richtung Pistole zuckte. Das große Tier machte ihm Angst, doch auch das Pferd fürchtete sich.

Juliane beging nicht den gleichen Fehler wie vorhin und versuchte nicht, ihn am Halfter festzuhalten. Stattdessen kraulte sie den Wallach vorsichtig unter der Mähne, wo das Fell vor Angstschweiß feucht und klebrig war. »Treten Sie bitte ein Stück zurück und akzeptieren Sie meine Entscheidung. Ich bleibe hier, mir passiert nichts. Sorgen Sie lieber dafür, dass schnell jemand kommt, der den Pferden helfen kann.«

Er zögerte, trat von einem Bein auf das andere und ging dann, ohne noch etwas zu sagen. Sie blickte ihm nach, wie er an zwei toten Tieren vorbeilief, über deren Beine stieg und dann auf die Straße trat. Dort draußen war es gleißend hell. Der Frühlingstag stand in scharfem Kontrast zu der Dunkelheit der kleinen Hölle, in die sie durch Zufall geraten war.

Der Wallach unternahm einen weiteren Versuch, sein eingeklemmtes Bein zu befreien, und trat mit dem anderen gegen die Außenwand. Das Blech schepperte dumpf, als der Huf mit Wucht dagegendonnerte. »Ruhig bleiben, Junge«, flüsterte Juliane und fühlte ihren Puls emporschnellen. Er durfte jetzt nicht anfangen zu kämpfen, sonst würde er sich nur noch mehr verletzen. Vorsichtig legte sie ihm die Arme um den Hals und erhöhte den Druck. Er reagierte nicht so schreckhaft wie beim Halfter und ließ zu, dass sie ihn festhielt. Noch einmal trat er mit Wucht gegen die Außenwand, dann lag er wieder still und atmete heftig.

Draußen hielten weitere Autos an. Jemand hupte.

Und dann waren die Kopfschmerzen plötzlich wieder da. Juliane krampfte ihre Hand in die dichte Mähne und schloss die Augen.

Die Dunkelheit war wohltuend. Der Schmerz kam wie Wellen, die gegen einen Damm anbrandeten. Ein gequältes Stöhnen entrang sich ihr. Ihr war, als würde ihr im nächsten Moment der Schädel zerspringen. Dann ebbte die Pein langsam ab.

Das Pferd drückte den Kopf gegen sie, als wisse es genau, was in ihr vorging, und Juliane fühlte sich in ihre Kindheit zurückversetzt.

Mit zwölf hatte sie ihre Liebe für Pferde entdeckt und bald jeden Nachmittag auf einem nahen Reithof zugebracht. Vier Jahre später hatte sie dann Martin kennengelernt und für ihre erste große Liebe alles getan. Es war ihr schwergefallen, aber auf sein Bitten hin hatte sie aufgehört zu reiten. Er fürchtete sich vor Pferden und hatte Angst, sie würde sich verletzen. Als sie dann von einem unberechenbaren Neuzugang in den Nacken gebissen worden war, gab sie seinem Wunsch schließlich nach.

Jahre später hatte sie darüber nachgedacht, wieder anzufangen, sich aber nie endgültig dazu durchringen können. Erst jetzt, da sie wieder ein Pferd berührte, seinen Geruch einatmete, merkte sie, wie sehr es ihr gefehlt hatte.

Eine plötzliche Bewegung riss sie aus ihren Erinnerungen.

Jemand kam, hoffentlich der Tierarzt. »Dort sitzt sie«, hörte sie den Polizisten sagen, dann betrat eine Frau den umgestürzten Lkw. Sie trug eine Medikamententasche bei sich und wurde von einem Feuerwehrmann und einem Helfer begleitet, der Stricke und Halfter trug. »Das ist ja furchtbar«, sagte die Ärztin. »Daniel, sieh weiter hinten nach, wie es dort aussieht. Ich brauche eine grobe Schätzung. Tote, Gesunde und Verletzte.«

Der Feuerwehrmann reichte dem Helfer eine Taschenlampe und begleitete ihn tiefer ins Wageninnere, von wo erneut schweres Atmen, Schnauben und leises Keuchen zu hören war.

»Sie sind hier, seit es passiert ist?«, richtete sich die Ärztin an Juliane. Diese nickte nur und grub ihre Hand ein wenig fester in die Mähne ihres Schützlings. »Ich bin Carola Schück, Tierärztin. Was hat das Pferd?«

»Juliane Radu. Sein Hinterbein steckt in der Außenwand fest, ich fürchte, wenn er sich bewegt, wird es brechen. Ich versuche, ihn am Aufstehen zu hindern, aber er lässt sich nicht am Kopf anfassen.«

Die Tierärztin nickte und umrundete das Pferd, um sich den Schaden anzusehen. »Ja, jetzt sehe ich es auch. Vielleicht haben wir Glück im Unglück. Das Fesselgelenk ist noch nicht geschwollen. Der Schnitt ist nur in der Hautschicht. Ich denke, der hat noch Chancen. Aber so bekommen wir ihn da nicht raus.«

»Was heißt das?«

»Der Huf ist so verkantet, dass er sich das Bein bricht, wenn wir ihn aufstehen lassen.«

Juliane spürte, wie es ihr die Kehle zuschnürte. Aber ihr war sofort klar, auch wenn sie das Pferd einschläfern mussten, würde sie nicht von seiner Seite weichen. »Was machen wir dann?« Sie wagte die Frage kaum zu stellen.

»Ich werde das Pferd sedieren, dann muss die Feuerwehr das Metall aufschneiden, damit wir den Huf freibekommen, anders geht es nicht.«

Juliane nickte. »Okay. Das schaffen wir auch noch irgendwie.«

In diesem Moment erklangen Hufschläge. Der Tierarzthelfer und der Feuerwehrmann führten ein junges Kaltblut, das kaum dem Fohlenalter entwachsen war, vorsichtig an seinen verendeten Artgenossen vorbei ins Freie. »Dem fehlt so weit nichts«, sagte er im Vorbeigehen. »Da hinten sind noch zwei weitere, ich hole sie gleich raus.«

Die Ärztin dankte ihrem Mitarbeiter und murmelte dann: »Eine Schande um die jungen Tiere.« Sie waren die beliebtesten Pferde der Fleischindustrie, Kaltblüterfohlen mit viel Muskelmasse.

Sie kniete sich zu Juliane und dem Wallach und machte sich an ihrer Tasche zu schaffen, schätzte mit geübtem Blick das Gewicht des Tieres und zog dann eine Spritze mit Betäubungsmittel auf.

Der Wallach schnaubte und riss die Nüstern auf, als sie etwas Alkohol auf einen Tupfer gab und damit die Einstichstelle abrieb. »Ganz ruhig, Großer«, sagte sie. »Halten Sie ihn gut fest, Frau Radu.«

»Ich tue, was ich kann.« Juliane fasste beherzt in die lange Mähne und schlang sich die dicken Flechten um die Hände. »Wir wollen dir nur helfen«, flüsterte sie in die angelegten Ohren und spürte, wie sich das Pferd immer mehr anspannte. In einem Schreckensmoment sah sie sich schon unter Pferdehufen begraben. *Was macht das schon*, dachte sie fatalistisch. *Lieber ein Ende mit Schrecken als ein Schrecken ohne Ende.*

»So, das haben wir geschafft«, sagte die Tierärztin und hielt die leere Spritze hoch. »Jetzt dauert es nur noch ein paar Minuten, dann bekommt er nichts mehr mit.

Juliane atmete auf. Sie hätte nicht gedacht, an diesem Tag noch einmal Erleichterung zu empfinden. »Was soll ich machen? Kann ich helfen?«

»Bleiben Sie einfach bei ihm, es sind noch mehr Leute da.«

Draußen riefen mehrere Männer durcheinander. Dann zeichnete sich eine Silhouette an der Verladerampe ab. Es war kein anderer als der Fahrer des Lkw, der nun mit einigen Papieren wedelte. »Ich verbiete das!«, brüllte er. »Sie dürfen die nicht mit Medikamenten vollpumpen!«

Die Tierärztin zuckte mit den Schultern und schien genau zu wissen, was passiert war. »Dafür kommen Sie zu spät«, meinte sie lapidar.

»Das sind Schlachtpferde, die sind nichts mehr wert, wenn sie die vollspritzen.«

»Erst einmal sind es verletzte Tiere, die behandelt werden müssen. Setzen Sie sich bitte mit dem deutschen Tierschutzgesetz auseinander, wenn Sie Fragen haben.«

»Das kann nicht Ihr Ernst sein«, empörte er sich.

»Und ob das mein Ernst ist, und jetzt gehen Sie bitte, Sie machen die Tiere scheu«, sagte sie ruhig.

Ein Polizist brachte den zornigen Fahrer fort. »Wir haben noch einige Fragen.«

»Meine Ware!«

»Sie können froh sein, dass nicht alle verreckt sind.«

Juliane fühlte wieder die Wut aufflammen, die sie vor einer Weile verspürt hatte. Zwischen ihrer Rückfahrt vom Krankenhaus und dem Jetzt schien eine kleine Ewigkeit verstrichen zu sein, und doch war es sicher nicht länger, als sie an manch anderen Tagen in der Eisdiele gesessen und einen Erdbeerbecher gegessen hatte. Während der Kopf des betäubten Pferdes langsam auf ihren Schoß sank, schien die Welt dort draußen mehr und mehr an Bedeutung zu verlieren.

Mit einem tiefen Seufzer entspannte sich der Wallach endgültig.

Juliane strich ihm über die Stirn und lockerte das eng anliegende Halfter, das aussah, als trage er es schon seit Monaten. Darunter war das Fell abgerieben, im Genick war die Haut wund und nässte. Was er wohl alles hinter sich hatte? Was war geschehen, dass so ein schönes Tier beim Schlachter landen sollte?

Das Auge des Wallachs war von einem Honigbraun und schien sie unentwegt anzusehen. Sie strich vorsichtig über das Lid, um es zu schließen. Sein Auge sollte nicht austrocknen.

Unterdessen kamen mehr Helfer, die die noch lebenden Tiere aus dem Wrack herausführten.

Die Tierärztin musste zwei Zurückgebliebene erlösen. Und endlich hörte Juliane nicht mehr das gequälte Stöhnen der eingeklemmten Tiere.

Als die Feuerwehrleute mit dem Bergungswerkzeug kamen, herrschte Stille in dem Lkw.

Außer dir und mir sind hier nur noch Tote, dachte Juliane erschüttert, *und ich bin auch schon mit einem Bein im Grab*.

Die Tierärztin überprüfte, ob der Wallach stark genug betäubt war. Als sie ihn unsanft berührte, blinzelte er nur. »Sie können«, beschied sie den Feuerwehrleuten, die daraufhin den Huf und die Fessel umwickelten, um sie zu schützen, und dann begannen, die Metallwand mit einem Trennschleifer zu bearbeiten.

Funken flogen, das Metall kreischte fürchterlich, doch ihr Schützling zuckte nur mit den Ohren und regte sich ansonsten nicht.

Juliane bekam eine Decke, die sie zum Schutz vor den Funken über sich und das Pferd breitete. Krachend löste sich schließlich ein Streifen des Metalls und musste nur noch aufgebogen werden. Dann war der Huf endlich frei.

Die beiden Feuerwehrleute klatschen sich erleichtert ab und packten dann, ohne weitere Worte über die gelungene Rettung zu verlieren, ihre Ausrüstung zusammen.

»Vielen Dank«, rief Juliane ihnen hinterher. Die Tierärztin untersuchte inzwischen den befreiten Huf. »Wie ich mir dachte, sind die Verletzungen nur oberflächlich. Die Bänder scheinen in Ordnung, aber endgültig wissen werden wir es erst, wenn er wieder auf eigenen Beinen steht und ein Stück gelaufen ist.«

Juliane tauschte einen langen Blick mit der Tierärztin. »Wie ist der arme Kerl nur hier reingeraten?«

»Ein Spanier«, sagte die Tierärztin nach einem kurzen Blick auf das Brandzeichen. »Vielleicht chronisch krank, vielleicht unreitbar. Es gibt viele Gründe, warum Leute Pferde abgeben. Diese Rasse wird oft aus reinen Prestigegründen angeschafft. Da kaufen sich reiche Damen ein prämiertes Tier aus dem Ausland und erwarten, dass es unter ihnen genauso läuft wie im Verkaufsvideo.

Die restlichen dreiundzwanzig Stunden steht das Pferd im Stall und vegetiert vor sich hin. Das kann nicht gut gehen. Dann werden die Pferde von einem Besitzer an den nächsten gereicht und landen schließlich auf einem Schlachtpferdetransport nach Frankreich.«

»Ist er denn schon alt?«

»Ich denke nicht.« Die Tierärztin leuchtete dem Wallach mit der Taschenlampe ins Maul. »Auf den ersten Blick keine zehn Jahre alt. Wenn er Glück hat, bekommt er noch ein paar Wochen Gnadenfrist, bis die Medikamente abgebaut sind, dann geht seine Fahrt zu Ende.«

In Julianes Kehle brannten Tränen. Auch der Wallach hatte vom Schicksal nur noch eine kurze Frist bekommen. »Das ist doch alles nicht fair!«

»Sorgen wir erst mal dafür, dass er wieder zu sich kommt«, sagte die Tierärztin aufmunternd und spritzte ihm ein Antidot.

Es war schon nach Mittag, als das Pferd wieder wach wurde und sich mit weit aufgerissenen Augen umsah.

Juliane hatte ihm einen Strick um den Hals gelegt, in der Hoffnung, das Tier so leichter führen zu können. »Ich zuerst«, sagte sie ruhig und stand auf. Der Wallach zog die Hinterbeine unter den Körper und war mit einem Satz auf den Beinen. Er schwankte kurz, dann hatte er sich gefangen.

»Er belastet alle vier, gut so«, meinte die Tierärztin. »Trauen Sie sich zu, ihn rauszuführen? Ich denke, Ihnen vertraut er mehr als allen anderen hier.«

Juliane sah dem Pferd fest in die Augen. »Wir schaffen das, hörst du?«

Er stupste sie an, schien sie tatsächlich zu verstehen.

»Aber Sie bleiben in der Nähe?«

»Natürlich.« Die Tierärztin lächelte ihr zu. »Ich gehe voraus. Draußen warten die anderen Helfer mit den restlichen Überlebenden. Sie können bei einem Reiterhof untergebracht werden, es ist nicht weit.«

Juliane fühlte sich, als trete sie aus dem dunklen, verbeulten Transporter in eine andere, ungleich freundlichere Welt. Draußen hatte sich eine große Gruppe Menschen versammelt. Feuerwehrleute,

Polizisten, Helfer und auch einige grimmig dreinblickende Leute, die offenbar einzig daran interessiert waren, endlich ihre Fahrt fortzusetzen. Auf dem Seitenstreifen parkte mit eingeschaltetem Warnlicht ein riesiger gelber Bergungskran. Es dauerte gewöhnlich eine ganze Weile, bis diese Dinger eine Unfallstelle erreichten. Wie viel Zeit mochte wohl vergangen sein? »Dort entlang, Frau Radu«, sagte die Tierärztin.

Julianes Blick streifte ihren eigenen Wagen. »Mein Auto, könnte das jemand zum Reiterhof fahren?«

Sie überreichte ihren Schlüssel ohne viel zu überlegen einem jungen Mann vom Technischen Hilfswerk, dessen Mannschaft ebenfalls zur Bergung angerückt war, und verschwendete keinen Gedanken mehr an das Fahrzeug.

Der Wallach lief neben ihr wie ein großer, warmer Schatten. Er schien etwas unsicher auf den Beinen, doch im Gegensatz zu den anderen Pferden, die zum Teil kaum zu bändigen waren, blieb er jetzt unerschütterlich ruhig.

Juliane lief als Letzte.

Alle anderen Helfer schienen sich zu kennen. Viele trugen Reithosen und Stiefel und kamen wohl von dem Hof, der nun auch ihr Ziel sein würde.

Juliane hielt mit einer Hand den Strick, die andere hatte sie tief in die verfilzte Mähne gegraben. Es ging einen Feldweg entlang, durch tiefe, ausgetrocknete Fahrspuren. Spatzen lärmten in frisch gestutzten Weißdornhecken. Die Bäume trieben aus, und überall spross junges Gras.

Es fühlte sich völlig surreal an. Als wollte die Natur sie alle verhöhnen.

Das Leben geht weiter, ihr seid nicht wichtig, schien sie zu sagen. Und doch hatte der Gedanke auch etwas ungeheuer Tröstliches. Vage wurde ihr bewusst, dass ihre Kopfschmerzen nachgelassen hatten.

Der Hof kam in Sicht. Es war ein romantischer alter Fachwerkkomplex mit einem Haupthaus und mehreren Stallgebäuden, einer Scheune und einem Reitplatz, der von zwei mächtigen Rotbuchen beschattet wurde. Die Weiden waren weitläufig und von Pappeln gesäumt, an einer Seite verlief ein Bach.

Der Wallach reckte den Kopf und blähte die Nüstern.

»Wenigstens wirst du deine letzten Tage hier genießen können«, flüsterte Juliane.

Ich hingegen werde Stück für Stück weniger werden, der Krebs wird mich auffressen wie ein Parasit. Ich wünschte, ich könnte auch einfach hierbleiben.

Vor ihr stieg ein Pferd plötzlich auf die Hinterbeine, in seinen Flanken waren tiefe, blutige Risse, die es sich wohl bei dem Unfall zugezogen hatte. Als es jetzt stieg, dehnten sie sich und die Schmerzen wurden schlimmer.

Zwei junge Frauen hielten mit aller Kraft die Stricke fest. Eine stürzte, ließ aber nicht los, dann war der Spuk vorbei, und das Tier beruhigte sich wieder.

Juliane merkte, dass sie die ganze Zeit den Atem angehalten hatte. Als die Luft nun in ihre Lungen strömte, tat es ein bisschen weh.

Kurz darauf erreichten sie den Hof. Dort war für die geretteten Schlachtpferde ein Areal abgetrennt worden. Es gab Wasser in zwei alten Badewannen und eine Raufe voll Heu.

Die Tierärztin erwartete sie bereits, versorgte jedes Tier, und dann konnten die Pferde auf ihre Koppel und sich von den schrecklichen Erlebnissen erholen.

Juliane führte den Wallach als Letzte zum Tor der Einzäunung. Es war merkwürdig, ihn nach den vergangenen intensiven Stunden einfach gehen zu lassen. »Erhol dich gut und genieß die Zeit«, flüsterte sie ihm in die gespitzten Ohren.

Zögernd betrat das Pferd die Koppel und sah sich nach ihr um, dann schritt es zügig auf die Heuraufe zu.

Juliane setzte sich auf eine Bank. Eigentlich hätte sie nach Hause fahren sollen, aber schon bei dem Gedanken daran zog sich in ihrer Brust alles zusammen. Am liebsten wäre sie nie wieder aufgestanden.

Einfach sitzen bleiben, das leise Schnauben der Pferde in den Ohren und zusehen, wie das helle Frühlingslicht langsam den warmen Abendfarben Platz machte.

KAPITEL 2

Zögernd schob sie den Schlüssel ins Schloss. Noch nie war Juliane ihr Heim so fremd vorgekommen, nicht einmal, als sie vor knapp acht Jahren hier eingezogen waren.

Es roch wie zu Hause, es fühlte sich an wie zu Hause, alles war wie immer, nur sie selbst nicht.

Ein Teil von ihr war im Krankenhaus geblieben, in dem Raum mit den Lichtwänden und den Scheibchenbildern aus ihrem Kopf. Sie würde ihn nicht zurückbekommen, die Diagnose hatte ihn dort kaputtgemacht.

Juliane zog ihre Schuhe aus und stellte sie unter die Garderobe. Martin hatte seine wieder unordentlich stehen lassen, doch heute machte sie der Anblick nicht zornig. Sie stellte sie gerade ausgerichtet neben ihre.

Seine Schuhe und meine. Wie lange noch?

Ihre Augen blieben trocken, dabei waren irgendwo Tränen, die hinauswollten. Aber nicht heute, nicht hier.

Martin war schon zu Hause, aber er hatte sie noch nicht bemerkt. Aus seinem Arbeitszimmer klang leise Popmusik. Er hörte immer dieses belanglose Zeug, wenn er noch Rechnungen schrieb. Klassik war dran, wenn er kreativ arbeitete. Bei ihm konnte man an der Musik ablesen, wie es ihm ging und was er tat.

Juliane nahm sich Zeit, auch ihre Jacke aufzuhängen und ihre Sachen wegzuräumen, dann wusch sie sich die Hände und setzte Teewasser auf.

Zurück im Flur starrte sie auf die verschlossene Tür des Arbeitszimmers. Jetzt musste sie hineingehen und es ihm sagen. Am besten so schnell und kurz wie möglich.

Guten Abend, Schatz. Ich muss dir etwas sagen. Ich habe Krebs und nur noch ein halbes Jahr … nein, sie irren sich nicht … nein, ich will keine Behandlung.

Sie schüttelte den Kopf und glaubte den Tumor zu spüren, wie er die Bewegung verzögert mitmachte und gegen ihr Hirn drückte. Sie legte die Hand auf die Klinke und biss die Zähne zusammen. Dies könnte ein Abend werden wie so viele, unendlich viele zuvor. Martin würde arbeiten, vielleicht sogar bis neun, und kaum wahrnehmen, wie sie ihm das Abendessen brachte. Sie würde auf dem Sofa herumgammeln, vielleicht lesen oder fernsehen. Kurz bevor sie schlafen gingen, würde er sich noch ein wenig dazugesellen. Von seiner Arbeit erzählen, nach ihrer fragen, weil er ein höflicher Mensch war, und dann würden sie ins Bett gehen. Jeder auf seine Seite. Schlafen. Sie ärgerte sich immer über sein Schnarchen, dabei störte es sie eigentlich kaum.

Unter ihrer Hand war das Metall der Klinke mittlerweile warm geworden. Sie hörte Martin trotz der Musik tippen. Er hatte eine eigenwillige Art, die Leertaste zu drücken. So stark, dass es beinahe klang wie eine altmodische Schreibmaschine.

Ihr Herz setzte für einen Moment aus, als sie die Tür öffnete. Dort saß er, den Rücken zu ihr gedreht, die Füße auf einem Kissen. Er war wohl der einzige Mann, der kalte Füße bekam. »Hey, da bist du ja, hab dich gar nicht heimkommen hören«, sagte er und ließ den Drehstuhl herumschwingen.

Juliane gab ihm einen flüchtigen Kuss auf die Wange und setzte sich dann auf seinen Schreibtisch.

Die Worte, mit denen sie die bösartige Tatsache beschreiben wollte, steckten in ihrem Hals fest wie eine Gräte. Stattdessen mogelten sich andere vorbei. »Was machst du?«

»Nur ein paar blöde Mails. Der Investor versteht meinen Plan nicht. Jetzt muss ich ihm alles einzeln erklären. Bin gleich fertig, dann können wir essen.«

Er zog sie näher zu sich. »Und bei dir? Wie war es im Krankenhaus? Gibt es etwas Neues? Bestimmt hattest du recht mit dem eingeklemmten Nerv, das ist es ja meistens.«

Juliane fiel das Herz in die Hose, und sie glaubte sich nicht mehr bewegen zu können.

Martin hielt sie im Arm und tippte zweimal kräftig auf die Leertaste. »Raus damit!«

Er meinte nicht sie, sondern die Mail. Als er sie verschickt hatte, sah er sie zum ersten Mal richtig an.

»Sie können nichts machen«, sagte sie schnell und hatte damit noch nicht mal gelogen. Zu helfen war ihr wirklich nicht. »Ich muss wohl damit leben, aber es gibt ja zum Glück Schmerztabletten.«

»Du Arme, aber das kriegen wir schon hin.« Er lächelte aufmunternd und sah dann wieder auf den Bildschirm. »Tut mir leid, dass es nicht besser gelaufen ist.«

»Mir auch.« Juliane würgte an den Worten.

Martin zog sie in seine Arme, wohl um sie zu trösten, während er weiterarbeitete. Dann rümpfte er plötzlich die Nase. »Entschuldige, wenn ich das sagen muss, aber du riechst.«

»Ich rieche?«

»Merkwürdig, ein bisschen nach Stall.«

»Nach Pferd«, erwiderte sie erleichtert darüber, dass er nicht weiter nach dem Krankenhausbesuch fragte.

Jetzt hatte sie seine volle Aufmerksamkeit. »Wie kommt das?«

Er mochte keine Pferde, das wusste sie noch von früher. Trotzdem musste sie ihm nun alles erzählen. Vom Unfall und dem schrecklichen Schicksal, das den Tieren bestimmt war.

»Kein Wunder, dass du so wirkst, als hätte dich etwas völlig aus der Bahn geworfen. Tut mir leid, dass du das mit ansehen musstest.«

»Es geht doch gar nicht darum, dass ich dort war, sondern dass Menschen überhaupt so mit anderen Lebewesen umgehen.«

»Ob Pferde oder Kühe, macht das so einen großen Unterschied?« Da war er wieder, der Punkt, an dem sie beide auf festgefahrenen Argumentationsspuren blieben.

»Nein, macht es nicht«, sagte sie und versuchte ruhig zu bleiben. »Aber ich esse ja auch keine Kühe.«

Als sie unter der Dusche stand und ihren eigenen Angstschweiß und den des Pferdes mit Apfel-Zimt-Seife fortspülte, schämte sie sich für ihre Feigheit. Warum hatte sie es Martin nicht gesagt?

Warum hatte sie ihn angelogen?

Juliane legte den Kopf in den Nacken und ließ das Wasser auf ihr Gesicht prasseln. Es war so heiß, dass es fast wehtat, aber nur fast. Genießerisch stützte sie die Hände gegen die Wandfliesen und drehte den Kopf von einer Seite auf die andere. An den Schläfen tat das Wasser überraschend wohl, als könne es alles aus ihr herausspülen.

Juliane änderte die Position und hielt ihren Nacken in den Strahl.

Am Tag ihres Einzugs hatten sie sich in dieser Dusche geliebt. Diese leidenschaftliche Vereinigung schien Ewigkeiten zurückzuliegen.

Wann hatte sie das letzte Mal mit Martin geschlafen? Sie wusste es nicht. Vor Jahren, so viel war sicher. *Wir leben nebeneinander und nicht mehr so sehr miteinander. Das ist ganz normal, nach so vielen Jahren, das wird bei euch irgendwann auch so.* Genau das hatte sie neulich noch zu ihrer frisch verliebten Freundin Sofie gesagt, die das natürlich vehement abstritt.

Aber was wusste Sofie schon, bei ihr dauerten Beziehungen nie länger als zwei Jahre. Sie war eigentlich immer frisch verliebt. Manchmal war Juliane richtig neidisch auf sie, aber das ging Sofie oft genauso. Es war schön, einander vertraut zu sein. Martin war wie ein Teil von ihr.

»Ich sage es ihm, ich muss«, flüsterte sie in den Nebeldampf der Dusche hinein, der ihre Worte schluckte, als hätte es sie nie gegeben. Nachdem sie das Wasser abgedreht hatte, dauerte es eine Weile, bis der Dunst verschwand. Das laute Surren der Lüftung gab dem gekachelten Raum etwas Klinisches, das sie trotz der Wärme frösteln ließ.

Sie verbrachte lange Zeit damit, sich abzutrocknen und einzucremen und danach auf den beschlagenen Spiegel zu starren, in dem nach und nach ihr Gesicht zu erkennen war. Ihre Wangen waren gerötet.

»Das blühende Leben, haha«, sagte sie und wischte sich die Reste der Wimperntusche unter den Augen weg. Ihre Haare wurden an den Ansätzen schon wieder trocken. Mit Chemo wären sie bald weg und würden bis zu ihrem Tod nicht mehr wiederkommen.

Als sie sich endlich wieder aus dem Bad wagte, war es still in der Wohnung. Aus Martins Arbeitszimmer war keine Musik mehr zu hören, die Tür stand offen, der Schreibtisch war verwaist.

Sie fand ihn im Wohnzimmer auf der Couch. Martin war das Buch, in dem er gelesen hatte, aus der Hand gerutscht. Sie nahm es ihm vorsichtig ab, um ihn nicht aufzuwecken, und kuschelte sich neben ihn. Er hatte einige Brote geschmiert und seinen Teil gegessen.

Juliane griff nach einem Käsebrot und schaltete den Fernseher ein. Ein ganz normaler Abend. Wie schon Hunderte, vielleicht sogar Tausende zuvor. Dieser kam ihr kostbar vor, auch wenn sie wieder nicht miteinander redeten. Aber was gab es auch groß zu erzählen. Sie hatten einander in den vergangenen zwanzig Jahren alles gesagt und fast alles gemeinsam unternommen.

Ihre Gemeinsamkeit war so selbstverständlich, dass sie sich nicht vorstellen konnte, dass sie enden könnte.

Im Licht des Fernsehers schien Martins Gesicht ein geheimnisvolles Mienenspiel zu besitzen. Sein Mund stand leicht offen, als setze er gerade dazu an, etwas zu sagen. Das Grübchen im Kinn sah aus diesem Winkel viel tiefer aus, als es eigentlich war. Damals in der Schule hatte sie sich in dieses Detail verliebt. Das und die dunkelbraunen Augen. Ein Mann, damals noch ein Junge, mit Rehaugen.

Manchmal hatte sie das Gefühl, er liebe sie noch immer genauso wie damals, während sich ihre eigenen Empfindungen verändert hatten. Martin war ihr bester Freund.

Aber was spielt das jetzt noch für eine Rolle? Wenn ich sterbe, bringe ich ihn gleich mit um. Ich will nicht, dass er mir dabei zusieht, dachte sie energisch.

Die Tränen kamen wie von allein. Heiß rollten sie ihre Wangen hinab. Juliane stützte nur das Kinn in die Hand und ließ sie laufen, bis sich in ihrer Handfläche ein kleiner See gebildet hatte, der überzufließen drohte.

Aus einer seltsamen Regung heraus trank sie ihre Tränen, und das stoppte die Flut überraschenderweise. *Salzig wie das Meer. Vielleicht sollte ich noch einmal ans Meer.*

Sie hatte erst so wenig von der Welt gesehen.

Julianes Herz tat einen heftigen Satz. Die Idee war regelrecht schmerzhaft, aber sie kam ihr vor wie ein Befreiungsschlag. Sie fühlte sich plötzlich wieder wie mit siebzehn, als sie gemeinsam mit Sofie in den Sommerferien abgehauen war. Ihre überstürzte Flucht führte sie nach Prag, wo sie so viel Absinth tranken, dass es für den Rest des Lebens gereicht hatte.

Martin hatte sich geweigert mitzukommen. Es war ihre einzige Reise ohne ihn gewesen und merkwürdigerweise die, bei der sie sich wirklich frei gefühlt hatte. Natürlich waren ihre Eltern bei ihrer Rückkehr stocksauer gewesen, und der Rest der Sommerferien hatte einem Alptraum geglichen.

Aber das war es wert gewesen.

Es war eine angenehme Vorstellung, einfach abzuhauen.

Und würde es Martin nicht besser gehen, wenn er sie hassen könnte, weil sie ihn verlassen hatte? Er würde ihr nicht hinterhertrauern, ihr Leiden würde sich nicht auf ewig in sein Hirn und sein Herz brennen und ihn für den Rest seines Lebens kaputtmachen, wie es ihre Tante kaputtgemacht hatte, ihren Mann sterben zu sehen.

Martin sollte nach ihrem Tod wieder glücklich sein können.

Juliane nahm vorsichtig seine Hand. Sie war warm und trocken, und als sie seine Finger drückte, erschien in seinen Mundwinkeln ein schwaches Lächeln. »Versprochen«, flüsterte Juliane und stand auf, weil sie es nicht ertrug, noch länger in sein Gesicht zu sehen und zu wissen, dass sie ihm wehtun musste, ganz gleich, welchen Weg sie auch wählte.

KAPITEL 3

Eine schlaflose Nacht. Unentwegt hatte sie Martin ansehen müssen, versucht sich diesen friedlichen Moment einzuprägen.

Er hatte ihren Namen geseufzt, als sie seine Hand nahm. Juliane hielt sie stundenlang und wälzte dabei Gedanken. Anfangs schienen sie schwer wie Felsbrocken.

Doch als der Morgen dämmerte, waren sie geordnet, einige zertrümmert, andere sorgfältig aufgereiht um ihren neuen Weg zu pflastern.

Es gab viel zu tun. Am liebsten hätte sie sich eine Liste geschrieben, stattdessen zählte sie im Morgengrauen die Fältchen in Martins Unterlippe.

Um sechs – der Wecker klackte kaum hörbar, als der kurze Zeiger weiterschritt – stand sie auf, zog sich so leise an wie sie konnte und ging Brötchen holen.

Dies sollte ihr letztes gemeinsames Frühstück werden. Sie deckte den Tisch mit besonderer Sorgfalt, sogar eine Kerze und frisch gepressten Orangensaft gab es.

Die Überraschung gelang. »Was ist denn das?

Habe ich unseren Jahrestag verpasst?«, fragte Martin erstaunt.

»Nein, ich konnte nur nicht mehr schlafen, und da du so viel zu tun hast, dachte ich, du hast es verdient, ein wenig verwöhnt zu werden.«

Sie genossen das gemeinsame Frühstück, und Juliane wunderte sich, wie leicht es ihr fiel, ihn zu belügen. Sie redeten belangloses Zeug über die nächste Grillparty bei den Nachbarn am Wochenende. Diskutierten über Salatrezepte und überlegten, vielleicht doch noch einmal zu IKEA zu fahren und dort nach einem neuen Schuhschrank zu schauen. Martin bekam nicht nur schnell kalte Füße, sondern kaufte auch leidenschaftlich gern neue Turnschuhe. Juliane konnte ihre Paare an zwei Händen abzählen, und das schloss ihre Pantoffeln und die Gummistiefel für den Garten bereits mit ein.

Als sie sich verabschiedeten, brachte Juliane ihren Mann bis zur Tür. »Ich überlege, zu meinen Eltern zu fahren und zwei Nächte da zu bleiben, wäre das okay?«, fragte sie.

Martin stellte seine Röhre mit den Blaupausen neben sich ab und nahm sie in den Arm. »Dann sehe ich dich ja erst übermorgen Abend wieder.« Er küsste sie flüchtig auf die Wange. »Dabei wollte ich mich für heute Morgen revanchieren.«

Nun wurde Juliane doch die Kehle eng, als sitze ein dicker Knoten darin. »Später«, würgte sie hervor.

»Bis dann, schreib mir, wenn du angekommen bist.«

Juliane hielt es fast nicht mehr aus, warum brauchte er denn heute Morgen so lange? Er brach immer vor ihr auf, aber an diesem Tag ließ er sich Zeit. Als er schließlich in seinen Wagen stieg, blieb sie in der Tür stehen und sah ihm nach, bis der Audi hinter einer Hecke verschwand. Tränen rollten über ihre Wangen. Der morgenkühle Wind verwandelte ihre Spuren in eisige Linien. »Im nächsten Leben sehen wir uns wieder«, flüsterte sie und zog die Nase hoch.

Es ist erstaunlich, wie wenig man zum Leben braucht. Juliane sah auf den Wanderrucksack hinab, den sie gepackt hatte. Er war nicht mal voll, dabei waren sogar das kleine Zelt und der Schlafsack schon drin. Sie hatte sich die Sachen vor einem Jahr gekauft. Wollte eine geführte, mehrtägige Wanderung in Norwegen machen, bis Martin sie doch zu einer Fahrt mit dem Postschiff Hurtigruten überredet hatte. Die Ausrüstung war teuer gewesen, nur das Beste und vor allem das Leichteste. Die Planung hatte ihr damals viel Spaß gemacht, besonders, weil es nach vielen Jahren der erste Urlaub war. Daher war es nun einfach, die Ausrüstung zusammenzustellen.

Sie hatte alle Schmerzmittel eingepackt, die sie finden konnte. Doch das würde nicht reichen. Sie brauchte mehr, wollte sie ihre Reise nicht vorzeitig abbrechen müssen.

Die Fahrt zur Bank war schnell erledigt. Sie hatte ihre Sparbücher aufgelöst, das gesamte Geld auf ihr Girokonto transferiert und eine größere Summe abgehoben. Ihr letzter Gang führte ins Krankenhaus. Wohl wissend, dass sie um etwas beinahe Unmögliches bat, suchte sie nach dem Arzt, der ihr am Vortag die fatale Diagnose gestellt hatte.

Er ließ sie warten.

Juliane saß auf dem Gang und schlürfte einen Kakao, den sie aus einem Automaten gezogen hatte. Er schmeckte nach Wasser, das vor langer Zeit mal eine Kakaobohne getroffen und jegliche Beziehung verweigert hatte. Geblieben war eine verblasste Erinnerung.

Bald werde auch ich nur noch eine Erinnerung sein.

Mit ihren neuen Wanderschuhen machte sie leise Quietschgeräusche auf dem Linoleum. Seitdem sie ihren Plan gefasst hatte, war Unruhe ihre ständige Begleiterin. Sie wollte los. Weg, nur weg von hier.

»Frau Radu?«

Sie zuckte zusammen. Dort stand ihr Todesengel in seinem weißen Gewand, eine mächtige, faltige Hand einladend in ihre Richtung gestreckt. Sie ergriff sie. »Herr Doktor.«

»Sie wollten mich sprechen?«

Juliane nickte. Gleich würde sie wieder lügen

müssen. Hoffentlich wollte er nicht mit ihr diskutieren, das würde sie womöglich nicht durchstehen.

Er bat sie in sein Büro. Sie folgte schweigend. Er schloss die Tür und drehte sich dann mit einem gutmütigen Lächeln um, das scheinbar sogar aus dem Herzen kam. »Sie sehen aus, als hätten Sie heute noch was vor.«

»Nicht nur heute«, sagte Juliane. *Eigentlich sogar noch viele Jahrzehnte lang,* ergänzte sie im Stillen und versuchte, nicht an den Kraken in ihrem Kopf zu denken.

»Setzen Sie sich doch.«

Der Arzt ging um seinen großen Schreibtisch herum und strich dabei über die schwarze Lackoberfläche. Juliane ließ sich in einen lederbezogenen Schwingsessel sinken und widerstand dem Drang, darin auf und ab zu wippen.

»Ich hätte nicht gedacht, dass Sie sich so schnell für eine Behandlungsweise entscheiden.«

»Keine.«

»Keine? Haben Sie das mit Ihrem Mann besprochen? Sie nehmen sich damit Monate Ihrer verbleibenden Lebenszeit.«

Juliane atmete tief durch. »Aber dafür kann ich die Zeit, die mir bleibt, frei bestimmen.«

Der Arzt nickte. Wieder fiel ihr seine Adlernase auf, die nicht so recht in das pausbäckige Gesicht passen wollte. Er faltete die Hände, drängte sie nicht dazu weiterzureden. »Ich möchte reisen. Ich habe viel zu wenig von der Welt gesehen.«

»Auch eine gute Entscheidung. Und wenn ich ehrlich bin, würde ich das vielleicht selbst so machen.«

Sie hatte erwartet, dass ein Arzt auch bei sich selbst mit allen Mitteln um den letzten Tag kämpfen würde. Dass er sich dagegen aussprach, bestätigte sie darin, das Richtige zu tun. »Jetzt gibt es nur ein Problem«, begann Juliane. Der Arzt richtete sich noch ein Stück auf. »Soweit es in meiner Macht steht, helfe ich Ihnen.«

»Schmerzmittel.«

»Sie möchten einen Vorrat.« Er musterte sie, sah ihr so lange in die Augen, bis sie meinte, er könne jede Faser von ihr erkennen. Es war unangenehm, doch sie hielt seinem Blick stand. Sie hatte nichts zu verbergen. »Sie wissen, warum das ein Problem darstellt. Ich würde Ihnen eine letale Dosis verschreiben.«

Juliane seufzte. So etwas hatte sie schon erwartet. »Mein Brotmesser ist auch eine letale Dosis und die nächste Brücke und mein Auto, wenn ich will …«

Der Arzt hob abwehrend die Hände. »Ja. Aber Sie müssen auch versuchen, mich zu verstehen.«

»Ich will reisen und nicht ständig darüber nachdenken, ob und wann ich meinen Urlaub abbreche, um mir neue Schmerzmittel abzuholen. Wenn ich abbreche, dann, weil ich nicht mehr kann!«

Als Juliane das Büro verließ und durch die Krankenhausflure zu den Aufzügen lief, konnte es ihr gar nicht schnell genug gehen. Sie empfand beinahe kindliche Freude, so als habe sie jemandem einen Streich gespielt und wäre dabei nicht ertappt worden.

Und lebendig, so schrecklich lebendig fühlte sie sich, während sie an einer alten Patientin vorbeihetzte, die sich mühsam auf einen Rollator stützte und an einer offenen Zimmertür, die den Blick auf einen fahlgesichtigen Mann preisgab, dessen Urin sich in einem Beutel unter dem Bett sammelte.

Dann musste sie weinen, aber nur ein bisschen, und als sie wieder in ihrem Wagen saß, war es ausgestanden. Sie sah in den Rückspiegel, wischte die verschmierte Wimperntusche mit einem Finger weg und lächelte sich selbst zu.

»Alles gut«, sagte sie energisch. »Alles gut.«

Alleebäume huschten vorbei. Alte Linden und Eichen, die einander abwechselten. So manch einer trug Narben am Stamm, von überstandenen Zusammenstößen mit Autos und Treckern. Dahinter grüne Felder, Roggen, dessen windbewegte Halme silbrig schimmerten.

Zum Reiterhof zu fahren kam ihr auch heute vor wie die Reise in eine heilere Welt. Hier sah die Landschaft noch ursprünglich aus. Es gab kleinteilige Felder, Hecken und vereinzelte Wäldchen. Nach so etwas hatten Martin und sie sich gesehnt. Deshalb waren sie in die Neubausiedlung am Stadtrand gezogen und hatten dort doch nur uniformierte Straßen und pseudo-individuell gestaltete Klinkerhäuschen angetroffen.

Die Felder am Ende der Siedlung gehörten einem landwirtschaftlichen Großbetrieb. Für seine maschinellen Erntekolonnen waren längst alle Hecken und alten Solitärbäume gewichen. Sie musste wieder an die Diskussionen mit ihren Eltern denken, die dem Kauf des Baugrundstücks vorangegangen waren. *Du wirst dort nicht glücklich!,* war ihre feste Meinung gewesen. Wieder und wieder beschworen sie die gemeinsamen Urlaube auf idyllischen Bauernhöfen oder am Meer herauf, wo Juliane jede wache Minute unter freiem Himmel oder bei den Tieren verbracht hatte.

Das ist nichts Halbes und nichts Ganzes, wiederholte ihr Vater. Wie immer gab er Mutter Rückendeckung. Wie immer, wenn sie erst einmal eine gemeinsame Entscheidung getroffen hatten. Dieses Mal waren sie sich von Anfang an einig gewesen.

Juliane hatte trotzdem gemeinsam mit Martin den Kaufvertrag unterschrieben. Er hatte bereits alles geplant und durchgerechnet. Sie wollte es ihm nicht kaputtmachen, und wo sonst konnten sie so frei bauen. Bis auf die Geschosshöhe gab es keine Auflagen. Und so hatten sie gebaut und waren eingezogen. Aber ein Traumhaus war es nicht geworden, gestand sie sich ungern ein. Es war nur ein Haus. Wenngleich ihres.

Juliane ließ die Wagenfenster herunter.

In den Hecken tschilpten wohl Dutzende Spatzen. Die Luft roch schwach nach Gras und den warmen Leibern großer Tiere. Ein alter Fachwerkhof kam in Sicht. Vorbei ging es an rotbraunen Rindern, einer gemischten Herde mit Kälbern und einem Stier, der unter einem knorrigen Weißdorn stand und träge mit dem Schwanz schlug.

Hatte sie die Einfahrt zum Reiterhof verpasst? Nein, dort war sie. Im Schritttempo fuhr Juliane zum Parkplatz, der sich gleich neben dem Misthaufen befand.

Als sie ausstieg und die Tür zuschlug, bellte der Hofhund und trottete nach einer kurzen Begrüßung weiter. Die Pferdeboxen in der alten Scheune waren leer, der Hof verlassen.

Juliane ging zu der Koppel, auf der am Vortag die überlebenden Pferde untergebracht worden waren. Sie zählte nur noch drei, und es lief ihr eisig den Rücken hinunter. Die fehlenden Tiere waren jene, denen augenscheinlich nichts geschehen war. Hatte der Transportbetrieb sie bereits zum nächsten Metzger gebracht?

Sie entdeckte ihren Schützling im hintersten Winkel des Areals. Der Wallach stand im Schatten eines Brombeergebüschs und schien sehr angespannt. Wovor hatte er so große Angst?

Ihren Mut zusammennehmend, duckte sich Juliane unter dem Zaun hindurch und näherte sich vorsichtig. Er legte die Ohren an. Aus der Nähe konnte sie sehen, dass sein beiges Fell nass vor Schweiß war. »Hey, ich bin es, erinnerst du dich denn nicht?«, fragte sie ruhig und blieb stehen.

Minuten verstrichen, dann wandte der Wallach schließlich den Kopf und betrachtete sie nervös. Juliane musste sich zusammennehmen, um nicht einfach zu ihm zu gehen. Sie wusste, dass er dann davonlaufen oder nach ihr treten würde. Dieses Pferd vertraute keinem Menschen mehr, und es glich einem Wunder, dass er sie gestern in seiner Nähe geduldet hatte.

Juliane setzte sich auf die Wiese. Hier zu sitzen war keine vergeudete Zeit. Außerdem wollte sie sich zumindest von dem Tier verabschieden.

Zögernd drehte sich das Pferd zu ihr. Ein Schritt. Er schwankte auf dem Huf, als sei er unentschieden. Dann noch ein Schritt. Er senkte den Kopf. Juliane erinnerte sich, dass Hengste so ihre Stuten und Rivalen trieben.

Lautes Schnauben. Der heiße Atem aus seinen Nüstern wirbelte Staub auf.

Juliane sah ihn nicht an. Sie durfte nicht bedrohlich wirken. Also wandte sie den Blick ab. Im Augenwinkel sah sie ihn näher kommen. Sie hätte nicht geglaubt, dass ein Pferd schleichen konnte. Lazarus konnte es. Ja, der Name, den sie ihm gestern aus einer merkwürdigen Regung heraus gegeben hatte, passte.

Während er aufgeregt ihren Geruch aufnahm, hob und senkte sich sein Brustkorb. Unter dem cremefarbenen Fell war jede Rippe zu sehen.

Ob er krank war? Oder hatte sein Vorbesitzer ihn nicht gefüttert, weil er Menschen nicht traute? Konnte jemand so grausam sein? Ja. Leider waren Menschen zu allem fähig, selbst jene, die sich selbst als Tierfreunde bezeichneten.

Lazarus war nun ganz nah.

Sie spürte seine Schritte als Vibrationen im Boden, dann war er so dicht bei ihr, dass sie nur die Hand hätte ausstrecken müssen, um ihn zu berühren.

Die Luft schien vor Spannung zu knistern. Sie hielt ganz still.

Als er schließlich ruhig neben ihr stehen blieb und Juliane erlaubte ihn zu berühren, waren all ihre Sorgen vergessen. Sie hatte nicht geglaubt, nach der schrecklichen Diagnose so glücklich sein zu können. »Wie geht es dir?«, fragte sie leise.

Lazarus rieb seinen Kopf an ihrer Schulter. Vorsichtig, darauf bedacht, sich nicht zu schnell zu bewegen, stand sie auf und versuchte, sein Hinterbein anzusehen. Es war nicht geschwollen, der Schnitt, dort wo er im Metall eingeklemmt gewesen war, sah trocken aus. Dem ängstlichen Wallach über den Hals streicheln zu dürfen war ein großer Vertrauensbeweis. Über das beige Fell verliefen dunkle Schatten und Punkte. Die schwarze Mähne war völlig verfilzt.

Schnell merkte sie, dass es ihm gefiel, wenn sie die Knoten auseinanderzog und altes Stroh und Stöckchen entfernte.

Nach und nach arbeitete sie sich den Mähnenkamm entlang, entfernte sogar zwei komplett verfilzte Zöpfe, bis sie schließlich die Stirn erreichte und vorsichtig über die schmale Blesse rieb. »Eigentlich bin ich nicht hergekommen, um den ganzen Tag mit dir zu kuscheln«, sagte sie schließlich und sah auf.

Mittlerweile war sie nicht mehr alleine auf dem Hof.

Neben der Koppel hatten sich sieben Frauen und ein Pferdepfleger versammelt, und alle sahen in ihre Richtung.

Sie winkte zögernd.

Lazarus riss den Kopf hoch, als erwache auch er aus einer Art Trance. Mit angelegten Ohren musterte er die Menschen.

Als Juliane auf sie zuging, folgte er ihr dennoch, wenngleich es ihr vorkam, als würde er sich hinter ihr verstecken.

Die Stallbesitzerin, eine blonde Frau Mitte vierzig in Jeans und grünem T-Shirt, verschränkte die Arme. »Das glaube ich jetzt nicht. Frau Radu, nicht wahr?«

Juliane nickte. »Genau.«

»Wie haben Sie das gemacht? Keiner von uns konnte sich ihm nähern, und meinen Angestellten hat er sogar angegriffen.«

Der Mann in Arbeitskleidung stimmte ihr zu. »Hätte ihm fast eine mit der Schaufel verpasst, der wollte mich umrennen, dem Tritt konnte ich ausweichen.«

Lazarus legte die Stirn an Julianes Rücken. Womit hatte sie sein Vertrauen verdient? »Er hat Angst vor den meisten Menschen, wer weiß, was ihm zugestoßen ist.«

»Der ist kaputt im Kopf, schade drum, aber nicht mehr zu ändern«, konstatierte der Angestellte nüchtern.

Wie kann er das nur einfach so sagen?, dachte Juliane traurig. Kaputt im Kopf, das bin ich auch, wenn auch auf andere Weise. »Wo sind die anderen Pferde? Waren nicht mehr auf dem Transport?«, fragte sie nun an die Hofbesitzerin gewandt.

»Ja, wir haben gestern den ganzen Abend herumtelefoniert und auch den Händler kontaktiert. Für zwei Pferde haben wir neue Besitzer finden können, sie wurden schon abgeholt. Zwei weitere wurden gerade verladen und kommen auf einen Gnadenhof. Der Händler überlässt sie uns für den Schlachtpreis. Die drei sind übrig.«

»Dann bezahle ich für sie, deshalb bin ich hergekommen.« Die Reiterinnen und die Hofbesitzerin tauschten glückliche Blicke. »Das wäre großartig. Ich würde sie für einige Zeit kostenlos unterbringen, bis ein Lebensplatz gefunden wird. Aber der Wallach«, sie zögerte. »Da sehe ich keine Chancen, niemand wird ein derart verstörtes Tier nehmen, es sei denn, Sie wollen ihn, zu Ihnen hat er Vertrauen. Ich kann so ein Pferd nicht hierbehalten. Hier laufen Kinder herum. Stellen Sie sich vor, ein Kind läuft auf die Weide und dann das«, sie tat unvermittelt einen Schritt nach vorn.

Juliane war nicht auf das vorbereitet, was dann geschah.

Lazarus stieß einen gutturalen Laut aus. Er schoss nach vorn, seine Schulter prallte gegen ihre. Sie wurde zur Seite geschleudert und konnte sich gerade noch abfangen.

Der Wallach krachte mit der Brust gegen den Zaun.

Den Kopf hatte er weit vorgereckt, es knallte, als die Zähne ins Leere schnappten.

Eine Reiterin schrie. Alle wichen erschrocken zurück. Lazarus drehte ab und galoppierte mit hoch erhobenem Schweif davon.

Juliane sah ihm nach. Ihre Knie waren weich, die Hände, mit denen sie sich am Zaun festhielt, zitterten. Sie konnte nicht glauben, was soeben geschehen war. Noch nie hatte sie ein Pferd gesehen, das auch nur annähernd so aggressiv war wie Lazarus.

Alle Blicke waren nun auf sie gerichtet.

Ihr Geld reichte, um den Schlachtpreis für alle drei zu bezahlen. Lazarus würde sterben, wenn sie sich von ihm abwandte. »Gibt es denn niemanden, keine Organisation, die ein Pferd wie ihn retten würde? Niemanden?«

Die Pferdewirtin schüttelte den Kopf, doch die Blonde neben ihr, die so laut geschrien hatte, setzte zu einer Antwort an. Juliane wartete gespannt ab. Sie hoffte so sehr, dass Lazarus eine Chance bekam.

Eine Stunde später saß sie noch immer auf der Wiese, den Kopf aufgestützt und tief in Gedanken versunken. Einmal mehr stand sie an einem Scheideweg.

Und eine Laune des Schicksals hatte sie zur Richterin über Leben und Tod bestellt, ausgerechnet Juliane, die selbst nur noch wenige Monate hatte.

Sie wandte den Blick zu den beiden Pferden, denen sie mit einer schnellen Online-Überweisung die Zukunft gesichert hatte. Eigentlich waren sie ihr nicht wichtiger als die Kühe, die dort hinten grasten, oder die Hunde der Spaziergänger, die immer wieder auf dem Waldweg kurz zu erkennen waren.

Lazarus graste so nahe, dass sie hören konnte, wie er kaute. Keinen Augenblick ließ er sie aus den Augen. Langsam fressend umkreiste er sie wie ein

Planet die Sonne. Ihr war nicht ganz klar, wie sie zu seiner Sonne geworden war, doch die Anziehung, die sie auf ihn ausübte, ließ sich beim besten Willen nicht leugnen.

Was sie brauchte, war ein Schubs in die richtige Richtung. Und es gab nur einen Menschen, dem sie das zutraute. Ihre Mutter.

Die Nummer war schnell gewählt. »Jule, wie schön, dass du mich anrufst, hast du Mittagspause?«

»So etwas in der Art.«

»Alles gut auf der Arbeit? Habt ihr die Pestizidquelle in der Marmelade aufdecken können?«

Sie musste lächeln. Ihre Mutter behandelte sie und ihre Kollegen wie Helden, die gegen die Machenschaften der Industrie kämpften. Ritter der Verbraucher und kleinen Leute. Ihr Stolz färbte auch ein wenig auf sie ab und ließ Juliane ihren oft eintönigen Job im Labor in schönerem Licht erscheinen.

»Ja, es war ein Zulieferer. Seitdem läuft alles wieder ruhiger.«

»Sehr gut. Dann wird es sicher auch bald mit deinen Kopfschmerzen besser. Die kommen nur vom Stress, wirst sehen.«

Juliane nickte, das würgende Gefühl im Hals machte ihr eine Antwort schier unmöglich. Doch ihre Mutter merkte es nicht, stattdessen erzählte sie Juliane ausführlich von den neuen Gemälden ihres

Vaters und ging ohne erkennbaren Absatz zu den neuen Hühnern der Nachbarin über. Grünleger! Jetzt überlegten sie, auch welche anzuschaffen.

»Die Erlens geben euch doch schon mehr Eier, als ihr essen könnt«, sagte Juliane, die ihr Tief überwunden hatte. Vor ihrem geistigen Auge sah sie die beiden runzligen Nachbarn ihrer Eltern, die ständig Gemüse, Obst und jetzt auch Eier in der Nachbarschaft verteilten.

»Mama, ich muss dich etwas fragen«, lenkte sie dann das Gespräch in eine neue Richtung. »Etwas Verrücktes.«

»Verrückt? Ich bin ganz Ohr. Du weißt, dass dein Vater und ich viele verrückte Sachen gemacht haben, bevor du auf die Welt gekommen bist.«

»Nicht so was«, protestierte sie.

»Eine Reise würde euch guttun. Du verkümmerst noch, Kind.«

Wie recht du hast, dachte Juliane. »Stell dir vor, du könntest ein Leben retten. Nur du, und du müsstest dich sofort entscheiden.«

Am anderen Ende der Leitung wurde es still, sehr still. Ihre Mutter öffnete ein Fenster. Der Griff quietschte also noch immer. Ihr Vater war ein guter Handwerker, aber nur, wenn er sich die Zeit nahm. Mutter war es schlichtweg egal, ob ein Teil quietschte, solange es funktionierte. So hielt sie es mit allem in ihrem Leben. Die Dinge und Menschen durften ihre Macken behalten und wurden nicht wegen so was infrage gestellt.

Dennoch wurde die Stille Juliane jetzt fast unheimlich. »Bist du noch da, Mama?«

»Hm hm. Sag mal Jule, diese theoretische Lebensrettung, ist die für dich gefährlich?«

»Eigentlich nicht sehr.«

»Passt sie in dein Leben?«

»Nein, aber das ist mir ein bisschen egal.«

Mutter lachte. »Dann hast du dich doch schon entschieden.«

»Nein, habe ich nicht, ich wollte einen Rat.«

»Dann rät dir deine Mutter, auf dein Bauchgefühl zu hören.«

»Hmm.« Juliane streckte die Hand aus, und Lazarus kam sofort zu ihr.

»Hat die Lebensrettung weiches Fell?«

»Woher weißt du …?«

»Ich bin deine Mutter, ich weiß so etwas. Ich habe mich ohnehin immer gewundert, dass ein Mensch wie du ohne Tier leben kann. Martin hat sich lange genug gesperrt.«

Nun musste Juliane lachen. »Du weißt doch noch gar nicht …«

»Na, da er gegen Katzen allergisch ist, dann bleibt ja nur ein Hund, vermutlich irgend so eine arme Seele aus einer Tötungsstation.«

»Na ja.«

»Du wirst schon wissen, was richtig ist. Wir passen hin und wieder gerne auf ihn auf, da brauchst du dir keine Sorgen machen.«

»Okay Mama, danke … denke ich.«

* * *

Der Weg erstreckte sich schier endlos vor ihr. Zwischen den Fahrspuren wuchs duftende Kamille. Juliane bückte sich, zupfte einige der unscheinbaren grüngelben Köpfe ab, zerrieb sie zwischen ihren Fingern und roch daran. Als Kind hatte sie daraus Tee gekocht, erst mit Pfützenwasser, später richtig. Das Kind Juliane, genannt Jule, war der Natur viel näher gewesen. Was hatte sie nicht alles an Kräutern gesammelt! Statt Bravo las sie Abenteuerromane. Dann kam die Liebe, und mit ihr war alles anders geworden.

Lazarus schnaubte leise, drückte seine Schulter gegen ihre und sah sie an, als wolle er ihr sagen, dass sie nun frei war, sie konnte wieder die Alte sein, zumindest für die Zeit, die ihr noch blieb. Sie schauderte. »Worauf habe ich mich da nur eingelassen?«, sagte sie leise und strich über das weiche Pferdefell.

Der Wallach lief ruhig neben ihr her. Seit ihrem Aufbruch hatte er nicht ein einziges Mal gescheut oder gegen sie aufbegehrt. Juliane führte ihn mit einem langen Strick an einem einfachen Knotenhalfter.

Hier draußen gab es nur noch ihre Schritte und den Klang der Hufeisen auf dem Kies des Feldweges. Schwalben segelten pfeilschnell über dem unreifen Korn. Lazarus versuchte nicht mal, einige der sattgrünen Halme abzurupfen. Sein einziges Bedürfnis schien, in ihrer Nähe zu sein. Das machte das Ganze noch unheimlicher und die Verantwortung, die auf ihr lastete, schwerer.

Später teilte Juliane ihren Müsliriegel mit Lazarus und ließ ihn auf einer Wiese grasen, während sie sich mit geschlossenen Augen hinlegte und lauschte.

Wann habe ich das letzte Mal im Gras gelegen und den Halmen zugehört, wie sie sich leise knisternd neben mir aufrichten?, überlegte sie. Jahre war das her. Nicht mal im eigenen Garten hatte sie sich ausgestreckt, kein einziges Mal in all den Jahren. Stattdessen drehte der Mähroboter dort fast täglich seine Runden.

Lautes, tiefes Brummen ließ sie die Augen wieder öffnen. Eine dicke Erdhummel taumelte vorbei. Ganz in der Nähe musste es ein Nest geben. Juliane drehte sich auf die Seite und fand es nur einen halben Meter von ihrem Kopf entfernt. Schwer mit Pollen bepackt landeten die pelzigen Arbeiterinnen vor einem kreisrunden Loch, das wohl ursprünglich der Eingang eines Mäusenests gewesen war. Nun krochen dort Hummeln ein und aus, rempelten sich an und summten laut, um Erdkrumen abzuschütteln, wenn sie den Bau verließen.

Das Brummen der kleinen Tierchen erinnerte sie an ein anderes Brummen, das in ihrem Kopf. Der stete Schmerz, der sie in den vergangenen Wochen immer begleitet hatte, war nicht da.

Überrascht setzte sie sich auf und bewegte sich dabei so schnell, dass Lazarus einen erschrockenen Satz machte. Er riss ihr den Strick aus der Hand. Sofort fuhr ihr Panik in die Glieder. Die Vorstellung, er könnte davonlaufen und sich verletzen, war furchtbar.

Doch Lazarus dachte gar nicht daran fortzulaufen. Er sah sie aus sicherer Entfernung mit seinen großen Augen an und schüttelte sich dann. »Machst du dich über mich lustig, Herr Pferd?«

Er schnaubte und kam mit gespitzten Ohren auf sie zu. Schnüffelte neben ihr am Boden und zog die Nüstern zusammen, als eine dicke Hummel gegen sein Maul taumelte. Mühelos erhaschte Juliane den Strick und stand auf. »Wir sollten weiter.«

Die Sonne stand schon merklich tiefer. Bald würden sie sich einen Ort suchen müssen, wo sie übernachten konnten.

Sie wuchtete sich den Rucksack auf die Schultern, schloss den Beckengurt und musste sich eingestehen, dass sie schon verdammt müde war.

Aber wenigstens tat ihr Kopf nicht weh. Dem kleinen Krebskraken schienen das Wetter und die viele frische Luft nicht zu bekommen. Gut so, davon würde sie in den nächsten Tagen und Wochen noch viel mehr bekommen.

Lazarus rupfte noch ein letztes Maul voll Gras, dann sah er sie herausfordernd an. »Na los, du entscheidest, wo es langgeht«, sagte sie und schob ihre Hand unter seine dichte Mähne.

Er schien sie zu verstehen, denn er hielt energisch auf den Weg zu, der nach Süden führte. Der Fahrweg, der aus zwei Schotterstreifen und etwas Grün in der Mitte bestand, schlängelte sich bergauf. In der Ferne lag ein blaugrünes Band. Ein Wald. Mit etwas Glück würde sie dort ihr Zelt aufschlagen können.

Es dauerte noch eine weitere Stunde, bis harziger Kiefernduft zu ihnen trieb. Juliane sog ihn tief in ihre Lungen. Mittlerweile tat ihr Rücken ordentlich weh, und die Beine fühlten sich von der Anstrengung müde und taub an.

Der Weg führte am Forstrand entlang. Sobald der Schatten der hohen Wipfel auf den Boden fiel, schwanden die Mohnblumen und machten Farnen und Moospolstern Platz.

In einer kleinen Senke schimmerte ein See, der von einem plätschernden Bach gespeist wurde.

Es war ein kleines Paradies. Hier würde sie ihr Zelt für die Nacht aufbauen. Juliane konnte kaum glauben, dass es diesen Ort wirklich gab. Sogar eine kleine Weide grenzte an das Waldstück. Der Zaun war zwar an vielen Stellen morsch, aber er reichte, um Lazarus dort unterzubringen.

Juliane hatte das untrügliche Gefühl, dass er nicht versuchen würde wegzulaufen. Sie schienen durch eine seltsame Laune des Schicksals miteinander verbunden worden zu sein.

Nachdem sie den Eingang der Wiese mit einem Strick verschlossen hatte, beobachtete Lazarus sie dabei, wie sie nur wenige Meter entfernt ihr Zelt aufbaute.

Es ging ihr überraschend leicht von der Hand. Sie rollte ihren Schlafsack aus und pustete die Isomatte auf.

Nun waren die Schatten schon sehr lang. Im letzten Abendlicht kochte sie sich mit Wasser aus dem Bach eine Fertigmahlzeit und meinte, schon sehr lange nichts mehr gegessen zu haben, das so gut schmeckte.

Von ihrem Platz aus zeichnete sich der Körper ihres tierischen Begleiters als dunkler Scherenschnitt gegen den Himmel ab. Er graste ruhig und schnaubte hin und wieder.

Dies war die Ruhe, die sie in den vergangenen Jahren in ihrem Leben vermisst hatte. Selbst die Abende hatte sie immer mit Reden oder vor dem Fernseher verbracht. Ruhe war ihr vorgekommen wie vergeudete Zeit, dabei war sie vor der Glotze doch viel mehr vergeudet.

Sie streckte sich auf ihrer Isomatte aus, die sie ins Freie gezogen hatte, faltete die Hände über der Brust und sah hinauf in den nachtblauen Himmel. So viele Sterne, und sie kannte nur die wenigsten davon. Dort war der Krieger Orion mit seinem Gürtel, bei dem sie immer an *Men in Black* denken musste. Es war einer von Martins Lieblingsfilmen. Sie waren sogar kurz davor gewesen, sich eine Katze anzuschaffen, die aussah wie die im Film und den Namen Orion trug. Doch wegen Martins Allergie beschränkten sie sich darauf, ohne Katze auf der Couch herumzulümmeln und den Film immer wieder zu schauen.

Juliane fröstelte. Es lag weniger an der sinkenden Temperatur als an der Feuchtigkeit, die in der Luft hing.

Es war ganz sonderbar, wie sehr sich die Natur veränderte, sobald das Tagesgestirn verschwunden war.

Aus dem Boden unter ihr stieg Tau und setzte sich in glänzenden Perlen auf dem Gras ab. Auch auf ihrem Pullover und sogar in ihrem Haar schimmerte es wie Perlmutt. Und der Geruch hatte sich auch verändert, war voller und erdiger geworden. Sie konnte ihn beinahe schmecken, so greifbar schien der Atem der Erde.

Bald, wenn der Krake im Kopf gewonnen hätte, würde sie immer von diesem Geruch umfangen sein. War er ihr eben noch wie etwas wohlig Weiches vorgekommen, so schreckte sie nun vor ihm zurück. Sie setzte sich ruckartig auf. Tränen sammelten sich in ihrer Kehle und machten das Schlucken schwer. Juliane schlang die Arme um die Knie und stützte das Kinn auf.

Sie schniefte und wurde dann Lazarus gewahr, der den Kopf gehoben hatte und der Silhouette nach in ihre Richtung sah.

»Ja, ich weiß, heulen ist doof«, rief sie ihm zu, was er mit einem Schnauben quittierte. »Ich habe nicht mal Taschentücher dabei«, sagte sie leiser. Sie hatte an alles gedacht, nur daran nicht. Auch egal, dann würde sie sich eben zusammenreißen oder die Tränen einfach laufen lassen. Sie hatte nicht vor, Menschen zu begegnen, vor denen sie die Fassung wahren musste. Eigentlich hatte sie überhaupt nicht vor, irgendjemandem zu begegnen. Den Wald und die Wiesen kümmerte es nicht, ob sie Rotz und Wasser heulte oder undamenhaft die Nase hochzog.

Die Vorstellung, sich nicht darum scheren zu müssen, was andere dachten, war überraschend tröstlich. Der Kloß in ihrem Hals verschwand, auch die würgende Enge. Sie wischte sich mit dem Ärmel über die Wangen und rang sich zu einem Lächeln durch. Das Abenteuer wartete!

»Aber erst morgen«, sagte sie zu sich selbst. Unweigerlich kehrten ihre Gedanken an einen anderen Ort zurück: nach Hause. Noch ahnte Martin nichts. Er wähnte sie bei ihren Eltern. Zwei Tage hatte sie noch Schonfrist, in denen sie sich entscheiden musste, ob sie ihre Flucht wirklich durchziehen wollte. In zwei Tagen würde Martin sich wundern, warum sie nicht heimkam, bei seinen Schwiegereltern anrufen und herausfinden, dass sie nie dort gewesen war. Dann versuchte er es sicher auf der Arbeit und würde von der Krankmeldung erfahren. Spätestens dann sollte er einen Brief von ihr bekommen.

Juliane sah auf ihr Handy. Der Bildschirm war schwarz und reflektierte die Sterne. Sie hatte es neu gekauft, nur für Notfälle. Ihr altes lag abgeschaltet im Rucksack im Zelt, und es kostete sie einige Überwindung, nicht kurz nachzusehen, ob sie eine Nachricht oder einen Anruf bekommen hatte.

Schließlich, als sie die Augen kaum noch offen halten konnte, kroch sie in ihr Zelt und schlief sofort ein.

KAPITEL 4

Juliane zuckte aus dem Schlaf auf und wusste im ersten Moment nicht, was sie geweckt hatte. Durch die steingraue Außenhaut ihres Zeltes schimmerte die Morgendämmerung. Flüsternd raschelte das Gras. Ging dort jemand? Nein, zu leise für einen Menschen. Aber allein war sie nicht mehr, das konnte sie spüren.

Schnüffeln, knisterndes Laub. Eindeutig leckte dort ein nicht mehr ganz so heimlicher Besucher den kleinen Topf ihres Blechgeschirrs aus.

Juliane setzte sich so leise auf, wie sie konnte. Ihr Herz jagte wie verrückt, seitdem sie aus dem Schlaf aufgeschreckt war. Wölfe gab es seit einigen Jahren wieder in Österreich, auch Luchse. Ein Problembär war es wohl nicht, der da draußen nach Fressbarem suchte. Warum raste ihr Herz dann einfach weiter?

Dummes Herz, dachte Juliane und hielt den Atem an.

Eine kleine, feuchte Nase wischte über den Zeltstoff und hinterließ im Tau eine gerade Linie. Schnüffeln, jetzt lauter. Ganz vorsichtig rutschte Juliane näher an den Zelteingang. Draußen klapperte es. Ihre Töpfe wurden einer zweiten Inspektion unterzogen.

Das Tier, sie war sich jetzt sicher, dass es kein Bär war und vermutlich auch kein wilder Wolf, machte einen erschrockenen Hüpfer, als es etwas lauter schepperte. Dann näherte es sich wieder mit tapsenden Pfoten.

Juliane hatte nun die Finger am Reißverschluss und war hin und her gerissen. Sollte sie warten, bis ihr heimlicher Gast davongetrottet war? Nein. Dann würde sie wohl nie erfahren, wer es gewesen war. Sie musste ihre Neugier befriedigen. Mit einem schnellen Ratsch öffnete sie den Reißverschluss.

Große orangefarbene Augen starrten sie an. Die feuchte Nase, die sie schon durch den Zeltstoff erahnt hatte, wackelte kurz. Auf dem Nasenrücken klebten eine Nudel und etwas Tomatensoße.

Der Fuchs war nur einen halben Meter von ihr entfernt. Er stand geduckt, wie ein Hund, der zum Spielen aufforderte. Die langen Vorderläufe in ihre Richtung gestreckt, das Rückenfell gesträubt, sah er ihr in die Augen. Juliane erschien es wie eine kleine Ewigkeit, in der keiner von beiden sich zu rühren wagte.

Schließlich leckte sich der Fuchs unsicher über die Schnauze, legte die Ohren an und rannte davon. In großen, eleganten Sätzen sprang er über Farn und Unterholz. Der buschige Schwanz mit der weißen Spitze wehte wie ein Banner hinter ihm her.

Noch eine Stunde später, als sie längst ihre Sachen gepackt und gefrühstückt hatte, hing die Erinnerung an die Begegnung wie ein Zauber in der Luft.

Juliane musste an das Märchen von Fuchs und Rabe denken, das ihre Mutter ihr früher oft zum Einschlafen vorgelesen hatte. Im Gedenken an ihre Kinderzeit hinterließ sie für Herrn Reineke ein kleines Stück Käse, das sie auf einem umgestürzten Baumstamm platzierte.

Dann war fast alles bereit. Lazarus kam zu ihr und ließ sich von ihr kraulen wie ein normales Pferd, das noch nichts Schlechtes erlebt hatte. Sie rieb die mit weichem Flaum bedeckte Stelle hinter seinen Ohren und rief sich wieder ins Gedächtnis, wie kostbar sein Vertrauensbeweis war. Sie legte ihm das Halfter an, führte ihn von der Wiese zum Bach und ließ ihn trinken. Vorsichtig manövrierte sie ihn auch mit den Hinterbeinen hinein, sodass die verletzte Fessel vom kühlen Nass umspült wurde.

Die Verletzung vom Lkw-Unglück war noch nicht ganz verheilt. Dort, wo er mit dem Huf die Außenwand durchstoßen hatte, war die Haut verkrustet.

Fast zehn Minuten lang brachte er die Geduld auf, dort stehen zu bleiben. Danach führte sie ihn hinaus und band ihn an einen Baum.

Jetzt kam der Teil, vor dem sie sich ein wenig fürchtete. Natürlich hatte sie schon seit ihren ersten Reitstunden eingebläut bekommen, dass man ein Pferd niemals sehen lassen sollte, dass man Angst hatte. Aber das war leichter gesagt als getan.

Diese Weisheiten kamen immer von Menschen, die sich vermutlich nicht einmal mehr daran erinnern konnten, wann sie zum letzten Mal mit einem mulmigen Gefühl in der Magengegend und dem leichten Flattern in der Kehle vor einem Pferd gestanden hatten.

Lazarus war von dem Moment an skeptisch, als sie ihn angebunden hatte. Seitdem zeigten seine Ohren fast waagerecht nach hinten, er schlug mit dem Schweif und verfolgte jede ihrer Bewegungen mit Argusaugen.

»Dann wollen wir mal«, sagte Juliane leise. »Ich will dir nur helfen, Lazarus, das solltest du doch mittlerweile wissen.« Die Dose mit der Jodsalbe hatte sie sich in die Tasche ihres Pullis geschoben. Den Lappen, mit dem sie sein Bein abtrocknen wollte, behielt sie in der Hand.

»Hier, riech mal dran, ein harmloser Lappen«, forderte sie ihn auf. Der Wallach schnüffelte an dem Stoffstück, seine Ohren blieben jedoch angelegt.

Juliane begann nun, ihn vorsichtig mit dem Tuch abzureiben, erst am Hals, dann zum Rücken. Seine Haut zuckte, als habe sie ihn verbrannt, und er stampfte zornig mit dem Huf.

»Wir haben alle Zeit der Welt, Lazarus. Bald wird

dir langweilig«, sagte sie und hoffte, dass es stimmte. Das Pferd war ein Dickkopf, aber sie war nicht minder stur.

Sie rieb ihm so lange mit dem Lappen über den Rücken, bis er sein linkes Ohr langsam wieder aufrichtete und seine Haut nicht mehr zuckte. Sie hatte gewonnen, zumindest ein wenig. Ermutigt, dass ihre Methode funktionieren würde, arbeitete sie sich mit dem Stoffstück langsam sein Bein hinunter. Schließlich konnte sie die Wunde abtrocknen und vorsichtig betasten. Die Schwellung war über Nacht fast vollständig verschwunden, und die Stelle fühlte sich auch nur noch ein bisschen wärmer an als der Rest des Beins. Durch die lange Zeit im Wasser waren die alten Krusten aufgeweicht, und sie rieb sie vorsichtig aus dem kurzen Fell.

Mit etwas Herzklopfen nahm sie nun die Salbe aus der Tasche, öffnete den Schraubdeckel und kratzte mit dem Finger einen ordentlichen Klumpen der dunkelorangenen Masse heraus. Mit einem letzten Blick über die Schulter vergewisserte sie sich, dass Lazarus nichts gemerkt hatte, dann rieb sie blitzschnell die offenen Stellen ein.

Lazarus quittierte ihre Bemühungen, indem er mit beiden Hinterbeinen austrat, doch da hatte Juliane sich bereits in sicheren Abstand gebracht. »Dummkopf!«, lachte sie erleichtert. »Ich weiß genau, dass die nicht so schlimm ist.«

Der Wallach bedachte sie dennoch mit Blicken, die aussahen wie Morddrohungen. Als sie ihm jedoch ein Stückchen Brot zur Belohnung hinhielt, schien alles bereits wieder vergessen. Kurz darauf brachen sie auf.

Der zweite Tag war nicht mehr so schön wie der erste. Das Wetter war kühler, und am Himmel jagten große Kumuluswolken, die in der Ferne über den Feldern Regengüsse abluden.

Der Rucksack schien heute mindestens doppelt so schwer wie am Vortag. Julianes Rücken war völlig verspannt, und in ihren Oberschenkeln hauste der schlimmste Muskelkater ihres Lebens und machte jeden Schritt zur Qual.

Lazarus trottete mit hängendem Kopf neben ihr her, als säße auch ihm der lange Fußmarsch in den Knochen. Vom feurigen Spanier war nichts zu sehen. Aber wenigstens auch nichts von dem angeblich so aggressiven und gefährlichen Pferd.

Waren sie am Vortag noch durch Weideland und an Naturschutzgebieten entlanggewandert, so veränderte sich das Bild nun deutlich. Immer wieder mussten sie Straßen überquerten. Anfangs war Lazarus noch ruhig geblieben, doch die Landstraßen setzten ihm immer mehr zu. Trotz des kühlen Wetters war sein Fell unter der Mähne schweißnass, und er suchte immer wieder Körperkontakt, als könne Juliane ihn einfach auf den Arm nehmen und vor heulenden Motorrädern beschützen.

Alles gute Zureden nutzte nichts, er hatte schlicht und ergreifend Angst, die größer war als er selbst.

Bis zum Mittag wich die Natur weiter. Straßen und große Lagerhallen prägten das Bild. Sie waren am Rande eines Industriegebietes. Immer wieder musste Juliane neue Umwege finden, um den Bauten und Zufahrtsstraßen auszuweichen. Die Bäche, die sie hier vorfand, waren allesamt in enge Betonbetten gepfercht, einer stank erbärmlich, der nächste schob große gelbgrüne Schaumflocken vor sich her.

Lazarus weigerte sich, bei beiden zu trinken, und Juliane hätte es an seiner Stelle wohl auch nicht getan. An einem kleinen Grünflecken neben einer Bushaltestelle benutzte sie ihr neues Handy, um mit Google Maps nach einem Weg zu suchen.

Die Aussichten waren düster.

Juliane bezweifelte mittlerweile sehr, ob ihr Plan, einfach loszulaufen und das gewohnte Leben hinter sich zu lassen, so ein guter gewesen war.

Während sie mit wachsender Verzweiflung nach alternativen Routen suchte, die sie nicht auf direktem Wege wieder heim führen würden, tänzelte Lazarus um sie herum. »Hör auf herumzuhampeln«, fuhr sie das Pferd an und ruckte an dem Strick. Heftiger als sie eigentlich wollte. Ihre Nerven lagen blank, und die Kopfschmerzen waren auch wieder da. Nun stand Lazarus still wie eine Statue und starrte sie an, als sei sie plötzlich zu seinem Feind geworden. Dabei hatte er mit dem Lärm, den Fabriken und anderen Menschen schon genug Probleme. »Hey, ich habe es nicht so gemeint«, versuchte sie es mit ruhiger Stimme, doch dieses Mal schien ihr tierischer Begleiter nicht bereit, sich so schnell zu beruhigen. Hinzu kam, dass er ihre Gereiztheit scheinbar spiegelte und sie sich nun beide unerträglich fanden.

Juliane fühlte sich überfordert. Doch sie war kein Mensch, der leicht aufgab, war es nie gewesen. Entschlossen wickelte sie sich den Strick fester um die Hand, auch wenn man das nicht tun sollte. Ein Pferd, das sich erschrak, würde einen Menschen hinter sich herschleifen und vermutlich treten, wenn sich der Strick nicht löste, aber das war ihr im Moment egal.

Schlimmer als ein krebsiger Krake im Kopf würde es auch nicht werden, dachte sie fatalistisch. »Wenn Sie mal einen Moment Zeit hätten, Herr Lazarus, würde ich Ihnen den Weg erklären.« Sie hielt ihm das Handy hin, als könnte er tatsächlich verstehen, was sie sagte. »Wir haben keine andere Wahl, wir müssen die Autobahn überqueren. Siehst du das ganze Grün hier? Das ist ein Naturschutzgebiet, da wollen wir hin. Oder bist du anderer Meinung, Lazarus?«

Er sah sie an, als sei sie verrückt geworden. »Keine Antwort ist auch eine Antwort.« Sie schob das Telefon zurück in ihre Brusttasche. »Wenn wir da langgehen, finden wir eine Brücke … hoffe ich.«

Zumindest hatte es auf der kleinen Karte auf dem Display so ausgesehen. Bald liefen sie in Sichtweite der Autobahn über einen Acker, der nicht wirkte, als würde er je wieder viel Ertrag bringen. Selbst der Klee, der angepflanzt worden war, damit der Boden sich erholen konnte, kümmerte vor sich hin. Von Bienen oder Hummeln war nichts zu sehen.

Lazarus lief erstaunlich ruhig neben Juliane her, und sie wagte zu hoffen, dass er sich an den lauten Verkehr und die Lkws gewöhnt hatte.

Bald konnte sie auch die schmale Fußgängerbrücke ausmachen, die von einem Parkplatz ausgehend die Autobahn überspannte. Und noch etwas, das weniger erfreulich war.

Eine der aufgetürmten Wolken, die schon seit dem Morgen über die Landschaft mit ihren weichgerundeten Kuppen zogen, hielt genau auf sie zu. Der dunkelgraue Vorhang, den sie mitschleppte, verhieß nichts Gutes. »Ich hoffe, du kannst schwimmen«, seufzte sie und setzte ihren Rucksack ab, um eine Regenhülle darüberzuziehen.

Als sie den Parkplatz erreichten, klatschten die ersten fetten Tropfen auf sie nieder. Julianes Regenjacke lag als allerunterstes im Gepäck. Wenn sie jetzt erst alles andere auspackte, bliebe nichts mehr trocken.

Leute rannten zu ihren Autos und fuhren schnell

an ihnen vorbei. Niemand nahm Rücksicht auf sie oder das Pferd.

Juliane zog Lazarus in den Schutz einer Eiche, deren dichtes Blätterdach den Guss abhielt. Außerhalb fielen die Tropfen so dicht, dass die Welt in Grau getaucht wurde.

Lazarus schüttelte sich und sah sie vorwurfsvoll an. »Was denn, regnet es in Spanien nie? Oder haben sie dich an den schicken Dressurställen immer warm angezogen?«

Lazarus schüttelte den Kopf. Die Regentropfen machten auch vor seinen Ohren nicht halt.

Nach und nach leerte sich der Parkplatz. Menschen kamen über die Brücke gerannt und verkrochen sich triefend nass in ihre Autos. Viele von ihnen trugen Sportkleidung und waren wohl zum Joggen im Naturschutzgebiet auf der anderen Seite der Autobahn gewesen.

Durch das viele Wasser auf der Straße klang der Verkehr nun noch lauter als zuvor. Juliane ging langsam einige Schritte, bis sie die Brücke sehen konnte. Sie war wirklich schmal. Kaum breit genug, um neben dem Pferd zu laufen. Wenigstens waren die Geländer auf beiden Seiten so hoch, dass Lazarus nicht runterfallen würde, selbst wenn er stieg. »Wir müssen auf die andere Seite«, sagte sie bestimmt und musterte ihren Begleiter, der im Augenblick vor allem vom Regen genervt war.

Sie harrten unter der alten Eiche aus, bis aus dem Regenguss ein mildes Nieseln geworden war. Lazarus folgte ihr nur widerwillig ins Freie und machte um jede größere Pfütze einen Bogen, als hausten Monster in deren Untiefen.

Juliane musste trotz ihrer Anspannung lächeln. Sie hatte vergessen, wie sehr sich manche Pferde anstellten, weil sie in Gebüschen oder spiegelnden Flächen Gespenster sahen.

Als Kind hatte sie darüber herzlich gelacht, jetzt verging ihr selbst das Lächeln angesichts der bevorstehenden Herausforderung.

Mit dem klobigen Rucksack auf dem Rücken fühlte sie sich eingeengt und zu schwerfällig, um schnell zu reagieren.

Lazarus tänzelte um die nächste schlammbraune Pfütze herum und prustete laut, dann waren sie am Anfang der Brücke angelangt.

Nichts anmerken lassen, beschwor sich Juliane, atmete tief durch und lief los. Lazarus' Hufe schlugen laut auf dem Beton. Er schien ihr ruhig zu folgen, doch sie wagte sich nicht umzudrehen. Noch gab es zu beiden Seiten Bäume, deren nassglänzendes Laub den Blick auf die sechsspurige Straße verdeckte. Doch der Lärm war schon jetzt ohrenbetäubend.

Lazarus blieb stehen, der Strick spannte sich. Juliane zog ihn weiter. Jetzt anzuhalten wäre einer Kapitulation gleichgekommen. Sie musste weitergehen und dem Pferd durch ihr Verhalten Sicherheit geben. Nun endeten die Baumreihen. Es wurde noch lauter. Auf beiden Seiten waren die Autos und Lkws zu sehen. Sie zogen breite Streifen aus Spritzwasser hinter sich her. Planen flatterten. Die Büsche auf den Randstreifen schwankten im Sog der vorbeifahrenden Laster.

Lazarus' Schritte wurden kürzer, hektischer, doch noch folgte er ihr. Sie hatten die Mitte der Brücke erreicht, als sie seine Schulter plötzlich an ihrer fühlte. Er schob sie in Richtung Geländer, doch sie hielt gegen und gab ihm damit zumindest für den Augenblick den Halt, den er brauchte.

Mit weit aufgerissenen Augen und hoch erhobenem Kopf tänzelte er nun neben ihr her. Juliane war es ein Stoßgebet wert. Vor ihnen öffnete sich bereits als grüner Tunnel der Wald, einladend und Stille versprechend.

Sie wagte einen Blick hinab auf die Straße und hätte es besser nicht getan.

Im Führerhäuschen des Schwerlasters blinkten und blitzten Lichter um die Wette. Der dicke Fahrer warf ihr eine Kusshand zu, dann dröhnte die Hupe wie die Kriegshörner einer angreifenden Armee.

Lazarus stieg. Juliane wurde vorwärtsgerissen und fiel der Länge nach hin. Die Hufe verfehlten ihr Gesicht um Haaresbreite, als der Strick durch ihre Hand rutschte und brennende Haut hinterließ.

Doch das war unwichtig. Lazarus' Hufe donnerten über die Brücke und wurden erschreckend schnell leiser.

Juliane stützte sich auf. Der Rucksack zerrte an ihr, sie musste das Geländer zu Hilfe nehmen und stand schließlich mit weichen Knien.

In der Ferne galoppierte Lazarus mit wehendem Schweif durch den Wald. Schreiend wichen Spaziergänger ihm aus, was ihn bestimmt noch mehr in Panik versetzte.

Juliane schossen Tränen in die Augen. Sie fluchte heftig und rannte los. Sie musste ihn einholen, bevor ein Unglück geschah.

Sich auszumalen, wie er mit einem Auto zusammenstieß und womöglich auch noch Menschen mit in den Tod riss – furchtbar!

In diesem Moment hatte sie das schwere Gepäck auf ihrem Rücken beinahe vergessen. Auf dem abschüssigen Weg wurde sie immer schneller, trotzdem war Lazarus bald außer Sicht.

Ihre Lunge brannte, atmen tat weh. *Unwichtig*.

Juliane japste, in ihrem Kopf wummerte es genau dort, wo sich der Tumor in ihr Hirn krallte. Sie blinzelte, um ihre verschwommene Sicht zu klären, und wich den Spaziergängern aus.

»Ist das ihr verdammter Gaul? Der hätte uns fast umgerannt!«, brüllte ein Mann ihr hinterher.

»Entschuldigung!«, war alles, was Juliane noch

keuchen konnte. Sie folgte dem Weg durch lichten Buchenwald, bis er sich gabelte. Ihre Beinmuskeln brannten wie Feuer, das Seitenstechen schien direkt aus der Hölle zu kommen. Nach Atem ringend stützte Juliane die Hände auf die Oberschenkel und wäre beinahe vornübergekippt, als der schwere Rucksack ihrer Bewegung folgte. Sie fing sich im letzten Moment ab und stolperte einige Schritte vorwärts.

Von Lazarus war nichts zu sehen. Er war schon zu weit fort. Schließlich bemerkte sie die Hufspuren. Lazarus hatte die Kurve eng genommen und war dabei mit den Hinterbeinen ausgerutscht, sodass seine Hufeisen Kerben in den Schotter gepflügt hatten. »Links also«, schnaufte Juliane und zwang sich weiterzulaufen. Der Schotter wich festgetretenem Waldboden und den Fahrspuren von Geländeautos, in denen das Wasser stand. Der Wald dampfte vor Nässe. Sonnenstrahlen malten helle Muster auf den Waldboden, und Juliane erlag mehrfach der Illusion, Lazarus zu sehen.

Dann tönte in der Ferne Hundegebell. Ihr Herz machte einen Satz in der schmerzenden Brust. Dort musste Lazarus sein, sie fühlte es. Mit neuer Energie rannte sie weiter, und je näher sie kam, desto mehr hörte sie. Mindestens zwei Hunde waren es, die dort bellten, und ein Mann, der hin und wieder etwas rief.

Die Bäume wurden lichter. Hier war vor Jahren gerodet worden. Unter wenigen alten Bäumen wuchsen nun junge heran, die meisten überragten Juliane nicht.

Und dort in dieser Schonung war Lazarus.

Aufgeregt, aber nicht mehr panisch, galoppierte er an einem Wildzaun auf und ab, der ihn an einer weiteren Flucht hinderte. Drei Hunde sprangen bellend um ihn herum, hielten aber sicheren Abstand zu seinen Hufen, mit denen er immer wieder austrat.

Juliane streifte ihren Rucksack ab und ließ ihn achtlos zwischen die jungen Bäume fallen, dann rannte sie quer durch die Schonung. »Lazarus, Laz, bleib stehen!«

Er sah kurz in ihre Richtung, wieherte und lief weiter hin und her. Juliane verstand zuerst nicht, warum er immer so plötzlich kehrt machte, obwohl der Zaun endete, dann sah sie den Graben, der nach dem Regenguss angeschwollen und bis zum Rand mit braunem, strudelndem Wasser gefüllt war. Er hätte ihn mühelos überspringen können, doch anscheinend nahm er es lieber mit der bellenden Meute auf.

Erst glaubte sie, die Hunde seien herrenlos, dann bemerkte sie am anderen Ende des Zauns eine zerlumpte Gestalt, die jedes Mal, wenn Lazarus ihm nahe kam, versuchte, den herunterhängenden Strick zu erhaschen. »Ruhig, ganz ruhig, mein Schöner«, sagte der Mann und beachtete Juliane gar nicht, dabei musste er sie gehört haben.

Hoffentlich waren die Hunde friedlich. Juliane lief die letzten Schritte langsamer und stellte sich Lazarus dann direkt in den Weg. Sie begann gerade, ihre Entscheidung zu bereuen, als er die Hufe in den Boden grub und schlitternd vor ihr stehen blieb.

Blitzschnell haschte sie mit der linken Hand nach dem Führstrick. »Ruhig, gaaanz ruhig, Großer. Die Hunde tun dir nichts.«

Lazarus schien nicht überzeugt, aber er riss sich auch nicht wieder los. Sobald er stehen blieb, verloren die Hunde das Interesse. Nur ein kleiner, schwarzweißer schnüffelte noch vorsichtig am Pferdeschweif.

Mit einem lauten, feuchten Schnauben schüttelte Lazarus die Anspannung ab und versaute Juliane zugleich ihre Jacke. Doch das war ihr egal, alles war egal.

Sie vergaß, wie ängstlich der Wallach sonst war, und schlang ihm einfach die Arme um den Hals. Lazarus blieb stocksteif stehen, dann entspannte er sich nach und nach. Juliane drückte ihre Wange an das verschwitzte Fell. Die Tränen kamen ganz von allein. »Du dummes, dummes Pferdetier«, schluchzte sie. »Wie konntest du mir nur so einen Schrecken einjagen.«

Natürlich antwortete er nicht, er schien sich auch keiner Schuld bewusst. Aber er stand so lange still, bis sich ihr Atem beruhigt hatte und ihre Tränen getrocknet waren. Erst jetzt spürte sie, wie sehr ihre rechte Hand schmerzte.

Seit ihrem Sturz auf der Brücke hatte sie die Finger nicht mehr geöffnet. Der Führstrick hatte sie verletzt, und es fühlte sich an, als seien dort nicht nur Blasen entstanden, sondern auch viel Haut aufgerissen.

»Ihr Pferd, junge Frau?«

Die tiefe Stimme ließ sie erschrocken herumfahren. Die zerlumpte Gestalt hatte sie ganz vergessen. Nun sah sie in das faltige Gesicht eines alten Landstreichers, das fast vollständig von einem Bart überwuchert wurde.

Mit einer Geste rief er die Hunde zu sich, die sich schwanzwedelnd zu seinen Füßen versammelten.

»Ja, er ist mein Pferd«, sagte Juliane zögernd und wich einen Schritt zurück.

Es war etwas ganz anderes, so einem Typen in der scheinbaren Sicherheit einer Fußgängerzone zu begegnen und ein paar Münzen in den Hut zu werfen als hier, alleine im Wald.

Lazarus schien ihre Unsicherheit zu spüren und drückte sich an sie. Dem Fremden machte er mit angelegten Ohren klar, was er von ihm hielt.

Der Mann drehte die Hände nach außen, wie um zu zeigen, dass er unbewaffnet war. »Ich habe versucht, ihn einzufangen, aber ich habe den Strick nicht zu fassen bekommen. Hab ihn hierher getrieben, vom Weg runter, da hinten ist eine Landstraße.« Er wies nach rechts, zuckte dann mit den Schultern und tätschelte dem größten seiner Hunde, einem Schäferhundmischling, den Kopf.

»Danke«, brachte Juliane hervor. Mittlerweile brannte ihre Verletzung wie Feuer. Eigentlich wollte sie so schnell wie möglich fort von diesem Mann, aber vielleicht kannte er sich hier aus. »Gibt es hier irgendwo sauberes Wasser?«

»Am Wandererrastplatz *Zur Mühle*.«

»Der an der Autobahn?« Um keinen Preis der Welt würde sie dorthin zurückgehen. Sie verzog das Gesicht.

»Nein, dort hinten.« Er wies tiefer in den Wald.

»Wo muss ich lang?«

»Der lange Weg dauert fast vierzig Minuten, der kurze zehn, aber da muss man querfeldein.«

Julianes Hand pochte und brannte jede verstreichende Sekunde mehr. Vierzig Minuten klangen unerträglich lange. »Querfeldein klingt gut.«

»Das findest du nicht alleine.« Der Alte fuhr sich durch den struppigen Bart und machte dabei laute Kratzgeräusche. Unweigerlich fragte sie sich, von wie vielen Mahlzeiten darin noch Reste hingen. »Wir können dich begleiten, haben eh nichts zu tun«, bot er an.

»Wir?« Gab es noch mehr Landstreicher, versteckt in den Büschen?

»Na ich, Fleck, Lotta und Maxi«, sagte er und wies nacheinander auf die Hunde, die vergnügt um ihn herumhüpften, sobald sie ihre Namen hörten. Vielleicht sollte sie lieber den Tieren glauben, als so sehr auf Äußerlichkeiten zu achten, dachte sie ertappt.

»Ich bin Juliane, das ist Lazarus«, stellte sie sich vor.

Der Alte trat näher und streckte ihr die Hand hin. »Fritz.«

Reflexartig wollte sie seine dargebotene Rechte ergreifen, doch sobald sie ihre Hand nur ein wenig öffnete, brannte es höllisch. »Verfluchte … ah!« Sie biss die Zähne aufeinander.

»Verletzt? Lass mal sehen.«

»Der Strick ist durchgerutscht, jetzt fühlt es sich an, als hinge alles in Fetzen.« Sie starrte auf ihre Hand, wagte aber nicht, sie zu öffnen. »Lieber erst, wenn ich Wasser habe.«

Er nickte. »Dann komm.«

»Mein Rucksack, ich hole ihn eben.« Lazarus folgte ihr ruhig, als sei nie etwas geschehen, und rupfte im Laufen hier und da Blätter von den jungen Bäumen.

Ihr Gepäck lag noch genau so da, wie sie es zurückgelassen hatte, doch nun stand sie vor einem kleinen Problem. Eigentlich brauchte sie beide Hände, eine für den Rucksack und eine, um Lazarus zu halten. »Wage es nicht, wieder abzuhauen.« Sie stellte sich mit einem Fuß auf den Strick, dann wuchtete sie sich mit der Linken den Rucksack auf die Schultern. Es war eine ungewohnte Bewegung, die sie fast aus dem Gleichgewicht brachte. Lazarus wich irritiert zur Seite, der Strick rutschte unter ihrem Fuß heraus, doch der Wallach dachte nicht an Flucht, sondern rupfte stattdessen mehr leuchtendgrüne Blätter von einer jungen Buche.

»Hättest du was gesagt, ich kann deinen Rucksack tragen.«

Fritz war neben ihr aufgetaucht, haschte nach Lazarus' Strick und reichte ihn ihr.

Offensichtlich fand ihr tierischer Begleiter die zerlumpte Gestalt nicht halb so unheimlich wie sie selbst.

Sie lehnte Fritz' Angebot ab und folgte ihm dann. Er hatte eine seltsame Art zu gehen. Leise, sodass seine weiten Schritte nicht zu hören waren, dabei wippte er auf und ab. Die Hunde wuselten um ihn herum. Einer, der kleinste, tauchte immer wieder unter seinen weiten, dunkelblauen Mantel, als suche er darunter Schutz.

Schon nach kurzer Zeit schien er Juliane und Lazarus vergessen zu haben. Er lief traumwandlerisch über verborgene Pfade und summte dabei leise vor sich hin.

Julianes Anspannung schwand, obwohl sie einem Fremden immer tiefer in dichten Wald folgte. Es wunderte sie selbst. Vielleicht sollte sie auf ihre Mutter hören und häufiger ihrem Bauchgefühl folgen, dachte sie.

Lazarus lief brav an ihrer Seite und in engeren Passagen auch hinter ihr. Manchmal reckte er den Kopf, um einen der Hunde anzustupsen. Mit diesen Vierbeinern schien er weit weniger Vertrauensprobleme zu haben als mit Zweibeinern. Sie strich ihm über den Hals. Das Fell war verkrustet vom Schweiß. »Heute Abend musst du stillhalten«, sagte sie leise. »Damit ich dich bürsten kann, bis dein Fell wieder glänzt.«

Er stieß sie mit dem Maul an, als wolle er sagen: *Glänzendes Fell interessiert mich nicht, ich will ein Stückchen Möhre, mindestens.*

»Hey, gebettelt wird nicht«, protestierte sie, als Lazarus an ihrer Tasche zu schnüffeln begann.

Fritz sah über die Schulter, ohne seinen wippenden Lauf zu verlangsamen. »Alles in Ordnung mit Ihrem Pferd?«

»Nein, eigentlich nicht, aber es geht ihm gut, denke ich. Ist es noch weit?«

»Gleich sind wir da.« Er wies auf eine Front aus Tannen, die wie eine unüberwindbare grüne Wand vor ihnen aufragte. Erst als sie nur noch wenige Schritte entfernt war, wurde Juliane des schmalen Weges gewahr, der über knotige Wurzeln ins Waldesdunkel führte. Es duftete nach Pilzen, und das im Frühling.

Juliane legte den Kopf in den Nacken, sah zu den sacht schwingenden Wipfeln hinauf und fühlte sich klein.

Lazarus' Hufe schickten dumpfe Echos durch den lockeren Waldboden, die sie bis in die eigenen Fußsohlen spürte.

Fritz wirkte hier weniger wie einer, der am Bahnhof rumlungerte. Seine gespenstisch lautlosen Schritte ließen sie an einen Waldläufer aus dem *Herrn der Ringe* denken.

Alles war still hier, die Hunde trabten schweigend voraus, und Juliane trat so sacht auf wie sie konnte, um die grüne Decke aus Moos und Waldklee nicht zu zerstören.

Der Weg schlängelte sich an schuppigen Stämmen entlang, fuhr teilend durch jungen Adlerfarn, um endlich auf einen heller werdenden Fleck zuzuleiten.

Am Wandererrastplatz gab es Tische und Bänke, die sich um einen See gruppierten. Halb überwuchert war auch eine alte Mühle zu erkennen. Ihr Dach war längst eingestürzt, das Rad drehte sich nicht mehr, und trotzdem war es wunderschön. Vielleicht auch gerade deshalb.

Das moderne Toilettenhäuschen aus Stahl und Glas nahm sich in der langsam gewachsenen Landschaft wie ein Fremdkörper aus. Dennoch war Juliane schrecklich erleichtert, es zu sehen.

Sie band Lazarus an einem jungen Baum fest und ging hinein. Bevor sie die Tür schloss, wandte sie sich noch einmal an Fritz. »Wären Sie so lieb und geben acht, dass sich niemand dem Pferd nähert? Er mag keine Fremden.«

Der Alte nickte und tippte sich an einen imaginären Hut. Sie hoffte, dass sie ihm trauen konnte. Immerhin konnte sie sich einer Sache sicher sein. Lazarus würde sich nicht einfach so von irgendeinem Fremden stehlen lassen.

Zuerst hielt sie die verletzte Hand lange unter kaltes Wasser, dann wagte sie, die Finger zu öffnen. Es sah schlimm aus, aber nicht so schlimm, wie sie gedacht hatte. Von zwei Fingern war die Haut abgerissen, an den anderen hatte sie dicke, wassergefüllte Blasen, als habe sie sich verbrüht. Gut, dass sie eine Notfallausrüstung Verbandszeug mitgenommen hatte.

Wenig später verließ sie die öffentliche Toilette mit einem ordentlichen weißen Verband, unter dem es orange schimmerte. Lazarus schüttelte den Kopf. »Ja genau, das ist deine Jodsalbe, und sie tut wirklich nicht weh, Sturkopf.«

Sie führte das Pferd zu Fritz, der es sich auf der Wiese am Weiher gemütlich gemacht hatte. Lazarus senkte sofort das Maul ins üppige Grün, schnaubte zufrieden und begann zu fressen. Was sie wieder daran erinnerte, dass es später Nachmittag war und eigentlich Zeit, einen Rastplatz für den Abend zu suchen. Aber vielleicht war es hier gut, hinter der alten Mühle konnte sie womöglich ein Plätzchen für ihr Zelt finden und hätte damit sogar eine richtige Toilette in der Nähe.

Nach dem nervenaufreibenden Tag war es eine paradiesische Vorstellung. Sicherlich war hier am Abend kein Wanderer mehr und sie hätte den Ort für sich allein. Schon jetzt leerten sich die Picknicktische, die sie in einiger Entfernung ausmachen konnte. »Vielen Dank fürs Herbringen, Fritz.«

Er grinste sie breit an, und sie sah erst jetzt, dass ihm fast jeder zweite Zahn fehlte. »Das war doch nichts.« Er begann in seinen Manteltaschen zu kramen und förderte Tabak und Blättchen ans Licht. Während er sich eine Zigarette drehte, wandte er den Blick wieder zum See, wo Seerosen die ersten Blüten öffneten und grünglitzernde Libellen umherschwirrten.

Juliane lehnte sich geistesabwesend an Lazarus' Schulter, wie sie es als Kind immer bei den Ponys gemacht hatte. Er wich nicht aus. Dann wurde ihr plötzlich klar, dass Lazarus vor wenigen Tagen noch davongerannt wäre oder nach ihr getreten hätte, und sie konnte ihr Glück kaum fassen. »Wohin geht denn die Reise?«, fragte Fritz schließlich und blies Rauchwölkchen in den Himmel.

»Das weiß ich noch nicht«, sagte sie ehrlich und

seufzte. »Bislang habe ich noch kein Ziel, ich wollte einfach weg.«

Er nickte und brummte zustimmend, während er seinen kleinsten Hund auf den Schoß hob. »Kenne ich. Den Kopf freibekommen, das ist wichtig.« Er tippte sich an die Schläfe, und in Julianes Mitte ballte sich sofort alles zu einem harten Klumpen zusammen. »Das sagt sich so leicht, meinen Kopf werde ich nie wieder freibekommen.«

Er sah sie fragend an. Als sie ihre kryptische Antwort nicht weiter erläuterte, bedrängte er sie nicht, sondern kraulte einfach seinen Hund.

Sie ging einige Schritte, damit Lazarus sich dem nächsten Fleckchen Grün widmen konnte, und stand nun direkt neben Fritz, dessen Mantel ein leichter Mief entströmte, als hätte er ihn in Seewasser gewaschen.

Plötzlich rappelte er sich auf. »Bin gleich zurück«, sagte er. Verblüfft sah Juliane ihm nach. Mit seinem hüpfenden und etwas albern anzusehenden Gang verschwand er in einem Gebüsch aus blühendem Holunder, das neben der Mühle wuchs. »Na toll, jetzt pinkelt der auf unseren Zeltplatz«, sagte sie zu ihrem tierischen Begleiter. »Was sagst du dazu, Herr Pferd?«

Doch Fritz kam so schnell nicht zurück. Vielleicht hatte er auch nur einen Vorwand gesucht, um abzuhauen, ohne sich verabschieden zu müssen. Aber das war unsinnig. Andererseits, wer wollte von einem Landstreicher schon vernünftiges Verhalten erwarten? Es gab sicher einen Grund, weshalb er so heruntergekommen war.

Juliane schämte sich beinahe sofort für ihre Gedanken. *Ich kenne ihn doch gar nicht, ich habe noch nie mit jemandem wie ihm geredet!* Sie nahm sich vor, ein wenig offener zu sein. Immerhin war sie jetzt auch auf gewisse Weise obdachlos. Sie musste wieder an ihr Zuhause denken. Wo Martin jetzt begann, sich Sorgen zu machen. Der Brief, sie würde ihn bald schreiben müssen.

KAPITEL 5

»Kaffee?« Der Ruf schallte wie eine Verheißung über den See. Juliane hatte nach und nach alle Wanderer aufbrechen sehen. Mit der Abenddämmerung hatte sich Stille über die Szenerie gelegt, die nun mit dem Ruf jäh zerstört wurde. Fritz kam quer über die Wiese gelaufen und balancierte dabei zwei angeschlagene Blechtassen in den Händen. Dampf stieg auf, und Juliane meinte den Kaffee bereits riechen zu können.

Mit einem triumphierenden Lächeln überreichte der Alte ihr eine der Tassen. »Milch, Zucker, ich habe einfach beides reingetan«, erklärte er, dann stieß er seine Tasse gegen ihre. »Prost.«

Wenig später hatte Juliane ihr Zelt hinter der Mühle aufgebaut. Fritz, so stellte sich heraus, lebte im kleinen Anbau der Ruine, und das schon seit einem halben Jahr. Zwar hatte der Förster ihn bereits aufgefordert zu gehen, aber er hatte ihn nicht gezwungen und auch nicht die Polizei gerufen.

Augenzwinkernd hatte Fritz ihr zu verstehen gegeben, dass er nicht befürchtete, so bald davongejagt zu werden. Vielmehr schien es ein stilles Einvernehmen zu geben; der Förster sah weg, und Fritz sorgte im Gegenzug dafür, dass der Rastplatz immer sauber war. Er sammelte Müll ein, der von den Besuchern liegen gelassen wurde, und meldete, wenn Jugendliche im Wald zündelten oder in den Bereichen herumliefen, die für die Öffentlichkeit gesperrt waren.

Auch hinter der alten Mühle gab es ein kleines Stück Wiese, auf zwei Seiten von den Gebäuden begrenzt, auf der dritten vom See, sodass einige Stöcke, der Strick und eine Schnur reichten, um sie als Weide provisorisch abzusperren. Lazarus genügte es offensichtlich. Schon zweimal hatte er sich direkt neben ihrem Zelt gewälzt und es dabei beinahe umgerissen.

Als Juliane ebenfalls Isomatte und Schlafsack ausgebreitet hatte, trat sie zögernd an die Tür des Anbaus. Sie stand zwar offen, doch sie zweifelte, ob Fritz an Gesellschaft interessiert war. Seitdem sie sich den Zeltplatz direkt neben seinem Unterschlupf ausgesucht hatte, war zwischen ihnen kein Wort mehr gefallen.

Als sie den Kopf nun zur Tür hereinstreckte, sah sie Fritz auf dem Boden vor einem Kocher hocken. Im Licht einiger Kerzen rupfte er Kräuter klein und warf sie in einen Topf. Die Hunde lagen alle gemeinsam auf einer schmuddeligen grauen Decke. Sie waren so ineinander verschlungen, dass kaum zu erkennen war, welches Bein zu wem gehörte. Einer schnarchte, vermutlich der kleinste.

»Darf ich reinkommen?«

»Natürlich, das Essen ist gleich fertig«, sagte Fritz, ohne aufzusehen.

»Es riecht sehr gut.« Zögernd trat Juliane ein und setzte sich auf ein zusammengefaltetes Stück Pappe, das wohl für sie auf dem Boden platziert worden war. »Ich habe den Becher schon gespült«, sagte sie und stellte ihn zur Seite.

Sie hatte alles erwartet, aber nicht, nach dem Kaffee auch noch Abendessen zu bekommen.

Fritz reichte ihr eine Schüssel mit Eintopf aus Kartoffeln, Gemüse und Zwiebeln. Es war ein sehr einfaches Essen, aber deshalb nicht weniger sättigend. Juliane merkte erst jetzt, wie hungrig sie gewesen war. »Vielen Dank für deine Gastfreundschaft, Fritz.«

»Wanderer sollten zusammenhalten«, murmelte er.

Als sie fertig gegessen hatten, fragte er, warum sie auf der Reise war. Unsicher, ob sie bereit war, von ihrer Krankheit zu erzählen, rang sie nach Worten. »Ich habe es zu Hause einfach nicht mehr ausgehalten. Ich musste weg, und Lazarus musste es auch, er noch mehr als ich.«

Juliane erzählte ihm von dem Schlachtpferdetransport und von dem schrecklichen Unfall, davon dass Lazarus eingeklemmt gewesen war und sich von niemand anderem berühren ließ als von ihr.

»Deshalb hast du ihn mitgenommen, weil ihr in der Seele verwandt seid. Manchmal ist die Welt so laut, dass man seine eigene Stimme nicht mehr hört, dann muss man gehen.« Fritz rieb sich wieder über den graubraunen Zottelbart. »Diese Reise wird euch beide heil machen«, schloss er nachdenklich.

Juliane zuckte bei dem Wort »heil« innerlich zusammen. Aber sie wollte nicht an ihre Diagnose denken.

»Und du? Warum bist du hier?«, fragte sie ihr Gegenüber daher schnell. Es war leichter, über das Leben eines anderen nachzugrübeln als über ihr eigenes.

Der Alte sah zur Tür hinaus ins Freie. Lange wanderte sein Blick umher, als suche er nach etwas, woran er sich festhalten konnte. Er schien nicht die Kraft zu finden, seine Vergangenheit heraufzubeschwören, und Juliane fühlte sich schlecht, überhaupt gefragt zu haben.

»Vergiss, was ich gesagt habe, es geht mich nichts an«, sagte sie schnell.

»Ich war Baustatiker«, platzte es aus Fritz heraus. »Das ist jetzt sechs Jahre her, dass alles kaputtging.«

»Du musst nicht …«

Er hob die Hand. Juliane schluckte und schwieg. Offenbar wollte er seine Geschichte erzählen. Sie würde ihn nicht unterbrechen.

Fritz strich sich das strähnige Haar aus der Stirn.

»Ich war nicht immer so wie heute, das musst du wissen. Manche Dinge ... sie verändern einen Menschen. Ich wünschte, ich könnte die Schuld auf jemand anderen schieben, aber mein altes Leben, das habe ich selbst kaputtgemacht.« Seine Stimme klang belegt. Die Hunde bemerkten seine Stimmungsänderung sofort, und der größte, ein weißgelber Setter, kam zu Fritz und lehnte sich gegen ihn. »Ich hatte alles, ich war glücklich, aber das war mir damals nicht klar. Meine Frau, Sabine, war herzensgut, unser kleiner Valentin, er war damals fünf. Und ich Idiot fange etwas mit der Frau meines besten Freundes an, dachte, es sei Liebe, das dachte ich wirklich.« Er legte den Arm um den Hund und drückte ihn. Der Setter saß ganz still und sah mit großen braunen Augen zu ihm auf.

»Sabine hat es natürlich herausgefunden und mich vor die Wahl gestellt, meine Familie oder meine Geliebte ... ich bin noch am gleichen Tag aus unserem gemeinsamen Haus ausgezogen. Ich Idiot. Valentin hat mich von dem Moment an gehasst, weil ich seine Mama traurig gemacht habe. Er wollte mich nicht mehr wiedersehen. Jedes Wochenende, wenn ich kam, hat er sich unter dem Bett versteckt und geweint.«

Fritz schnäuzte sich in ein altes Stofftaschentuch und ballte dann die Faust darum. Seine Knöchel glänzten weiß, während er um Fassung rang.

Juliane verhielt sich ganz still. Gebannt sah sie ihm zu, wie er die Scherben, aus denen sein Leben bestand, für sie zu einer Geschichte zusammensetzte.

»Ich habe das noch niemandem erzählt, weißt du?«

Juliane nickte bewegt. Womit hatte sie sich dieses Vertrauen verdient?

»Ich bin in eine kleine Wohnung gezogen, zusammen mit meiner Freundin. Aber wir haben uns nur gestritten. Kurz darauf war auch sie weg. Ich wollte nur noch zu Sabine zurück, aber sie hatte einen Neuen. Einen Kerl mit einer kleinen Tochter, und mein Sohn mochte ihn. An dem Tag, als ich hörte, wie er Papa zu ihm sagte, hat etwas in mir ausgesetzt. Ich habe mir an der Trinkhalle zwei Flaschen Korn besorgt und so viel getrunken, wie ich runterbekam.

Geekelt habe ich mich, vor mir selbst, und mir war völlig klar, dass ich Mist baute. Aber das war mir egal. Der Schnaps brannte meine Trauer und die Scham weg, zumindest für den Moment.

Auf der Arbeit habe ich noch eine Weile durchgehalten. Aber als Statiker kannst du dir keine Fehler erlauben, da geht es um Menschenleben.«

In Julianes Kopf begann es schmerzhaft zu pochen. Hatte Fritz womöglich jemanden auf dem Gewissen? Fröstelnd zog sie die Beine an den Körper, und ihr wurde wieder bewusst, dass sie einem völlig Fremden Vertrauen schenkte.

Ihr Gegenüber starrte mit glasigem Blick an die

Wand, während sich vor seinem inneren Auge alles noch einmal abzuspielen schien. »Meistens war ich auf der Arbeit nüchtern, aber als meine Frau dann die Scheidung einreichte und ich das Sorgerecht verlor, auch dort nicht mehr. Eine Zeit lang fingen meine Kollegen meine Fehler ab, aber nach einem halben Jahr … Ein guter Freund, der einzige, der noch zu mir hielt, war im Urlaub, da ist es passiert. Ich hatte die Ergebnisse eines Bodengutachtens verloren, und da die Zeit drängte …«, er seufzte und rieb sich mit beiden Händen über das Gesicht. »Ich glaube noch immer nicht, dass ich das gemacht habe. Es ging um den geplanten Bau eines Kindergartens. Ich dachte, ich würde mich an die Bodenbeschaffenheit erinnern, und habe mir einfach etwas aus den Fingern gesaugt. Die Hälfte des Gebäudes wäre über einem verlandeten Tümpel errichtet worden und hätte einstürzen können. Ein Kindergarten, verstehst du?«

Juliane nickte erschüttert. »Man hat es bemerkt?«

»Ja, zum Glück noch rechtzeitig. Die Sache hat mich meinen Job gekostet und den kläglichen Rest meiner Selbstachtung. Die Flasche wurde mein bester Freund. Ich hab die Wohnung verloren und nach und nach alles andere auch. Zwei Jahre war ich auf der Straße, dann kam sie hier«, er tätschelte dem Hund den Kopf. »Ein winziges, verdrecktes Fellbündel, das jemand aus dem fahrenden Auto geschmissen hatte, direkt vor meine Füße.

Ich habe sie behalten, und sie hat mich aus dem Suff gezogen, Stück für Stück.« Er küsste den Hund auf die Stirn und bekam zum Dank die Hände abgeleckt. »Ich denke, Gott hat sie mir geschickt. Jetzt bin ich trocken und von der Straße. Ich kann nicht zurück in die Stadt, dann kommt alles wieder, also bin ich hier.«

»Und dein Sohn?« Juliane musste einfach fragen.

»Mein Sohn hat einen neuen Vater und zwei neue Schwestern. Er ist glücklich. Das zu wissen reicht mir. Ich habe mit den Menschen abgeschlossen.«

* * *

Am Morgen lieh Juliane sich Fritz' Fahrrad und fuhr in den nächsten Ort. Mühlbach verfügte über genau einen kleinen Lebensmittelladen, der auch eine winzige Poststelle enthielt. Dort kaufte sie Briefmarken und Umschläge für die Nachricht an Martin. Den Fahrradkorb füllte sie bis oben hin mit Lebensmitteln, Schokolade und Hundefutter. Das meiste war für Fritz und seine tierischen Begleiter.

Wenig später waren sie und Lazarus bereit, ihre Reise fortzusetzen. Fritz war soeben damit fertig geworden, die geschenkten Vorräte in seinem Unterschlupf zu verstauen.

Er nahm Julianes unverletzte linke Hand in seine und sah sie durchdringend an. »Ich weiß gar nicht, wie ich dir danken kann. Es macht uns die nächsten Wochen leichter.«

»Aber gerne doch, Fritz, denn ich habe dir zu danken.« Noch immer rührte sie das Vertrauen, das er ihr entgegengebracht hatte, und an seine Geschichte würde sie wohl noch lange denken.

Es war erschreckend, wie leicht ein Mensch, der eigentlich alles hatte, fallen konnte. Womöglich wäre Fritz jetzt sogar schon tot, wenn ihm das Schicksal keinen Hund gesandt hätte, der ihn aus dem Gröbsten herauszog. Davon würde er zwar weder seine Familie noch seinen Job wiederbekommen, aber zumindest nicht im Suff sterben. Im Moment schien er die Einsamkeit noch zu brauchen, doch vielleicht würde er irgendwann wieder zurückfinden. Sie wünschte es ihm sehr, für ihn und seinen Jungen. »Du hast etwas in mir verändert, Fritz, danke. Ich wünsche dir alles Gute.«

»Ich dir auch. Ich weiß, dass auch du eine Last mit dir herumträgst, obwohl ich dir angesehen habe, dass du noch nicht darüber reden kannst. Du wirst spüren, wenn es so weit ist, und ich hoffe, dass der Himmel dir dann jemanden schickt, so wie er mir dich gesandt hat.«

Juliane musterte Fritz. Meinte er das wirklich ernst? Scheinbar ja. Sie errötete.

»Wohin führt euch der Weg jetzt?«

»Nach Süden, denke ich. Wenn nicht wieder eine Autobahn dazwischenkommt.«

Fritz nickte und drückte ihre Hand. »Wenn du

diesem Weg folgst, kommst du an einen kleinen Rastplatz und ein Wegkreuz, dort zweigt ein Wanderweg nach Compostela ab. Wenn du ihm folgst, solltet ihr eine Weile Ruhe haben vor großen Straßen und Städten.«

»Danke.«

Zu Julianes Erstaunen ließ sich Lazarus von Fritz nicht nur mit einer Möhre füttern, sondern auch zweimal kurz über die Stirn streicheln, bevor er grimmig die Ohren anlegte. Für Lazarus war es dennoch ein riesiger Schritt.

»Pass gut auf sie auf, mein Freund«, sagte Fritz und zwinkerte dem Pferd zu.

Juliane schulterte ihren Rucksack, dann war es endgültig Zeit, von dem kleinen Paradies an der verwitterten Mühle Abschied zu nehmen. Sie winkte Fritz, die Hunde liefen noch einige Meter mit, ehe sie auf einen Pfiff hin zu ihrem Herrn zurückkehrten.

»Nun heißt es wohl wieder, nur wir zwei«, sagte Juliane gut gelaunt und schritt zügig aus. Heute fiel es ihr schon weniger schwer, mit Gepäck zu wandern, und sie ahnte, dass es Tag für Tag leichter werden würde. Hoffentlich würde der Tumor sich noch etwas Zeit lassen, es gab noch so viel zu sehen.

Wäre ich nur eher losgegangen, dachte sie.

Ein wenig kam sie sich vor wie Dorothy im *Zauberer von Oz*. Sie musste der richtigen Straße folgen, um nach Hause zu finden. Doch es war nicht das Haus in der Neubausiedlung, zu dem Juliane zurückwollte, sondern ein Zuhause der Seele. Sie hatte es irgendwann in ihrem Leben unbemerkt verloren.

»Wenn ich Dorothy bin, dann bist du eindeutig der Löwe. Ich verspreche dir, dass wir deinen Mut wiederfinden.«

Lazarus schnaubte zustimmend, und damit war alles gesagt.

Die nächsten beiden Tage vergingen wie im Flug. Sie wanderten durch wechselhaftes Frühlingswetter, entlang blühender Rapsfelder und dunkelgrüner Wälder, campierten eine Nacht auf einer Wiese, die nächste in einer Schonung.

Dabei folgten sie den kleinen Wegmarken nach Compostela. Fritz hatte recht behalten, sie mussten kaum Straßen oder Orte queren. Die Landschaft veränderte sich, es wurde hügeliger, und wenn es aufklarte, war als dünner blauer Schemen das Alpenvorland auszumachen. Dorthin schien sie alles zu ziehen. Juliane war schon immer mehr ein Mensch der Berge als des Meeres gewesen.

Noch fühlte sie sich gesund. Vielleicht sollte sie einfach sehen, wie weit sie kam. Zumindest solange für Lazarus noch kein Platz auf einem Gnadenhof gefunden worden war. Sie hatte mit den Leuten vom Reiterhof ausgemacht, dass sie sich weiterhin umhörten, denn Julianes Lebenszeit war begrenzt und damit auch die, in der sie für das Pferd sorgen konnte. Deshalb war es ihr besonders wichtig, zu wissen, was später aus ihrem vierbeinigen Begleiter werden würde, doch ihr Handy blieb erschreckend still.

Die letzten beiden Abende hatte sie damit verbracht, Lazarus kleine Übungen beizubringen, um mit ihm weiter seine Ängste abzubauen.

Seit dem Aufbruch von Fritz' Mühle waren drei Tage vergangen. Der Abend nahte. Juliane lief mit Lazarus einen Schotterweg entlang und hielt nach einem geeigneten Rastplatz Ausschau. Hier gab es viele Weiden, aber nur wenige Gebüsche oder gar Wald. Es würde schwer werden, einen versteckten Ort zu finden.

Mit einem Mal spitzte Lazarus die Ohren. Dann hörte sie es auch. Das rasselnde Brummen eines Treckers. »Komm, komm beeilen wir uns«, spornte sie ihr Pferd an und joggte los. Lazarus trabte sofort an, und so erreichten sie einen kleinen Abzweig, wo sie warten konnten, bis der Trecker vorbei war. Zum Glück hatte Lazarus keine Angst vor Landmaschinen.

Der Trecker, der nun über die Kuppe getuckert kam, war klein und rot und mindestens dreißig Jahre alt. Keines der modernen Monster, dafür liebevoll gepflegt. Am Steuer saß eine junge Frau, auf ihrem

Schoß ein Junge von ungefähr drei Jahren, der ihr eifrig beim Lenken half. Sie drosselte das Tempo, sobald sie Juliane und ihr Pferd sah.

»Alles gut«, sagte Juliane und stellte sich so vor Lazarus, dass sie ihn mit ihrem Körper vor dem Trecker und den Menschen abschirmte.

»Guten Abend«, rief sie der jungen Mutter zu und winkte. Sobald diese anhielt und den Gruß erwiderte, fasste Juliane sich ein Herz. »Ist das Ihr Land?«, rief sie.

»Ja, es gehört meiner Familie.«

»Dürfte ich mit meinem Pferd hier campieren? Ich habe ein kleines Zelt und bleibe nur eine Nacht.«

»Mama, ich will auch mein Zelt«, rief der kleine Junge sofort.

Die Frau lachte und drückte ihren Sohn. »Vielleicht am Wochenende«, sagte sie zu ihm, dann, an Juliane gewandt: »Für eine Nacht ist das kein Problem. Wir haben eine Streuobstwiese, gleich über der Kuppe. Da ist auch ein alter Feuerteich. Er ist kalt, aber wenn Sie es wagen, er ist sauber genug zum Schwimmen.«

»Vielen Dank.«

»Gerne und einen schönen Abend noch.«

Die Wiese war übersät von gelbem Löwenzahn. Juliane öffnete das Tor, führte Lazarus hindurch und schloss es wieder sorgfältig, dann machte sie das Pferd los.

Lazarus sah sie herausfordernd an. In seinen Augen blitzte der Schalk.

»Na los, lauf!« Sie rannte zwei Schritte und forderte ihn damit auf, dasselbe zu tun. Im nächsten Moment war er auf und davon. Mit hochgerecktem Schweif flog er förmlich zwischen den alten Apfelbäumen hindurch. Im Nu war er am Teich angekommen, der sich in einer kleinen Senke befand. Dann machte er auch schon auf den Hinterbeinen kehrt und raste auf sie zu. Juliane blieb stehen. Sie wusste, er würde sie nicht umrennen. Lazarus preschte so dicht an ihr vorbei, das sie nur die Hand hätte ausstrecken müssen, um sein Fell zu berühren.

Dem wilden Lauf folgten ausgelassene Hüpfer und Sprünge. Zuletzt stieg er auf die Hinterbeine und trat nach den Zweigen eines Apfelbaums, ehe der Spuk vorbei war und er zu fressen begann.

Juliane schlenderte zwischen den alten Obstbäumen hindurch. Sie trugen bereits winzige Früchte, nur hier und da wippten noch vereinzelte Blüten in der schwachen Brise.

Es war ein ungeheuer friedlicher Ort. Sie baute ihr Zelt auf, was ihr mittlerweile schnell von der Hand ging, und wagte sich dann in der letzten Abendsonne in Unterwäsche und mit einem Handtuch um den Schultern zum See hinab.

Die Eigentümer nutzten das kleine Gewässer wohl schon seit einer Weile zum Schwimmen. Es gab einen kleinen, grob gezimmerten Steg, auf dem sich dicke Moospolster gebildet hatten. Nur in der Mitte lagen die Bohlen blank, gerade breit genug, um ein Handtuch hinzulegen.

Unter Lazarus' wachsamem Blick setzte sie sich auf die Kante und tauchte die Füße ein. Es war eiskalt. Kleine Fische und ein gefräßiger Gelbrandkäfer nahmen Reißaus.

Juliane ließ das Handtuch von ihren Schultern rutschen. Sie hatte sich vorgenommen, eine Runde zu schwimmen, da würde sie auch ein bisschen Kälte nicht abschrecken!

Seit ihrer Kindheit hatte sie das nicht mehr gemacht. Mit der Linken hielt sie sich die Nase zu, stieß sich ab und war im nächsten Moment vollständig untergetaucht. Eisig prickelte das Wasser auf ihrer Haut. Sie riss die Augen auf und sah eine diffuse, grünliche Welt vor sich.

Ihr Sprung hatte Sediment aufgewirbelt, das nun in hellbraunen Wolken nach oben stieg. Dennoch konnte sie erstaunlich weit sehen.

Sie schwamm in weiten Zügen und hielt die Luft an. Wasserpest bedeckte den Grund wie ein sattgrüner Märchenwald, aus dem Äste und sogar ein altes, rostiges Fahrrad hervorragten.

Schließlich zwang sie der Drang zu atmen doch zum Auftauchen. Mit einem kleinen Schrei durchstieß sie die Oberfläche, schwamm zweimal der

Länge nach durch den kleinen See und kletterte dann wieder hinaus.

Auf dem Steg wickelte sie sich das Handtuch eng um den Körper und lief auf bloßen Füßen zurück zum Zelt. Weiche Grashalme flüsterten zwischen ihren Zehen, und auf ihren feuchten Waden sammelte sich der gelbe Blütenstaub des Löwenzahns.

Barfuß gehen, noch etwas, das sie viel zu selten tat. Jeder Schritt schien sie mehr mit dem Land und damit auch mit dem Leben zu verbinden.

Das Feuerchen prasselte munter und erhellte einen kleinen Teil der Nacht. Falter flatterten angezogen vom hellen Schein über das Gras und setzten sich an die Zeltwände.

Juliane hatte das Feuer in einem Kreis aus Steinen errichtet, die sie an ihrem Lagerplatz vorgefunden hatte.

In warme Kleidung gehüllt streckte sie ihre noch immer bloßen Füße näher an die Flammen.

Sie hatte lange in das knisternde Feuer gestarrt und nach den richtigen Worten gesucht. In mehreren Versuchen hatte sie den Stift auf das Briefpapier gesetzt und ihn dann wieder sinken lassen.

Sie gähnte lange und rieb sich über das klamme Haar. Die Müdigkeit in ihrem Körper konnte sie nicht von dem Durcheinander in ihrem Kopf ablenken. Wenn sie Martin jetzt nicht schrieb, würde sie wieder die halbe Nacht wach liegen, ganz gleich, wie schwer sich ihre Beine nach dem langen Tag anfühlten.

Und außerdem schuldete sie ihm eine Erklärung.

Mit einem Stich in der Brust meldete sich ihr schlechtes Gewissen. Doch war sie nicht auch fortgegangen, um sie beide zu schützen?

Ja. Juliane versuchte sich an diesen Gedanken zu klammern. Sie musste ihm jetzt wehtun, damit er nicht später am Schmerz zerbrach.

Lieber Martin, schrieb sie, *mittlerweile wirst Du herausgefunden haben, dass ich nicht bei meinen Eltern war und auch nicht auf der Arbeit. Ich bin fort, ich musste gehen.*

Eine Träne tropfte auf das Papier. Erst jetzt merkte Juliane, dass sie weinte. Sie trocknete den Fleck mit dem Zipfel ihres Lieblingspullis und legte den Kopf in den Nacken, als könne sie die Tränen so daran hindern zu fließen. Sie versiegten tatsächlich nach einer Weile, aber die Nachtbrise malte kalte Spuren auf ihre Wangen.

Ich musste raus, schrieb sie. *Unser Zuhause ist, ohne dass wir beide es gemerkt haben, zu einem Gefängnis geworden. Nun bin ich ausgebrochen, ich bin frei, und ich komme nie wieder zurück. Bitte warte nicht auf mich.*

Ich habe nicht den Mut gefunden, es Dir ins Gesicht zu sagen, denn ich weiß, Du warst glücklich. In einigen Jahren wirst Du mir vielleicht trotzdem verzeihen können. Du wirst Dein Leben ohne mich meistern, da bin ich mir sicher. Hasse mich, wenn es Dir hilft.

Ich wünsche Dir, dass Du deinen Weg weiterhin erfolgreich gehst und Erfüllung in dem findest, was Du tust. Aber halte hin und wieder inne und frage Dich, ob Du wirklich lebst oder nur existierst.

Ich werde Dich für immer in meinem Herzen tragen, auch wenn wir von nun an getrennte Wege gehen. Suche nicht nach mir, denn ich will nicht gefunden werden.

Sie unterschrieb den Brief, faltete ihn zusammen und steckte ihn in den frankierten Umschlag. Doch erst als sie ihn zugeklebt hatte, konnte sie wieder Luft holen.

Wie ein kleines Erdbeben pochte eine Schmerzattacke durch ihren Schädel. Juliane ließ den Brief fallen, krümmte sich und rieb sich mit den Fingerspitzen über die Schläfen. Langsam flaute der Schmerz wieder ab. Als hätte der Tumor ihr in Erinnerung rufen wollen, warum sie hier war und ihr bisheriges Leben hinter sich gelassen hatte. Es gab kein Zurück.

Und auch kein Happy End.

* * *

Die Streuobstwiese mit dem kleinen See lag nun zwei Tagesstrecken hinter ihr. In einem kleinen Kaff hatte sie den Brief in einen Briefkasten geworfen, ahnend dass Martin sie nicht einfach so ziehen lassen würde. Der Poststempel würde ihn hierher führen. Sie stellte sich vor, wie er durch die Straßen und Gassen lief und nach ihr suchte. Vielleicht ging er beim Bäcker vorbei und fragte dort nach ihr, weil er wusste, wie sehr sie frisches Brot liebte.

Genau deshalb war sie früh am Morgen durch den Ort gegangen und hatte nirgendwo halt gemacht.

Nun hatte sie das letzte Haus längst hinter sich gelassen. Es war diesig, die Luft so feucht, dass sich auf jedem Blatt und jedem Halm Tau gebildet hatte. Selbst in Lazarus' Mähne glitzerten Tröpfchen.

Eine Weile waren sie einem Radweg gefolgt, der neben einer Landstraße verlief. Zwar waren die Lkws und Busse aufgrund der nassen Fahrbahn besonders laut, doch Lazarus blieb ruhig. Der schmale Grünstreifen und die Alleebäume schienen ihm als Sicherheitsabstand auszureichen, was Juliane sehr beruhigte.

Ihre Hand war gerade erst wieder verheilt, noch einmal wollte sie den Strick nicht über ihre Haut reißen spüren.

Angestrengt musterte Juliane jeden Pfosten und jeden Wegweiser, dann endlich entdeckte sie, was sie suchte. »Schau, dort ist einer«, sagte sie erfreut.

Ein blauer Aufkleber markierte ein weiteres Stück Jakobsweg, das an einem Waldrand entlang zu führen schien. Erleichtert ließ sie den Radweg und die laute Straße hinter sich und tätschelte Lazarus gutgelaunt den Hals.

Sie war Fritz noch immer dankbar für den Tipp mit den Pilgerwegen, die sich wie ein Netz über das Land erstreckten. Bald würden sie die ersten Berge sehen können. Die Voralpen, dorthin wollte sie es schaffen … vorerst.

Sie waren fast eine Stunde gelaufen, als Lazarus mit einem Mal die Ohren spitzte. Juliane blieb stehen, lauschte. Leises Bimmeln erklang. Im Nebel schien es von überall herzukommen. »Komm, gehen wir weiter.«

Lazarus schnaubte, rupfte einige Löwenzahnblüten vom Wegesrand und trottete dann unbekümmert neben ihr her. Kurz darauf machte Juliane die ersten Schemen aus, die wie grauweiße Wolken über der nahen Wiese zu schweben schienen. Schafe. Immer mehr tauchten aus dem Nebel auf. Mit zuckelnden Schritten, die Köpfe südwärts gewandt, zogen sie in dieselbe Richtung wie Lazarus und Juliane. Sie rupften stetig Gras und Kräuter ab und gingen dabei recht langsam.

Bald waren sie mitten in der Herde. Juliane fühlte sich, als seien sie nun Teil dieser gewaltigen Gruppe.

Lazarus stieß eines der Schafe mit dem Maul an. Als das Tier daraufhin einen erschrockenen Satz machte, konnte sich Juliane gut vorstellen, dass er auf seine Weise lachte. »Kaum geht es dir besser, wirst du frech«, stellte sie schmunzelnd fest.

Während Juliane noch darüber nachsann, ob die Schafe ganz alleine waren und warum es keine Absperrung zur Landstraße gegeben hatte, huschte etwas durch das hohe Gras.

Die Schafe nahmen Reißaus. Lazarus blieb ruckartig stehen und riss den Kopf hoch.

In schnellem Zickzackkurs kam der Schemen näher und entpuppte sich bald als schwarzweißer Hütehund, der mit starrem Blick die Herde trieb.

Lazarus war der Hund nicht geheuer. Er drückte seine Schulter gegen Juliane. »Reiß dich zusammen, das ist nur ein Hund, und du bist kein Schaf«, sagte sie, versuchte, beruhigend zu klingen, und machte sich innerlich dazu bereit, Lazarus' Flucht zu vereiteln. Einen Augenblick lang stand es auf der Kippe. Sie spürte, wie sich jeder Muskel im Körper des Pferdes anspannte, dann beruhigte er sich und schnaubte laut.

Der Hund war stehen geblieben, hechelte und bellte dann einmal, bevor er seine Arbeit fortsetzte.

Juliane zog Lazarus weiter und hielt nach dem Hirten Ausschau. Wenn es einen Hund gab, dann würde sein Herr nicht weit sein. Sie musste an die Schafhirten denken, die sie aus Filmen kannte: alte, verschrobene Männer mit zerzausten Bärten, die weite grüne Umhänge und Filzhüte trugen.

Von irgendwo erklang ein Pfiff, und der Hütehund änderte ruckartig die Richtung. Synchron übertrug sich seine Bewegung auf die Schafe. Auf alle, bis auf zwei. Sie schienen sich gar nicht um den schwarzweißen Collie zu kümmern, sondern hielten direkt auf Juliane und ihr Pferd zu.

Sofort wurde ihr etwas mulmig zumute, und dann wurde ihr der Grund dafür klar:

Das waren keine Schafe, sondern Herdenschutzhunde. Riesige weiße Kolosse. In einigen Metern Abstand blieben sie mit hoch aufgerichteten Schwänzen stehen, starrten Juliane an und begannen zu bellen. Unverhohlen bellten sie Juliane und Lazarus ihre Entschlossenheit entgegen, es mit jedem aufzunehmen, der ihrer Schafherde zu nahe kam. Dass Lazarus viel größer war als sie, kümmerte sie nicht.

Juliane war dem Pferd dankbar, dass es dieses Mal keine Angst zeigte. Bellende Hunde kannte er.

Wenn du wüsstest, dachte Juliane und erinnerte sich, dass man Herdenschutzhunden auf keinen Fall zu nahe kommen durfte.

»Hallo?«, rief sie, weil sie sich keinen Schritt weiter wagte. Ihr Rucksack kam ihr plötzlich unendlich schwer vor. Er machte sie unbeweglich. An Flucht war ohnehin nicht zu denken. Die beiden Tiere näherten sich langsam und bellten dabei unvermindert. Nun schien Lazarus auch an ihrer Harmlosigkeit zu zweifeln und stampfte nervös mit dem Vorderhuf auf.

Mehrere Pfiffe ließen die Hunde schlagartig verstummen, doch dass der größere der beiden nun die Zähne fletschte, machte es nicht besser.

Dann endlich konnte Juliane einen Hirten ausmachen, der mit großen Schritten auf sie zuhielt. Er trug tatsächlich einen weiten dunkelgrünen Lodenmantel und einen Hut, der durch all den feinen Regen einen glitzernden Überzug erhalten hatte.

»Guten Tag«, rief Juliane erleichtert und strich Lazarus über den Hals. »Schau, da kommt unser Retter.«

»Guten Tag und danke, dass Sie stehen geblieben sind«, erwiderte eine helle Stimme. Es war gar kein Hirte, sondern eine Hirtin. Kein Wunder, dass der struppige lange Bart, den Juliane erwartet hatte, fehlte.

»Ich dachte, es sei das Beste, was ich tun könnte«, sagte sie.

»Es ist genau das richtige Verhalten, doch viele Leute wissen das nicht.« Die Hirtin ging an den Hunden vorbei. »Castor, Pollux, ab!« Die weißen Riesen sahen sie fragend an, als müssten sie erst über ihr Kommando nachdenken, dann ließen sie die Ruten sinken und trollten sich tatsächlich.

Lazarus schnaubte und schüttelte sich, Juliane atmete auf.

Die Hirtin streckte ihr die Hand entgegen, die sie gerne ergriff. »Ich bin Marthe.«

»Angenehm. Juliane und Lazarus.«

Juliane schätzte Marthe auf Mitte vierzig. Ihr Gesicht sah wettergegerbt aus, was ihr einen besonderen, sehr lebendigen Charme verlieh. Ihre Augen waren graugrün und von einem Kranz aus Lachfalten umgeben. Sie hielt Lazarus die Hand hin, damit er daran schnuppern konnte, was er auch tat, doch als sie ihn streicheln wollte, wich er blitzschnell zurück, bis er mit dem Hintern an einen Wacholderstrauch stieß.

»Schlechte Kindheit«, lachte Juliane und setzte dann ernster hinzu: »Er hat es nicht so mit Menschen, mit niemandem.«

Marthe musterte das Pferd von oben bis unten. »Da sind wir uns ähnlich.«

»Sind Sie ganz alleine mit so einer großen Herde unterwegs?« Juliane imponierte diese Frau schon jetzt.

»Wir sind zu fünft. Castor und Pollux, die beiden Maremmano-Abruzzesen-Herdenschutzhunde, die du schon kennengelernt hast, und dann noch Piper und Fiene, zwei Bordercollies.« Sie stieß eine Reihe von Pfiffen aus, und die Schafherde wurde wie durch Zauberhand enger zusammengetrieben. Im hohen Gras waren die Hütehunde kaum zu sehen.

»Bewundernswert. Das muss ein tolles Leben sein.«

Marthe lächelte, doch an ihrem Blick konnte Juliane ablesen, dass es auch seine harten Seiten hatte und sie manchmal daran zweifelte, ob es das Richtige war.

Sie gingen langsam weiter, der Weg führte in die Richtung, in die sich auch die Herde bewegte.

»Und du?«, fragte die Hirtin.

»Ich habe Krebs und bin von Zuhause weggelaufen, weil ich meine letzten Monate nicht in einem Krankenhaus verbringen will.« Die Worte waren einfach so aus ihrem Mund gepurzelt, bevor sie darüber nachdenken konnte. Gleich darauf machte sich eine würgende Enge in ihrer Kehle breit.

»Kann ich verstehen«, sagte Marthe nur. Kein Schock, keine übertriebenen Beileidsbekundungen. »Wenn du magst, geh doch ein Stück mit uns.«

Juliane erwiderte nichts, nickte nur und zog Lazarus am Führstrick vom Weg hinunter auf die Wiese hinter der Hirtin her.

Sie passten sich dem Tempo der Schafe an und liefen bald am Ende der Herde. Ein paar Mal erschrak Lazarus noch, wenn die Hütehunde pfeilschnell an ihm vorbeischossen, dann begann er, wie die Schafe im Gehen Gras zu rupfen, und schien ganz zufrieden.

Juliane musste sich an das veränderte Tempo erst gewöhnen, doch bald spürte sie den besonderen Frieden, der von den Schafen ausging. Einige Mutterschafe trugen Halsbänder mit Glocken, die bei jeder Bewegung leise bimmelten.

Marthe schritt langsam aus und klemmte sich

ihren hölzernen Hirtenstock meist unter den Arm. Nichts schien ihr zu entgehen, kein Schaf, das sich zu weit zum Waldrand vorwagte oder hinterhertrödelte. Einige Pfiffe, und sofort war einer der Hunde zur Stelle, um es zu den anderen zurückzutreiben.

Nach einer Weile schloss Juliane zu ihr auf. Die Furcht, Marthe könne sie über ihren Tumor ausfragen, hatte sich gelegt.

»Wie viele Schafe sind das?«, fragte sie neugierig.

»Fast fünfhundert.«

»Wow«, sagte Juliane nur und kam sich sofort ein wenig dämlich vor. Das hätte sie auch eleganter ausdrücken können, aber ihr fiel keine passendere Formulierung ein. »Und mit denen ziehst du jeden Tag umher?«

»Ja, meistens. Besonders auf ökologisch sensiblen Flächen, die ohne schweres Gerät freigehalten werden sollen. Aber es gibt auch Wochen, in denen sie einfach auf der Weide stehen. Da haben wir weniger zu tun.«

»Ein schönes Leben«, sagte Juliane und riss eine junge Sauerampfer-Pflanze aus, um die Blätter zu essen. Das hatte sie schon als Kind gerne gemacht. Die Säure der weichen Blätter kribbelte auf ihrer Zunge, und sie musste lächeln. Die Erinnerung an wunderbare Sommerferien auf dem Land ließ sich nicht mehr aufhalten. Sie hatte es geliebt. Besonders wenn es auf Bauernhöfe ging. Einmal hatte sie sogar bei einer Schweinegeburt dabei sein und mithelfen dürfen. Wie sich die winzigen, noch nassen Schweinchen anfühlten, war etwas, das sie nie wieder vergessen hatte.

»Es ist anstrengend«, seufzte Marthe und riss sie damit aus ihren Erinnerungen. »Sehr, sehr anstrengend, aber ich möchte nie wieder zurück in mein altes Leben. Selbst der schlimmste Tag hier draußen ist besser als alles früher.«

»Darf ich fragen, was du früher gemacht hast?«, erkundigte sich Juliane vorsichtig.

»Natürlich. Ich war Versicherungskauffrau.«

»Das glaube ich jetzt nicht.«

»Doch. Vierzehn Jahre lang, und es hat sich angefühlt wie eine Ewigkeit. Ich bin eingegangen dort im Büro.«

»Aber vom Büro zur Hirtin, wie geht das?«

Marthe lachte und schloss die Augen, während sie bedächtig weiterging. »Der Weg war eigentlich recht kurz. Ich habe eine Kollegin vertreten, die einen Schadensfall untersuchte und dazu eine der wenigen Dienstfahrten meiner Karriere gemacht. Sie führte mich zu einem älteren Herrn, der einige Schafe hielt. Der Vater meines jetzigen Ehemanns. Er hat mir von seinem Leben vorgeschwärmt, und irgendwas in mir hat klick gemacht.«

»Das Herz.«

»Später auch das. Ich bin kein gläubiger Mensch,

aber das war Schicksals Fügung. Ein Jahr später habe ich meinen alten Job geschmissen und schließlich zwei Jahre darauf Alex geheiratet, die beste Entscheidung meines Lebens.«

»Und dein Mann ist auch Schäfer, wie sein Vater?«

Sie lachte und schüttelte so schnell den Kopf, dass von ihrem Hut die Regentropfen perlten. »Nein, er ist Stubenhocker, zumindest meistens. Du wirst ihn kennenlernen.«

KAPITEL 6

Den ganzen Tag lang war Juliane mit Marthe und ihrer Herde durch ein langgestrecktes Tal gezogen, stets flankiert von einer bewaldeten Hügelkette auf der einen und einem Bach auf der anderen Seite, der sich hin und wieder zu kleinen Sumpfarealen verbreiterte. An den schrägen Wiesenhängen wuchsen Schlehen und Wacholder, die vom steten Fraß der Schafe zu natürlichen Skulpturen geformt wurden.

Am Abend erreichten sie einen kleinen Talkessel, an dessen Sohle ein Fahrweg verlief.

»Halt!«, rief Marthe, und die Schafe schienen sie zu verstehen. Sie unterbrachen ihre Wanderung und fraßen an Ort und Stelle weiter. Andere legten sich hin und schienen mit sichtlichem Genuss wiederzukäuen.

Die Hütehunde trabten um die Herde herum, trieben vereinzelte Streuner zurück und legten sich dann ebenfalls ins Gras.

Juliane ließ ihren Rucksack zu Boden gleiten. »Puh, keinen Meter mehr«, seufzte sie und ließ die Schultern kreisen.

Marthe musterte sie mit zusammengezogenen

Brauen. »Warum lässt du dein Pferd nicht die Sachen tragen? Für ihn ist das doch leicht.«

»Ich glaube nicht, dass er das zulassen würde.«

»Hast du es probiert?«

»Nein. Aber da er sich von den meisten Menschen nicht mal anfassen lässt ...« Sie zuckte mit den Schultern, in denen es vernehmlich knackte. »Es muss ja einen Grund geben, warum er geschlachtet werden sollte.«

Marthe sah sie ungläubig an. »Der? In die Wurst? Ich verstehe ja nicht viel von Pferden, aber wenn er gesund ist, bringt er doch sicher ein paar tausend Euro.«

»Ich habe schon überlegt, die vorherigen Besitzer anzurufen und zu fragen, was mit ihm los war. Die Namen stehen ja in seinen Papieren.«

»An deiner Stelle würde ich das tun. Aber wenn du mich fragst, musst du dir keine Sorgen machen, ob er deine Sachen tragen würde. Das Pferd vertraut dir. Manchmal schaut er dich fast an wie ein Hund.«

»Findest du?«, meinte Juliane nicht ganz überzeugt. Wenn sie an das Unheil auf der Autobahnbrücke dachte, dann schienen sie von gegenseitigem Vertrauen noch sehr weit entfernt.

Lazarus stand neben ihr und graste zufrieden. Juliane strich ihm über den Hals, dann über den Rücken und verlagerte ihr Gewicht schließlich so, dass sie sich auf Hand und Unterarm lehnte. Der

Wallach zuckte nicht, sondern machte nur einen kleinen Schritt zur Seite, um das Gleichgewicht zu wahren.

»Siehst du?«, sagte die Schäferin. »An deiner Stelle würde ich über einen Packsattel nachdenken.«

»Vielleicht hast du recht. Es wird mir nicht mehr lange so gut gehen.«

Ihre Worte malten ein düsteres Bild der Zukunft, und das Lächeln schwand aus Marthes Gesicht.

In diesem Moment schlugen die Hunde an. Lazarus schreckte auf, dann hörte Juliane es auch: ein Auto.

Sie war dankbar für die Ablenkung. Die Hunde rannten dem Fahrzeug entgegen, während Marthe winkte. Der blaue Kombi ratterte den Fahrweg entlang, auf dem sich matschige Löcher mit Schotterzonen abwechselten, und hielt schließlich an. »Das ist mein Mann!«, rief Marthe ihr über die Schulter zu.

Kurz darauf half Juliane den beiden dabei, einen einfachen Litzenzaun zu ziehen. Bewaffnet mit schmalen Kunststoff-Pfosten stieg sie den Hang hinauf und rammte alle paar Meter einen in den Boden. Sie wurden mit drei dünnen Schnüren aus einem Stoff-Metall-Gewebe verbunden und später noch mit einigen Batterien. So musste Marthe in der Nacht nicht die Herde zusammenhalten. Auch Wölfe und Füchse ließen sich so meist von den Schafen fernhalten, die weißen Herdenschutzhunde taten ein

Übriges. Lazarus sollte die Nacht über zwischen den Schafen bleiben, mit denen er sich gut vertrug.

Als sie fertig waren, baute Juliane ein Stück von der Umzäunung entfernt ihr kleines Zelt auf. Sie wollte im Schlaf den Bach plätschern hören und zudem nicht von Schafen geweckt werden, die über ihre Zeltschnüre stolperten.

Als sie alles vorbereitet hatte und zu den anderen beiden zurückkehrte, hielt sie überrascht inne. Alex, Marthes Mann, hatte einen Klapptisch und drei Hocker aufgestellt. Im Boden steckten mehrere Solarlampen, die fahlweißes Licht spendeten. Sogar einen Grill hatte er mitgebracht, in dem die Kohlen bereits brannten.

Juliane fand Alex von Anfang an sympathisch. Er war ungefähr fünfzig Jahre alt und sein volles, langes Haar komplett ergraut. Er trug es zu einem ordentlichen Pferdeschwanz gebunden, dazu einen Bart, der sie an die drei Musketiere denken ließ. Genau so hatte sie sich einen Autor historischer Romane vorgestellt. Allerdings schrieb er, wie Marthe versicherte, äußerst blutrünstige Thriller. Für eine derartige Fantasie wirkte er viel zu freundlich. Er lachte oft und schenkte Marthe immer wieder verliebte Blicke. Juliane mochte gar nicht glauben, dass sie schon über zehn Jahre verheiratet waren, sie wirkten eher wie ein frisch verliebtes Paar. Und wieder fragte sie sich, wann Martin und ihr dieser Zauber verloren gegangen war. Vielleicht hatten sie ihn nie besessen. Sie waren gute Freunde, aber nicht mehr. Das wurde ihr immer klarer.

»Störe ich?«, fragte Juliane unsicher.

»Nein, auf keinen Fall, setz dich schon mal, der Wein kommt sofort«, sagte Alex, legte sein Notizbuch zur Seite und stand auf. Für Juliane schob er einen Klappstuhl an den Tisch.

»Kann ich nicht noch irgendetwas helfen?«

»Nein, du bist unser Gast.«

»Aber wenn ich etwas ...«

Alex wies mit einer übertriebenen Geste auf den Stuhl. Kurz darauf hatte Juliane ein Glas Rotwein und Baguette vor sich stehen und sah sich nach Marthe um.

»Sie geht noch einmal durch die Herde, das macht sie jeden Abend«, erklärte Alex. »Stoßen wir doch schon einmal an.« Er ließ sein Glas gegen ihres klirren. »Auf Menschen, die ihre Träume verwirklichen«, sagte er feierlich.

»Auch wenn sie viel zu spät damit anfangen?«

»Es ist nie zu spät, solange man überhaupt anfängt«, sagte Alex ernster, und sie sah ihm an, dass Marthe ihm von ihrer Krankheit erzählt hatte. Auch er ging nicht weiter darauf ein.

Juliane trank einen Schluck und ließ den Wein durch ihren Mund wandern. Er schmeckte nach Harz und dunklen Kirschen, genau wie sie es mochte. »Der ist gut.«

Alex nickte. »Hatte ich für einen besonderen Tag aufgehoben. War ein Geschenk von meinem Verleger.«

Nun bekam Juliane ein schlechtes Gewissen. Womöglich hatte Marthe ihn gedrängt, Wein mitzubringen, und das war der einzige, den er auf die Schnelle gefunden hatte.

»Ich hoffe, ich trinke jetzt nicht euren besten Wein weg.«

»Und wenn schon. Ich habe ihn für eine besondere Gelegenheit aufgehoben, und wenn man diesen Abend nicht besonders nennen kann, dann wird die Gelegenheit nie kommen. In all den Jahren hat meine Marthe noch nie einen Gast zum Abend gehabt.«

Er beugte sich mit Verschwörermiene vor und sagte leise: »Sie hasst Menschen. Ich habe sie noch so kennengelernt, gereizt, zornig bis ins Mark. Sie hat sich völlig verändert, nachdem sie ihren Job aufgegeben hatte. Ich denke nicht, dass ich mich in die alte Marthe hätte verlieben können.«

Juliane kam ins Grübeln. »Ob ich auch jemand anderes geworden wäre, wenn ich nur eher aufgebrochen wäre?«

»Ich bin mir sicher, dass du dich bereits verändert hast. So ein Schritt geht nicht spurlos an einem vorbei. Das Land wird dich verändern, die viele Zeit mit dir selbst und die Begegnung mit Fremden. In unserem Alltag begegnen wir viel zu wenigen Fremden. Wir umgeben uns fast nur mit Menschen, die unsere Oberfläche nicht durchbrechen, die uns nicht erschüttern oder aufrütteln. Wir sind bequem, bleiben in unserem Nest.« Er lehnte sich in seinem Klappstuhl zurück und stocherte mit ausgestrecktem Arm in der Kohle, die schon fast vollständig von weißer Asche überzogen war.

»Und du? Bist du auch ausgebrochen, wie Marthe?«

Er schüttelte den Kopf. »Nicht wie sie oder wie du. Ich habe eigentlich immer gemacht, was ich wollte. Es gab kein Gefängnis, dessen Wände ich einreißen musste. Ich habe lange als Schreiner gearbeitet, mache es heute noch hin und wieder. Holz ist so ein lebendiger Werkstoff. Das Schreiben begleitet mich, seit ich denken kann. In der Schule war es mein Zufluchtsort, später ein Weg, meine Gedanken und Gefühle zu sortieren. Mit Anfang zwanzig hat es mich dann plötzlich gepackt. Ich musste raus aus meinem Umfeld, raus aus dem Dorf.«

»Und wo bist du hin?«

»Überall. Asien, Australien, Amerika. Ich habe gejobbt, bei Hilfsorganisationen mitgearbeitet, von der Hand in den Mund gelebt. Drei Jahre war ich unterwegs, dann, von einem Tag auf den anderen, war es plötzlich genug. Ich bin nach Hause geflogen und nie wieder weit verreist. Ich war übersatt von Eindrücken, von Lebensgeschichten und auch von Leid.

Es gibt so viel Leid. Trotzdem würde ich es nie missen wollen. Auch nicht die Zeit in den Slums von Neu-Delhi, wo wir einfache Hütten und Sanitäranlagen errichtet haben.« Sein Blick ging in die Ferne, zurück in die Erinnerung. »Ich musste erst weit weg, um mich selbst zu finden. Deshalb habe ich meine Marthe sofort erkannt.« Er legte mit einer beinahe theatralischen Geste die Hand auf die Brust, direkt über das Herz. Aus irgendeinem Grund wirkte es bei ihm nicht übertrieben. »Auch wenn sie noch ein Jahr brauchte, bis es auch bei ihr klick gemacht hat.«

Gerührt sah sich Juliane nach Marthe um, die in diesem Moment auf sie zukam. Die beiden schwarzweißen Collies folgten ihr mit hängenden Köpfen. »Vielleicht bekommen wir heute Nacht noch Lämmchen.«

Julianes Herz tat einen Satz. »Jetzt noch? Hier? So etwas habe ich noch nie gesehen.«

Marthe nahm das Glas Wein, das Alex ihr reichte, dankend an und drückte seine Hand. »Ja. Einige Schafe sind spät dran, und bei denen, die nur eines bekommen, sieht man erst kurz vorher, dass die Geburt ansteht.«

»Und jetzt?«, fragte Juliane aufgeregt.

»Jetzt legt Alex etwas Leckeres auf den Grill und wir stoßen an.« Marthe ließ ihr Glas gegen das von Juliane klirren. Doch die fand keine Ruhe mehr. »Sollten wir nicht nach den Schafen sehen?«

»Normalerweise können sie das sehr gut alleine.«

Marthe schmunzelte. »Aber du kannst gerne mitkommen, wenn ich nachher noch einmal einen Rundgang mache.«

»Wenn ich die Tiere nicht störe, gerne.«

»Das werde ich nicht zulassen«, sagte sie, nur halb im Ernst. »Normalerweise fahre ich abends immer mit Alex heim, aber ich denke, heute machen wir eine Ausnahme.«

»Ist alles im Wagen«, brummte er zustimmend. Also hatte Juliane richtig gesehen, er hatte wirklich eine Klappmatratze im Heck ausgebreitet, während sie noch dabei gewesen war, ihr Zelt aufzubauen. Nun band er sich eine Schürze um, was ihre Stimmung noch weiter hob. Was hatten die beiden vor? Ein Festessen?

Kurz darauf brieten allerlei Gemüsespieße, selbst gemachter Schafskäse, aber auch Lammkoteletts über dem Feuer, was ihr ein wenig morbide vorkam. Marthe, die den Tieren womöglich sogar auf die Welt geholfen hatte, schien es keine Gewissensbisse zu bereiten.

Als das Essen schließlich fertig war, begnügte sich Juliane mit gebratenem Schafskäse, auf den Alex einen Löffel Honig gegeben hatte, Brot und Gemüse. Es war wirklich ein Festmahl, das sie leicht den Schmerz vergessen ließ, der seit dem Abend wieder stärker in ihrem Kopf pulsierte, fast so, als gönne der Tumor ihr die Freude nicht.

Während Alex von seinen Abenteuern in Indien erzählte, schwieg Marthe die meiste Zeit. Sie musste die Geschichten schon oft gehört haben. Juliane betrachtete sie von der Seite. Selten war ihr ein Mensch begegnet, der so in sich ruhte.

Marthe hatte ihr Paradies gefunden. Einen Beruf unter freiem Himmel, weit weg von den Menschen, und am Abend traf sie den einzigen, der ihr wirklich wichtig war. Wie sie wohl gewesen war, in ihrem alten Leben?

Juliane musterte ihre abgearbeitete Hand, die auf dem Kopf eines Collies ruhte, der sich an sie schmiegte, als sei sie das Zentrum seines Universums.

Marthe bemerkte ihren Blick und sah sie nachdenklich an. »Darf ich dich etwas fragen, Juliane?«

Sie nickte. Das Pochen in ihrem Kopf wurde schlagartig stärker. »Ja, frag nur. Nach diesem traumhaften Essen dürft ihr alles fragen.«

»Wie viel Zeit geben dir die Ärzte noch?«

Schweigen.

Der Hund winselte leise. Raschelnd bewegten sich die Schafe durch das Gras. Irgendwo sang ein Nachtvogel, doch es klang monoton und ein wenig falsch. Juliane glaubte zu spüren, wie ihre Welt zusammenschrumpfte. Der Tumor fraß alles auf. »Ein paar Monate noch, vielleicht auch nur Wochen. Den Winter erlebe ich nicht mehr.« Sie räusperte sich, griff hektisch nach dem Weinglas und stieß es versehentlich um. Die rote Flüssigkeit ergoss sich über den Tisch und sah im warmen Kerzenschein wie Blut aus. Alex nahm ihr Glas, füllte es ungerührt mit dem Rest aus der Flasche und drückte es ihr in die Hand.

»So kurz«, sagte Marthe so leise, dass Juliane die Worte halb von ihren Lippen ablas.

»Dann musst du jeden Tag erfüllt leben«, sagte Alex entschlossen und hob sein Glas. »Auf die Freiheit und gelebte Träume.«

In Julianes Ohren klang das zwar ein wenig pathetisch, aber es war etwas, worauf sie trinken konnte. Außerdem war Alex Schriftsteller, und die durften ihrer Meinung nach durchaus etwas pathetisch sein.

»Also auf die Freiheit!«

»Prost!«, sagte auch Marthe.

Eine Weile nippte jeder an seinem Glas. Juliane hielt sich an dem Gefäß fest wie an einem Rettungsanker, während Marthe still ihre Hand nach Alex ausstreckte und ihre Finger mit seinen verflocht.

»Was willst du noch alles machen, hast du Pläne?«, fragte er, und Juliane meinte zu spüren, wie sein Blick tief in ihre Seele drang, als wollte er sie analysieren. Vielleicht als Figur für einen seiner Romane. Einen Moment lang fühlte sie sich bloßgestellt, dann begann ihr die Vorstellung zu gefallen, zwischen Buchseiten weiterzuleben.

»Keine großen Pläne. Eigentlich wusste ich nach der Diagnose nur, was ich nicht will. Mit Chemo und Bestrahlung ein paar Monate herausschinden, die nichts wert sind. Ich wollte so viel Zeit leben wie möglich, und zwar nicht in einem Krankenhausbett. Ich möchte meinen Eltern ersparen, wochenlang bei mir zu sitzen und zuzusehen, wie ich Stückchen für Stückchen sterbe. Also habe ich meine Sachen gepackt und bin einfach los. Und hier bin ich nun, allein mit zwei Fremden, die mich besser verstehen als all meine Freunde und mein Mann zusammen.«

Marthe lehnte sich vor und sah sie ungläubig an. »Dein Mann weiß nicht …?«

»Nein. Besonders er darf es nicht erfahren. Er … ich … könnte das nicht ertragen.« Juliane sah sofort Martin vor sich, wie er sie mit diesem Blick ansah, als habe sie ihm etwas weggenommen, ihm den Boden unter den Füßen geraubt.

Marthe drückte Alex' Hand, die sie noch immer unauffällig in ihrer hielt. »Hätte er nicht mitkommen können? Ihr hättet die Reise gemeinsam machen können.«

»Nein, niemals!«, erwiderte sie heftig.

»Warum nicht?«, fragte nun Alex. »Dann hätte er schöne Erinnerungen an ein gemeinsames Abenteuer.«

»Er würde es nicht verstehen. Martin ist ein Mensch, der Tatsachen nicht ins Auge sehen will. Er würde von mir erwarten, dass ich alle Möglichkeiten ausschöpfe, die die Medizin zu bieten hat. Und wenn er mich lange genug drängt, würde ich mich vielleicht sogar darauf einlassen, nur damit er beruhigt ist.«

»Er würde deine Entscheidung nicht akzeptieren?«, hakte Alex nach.

Juliane zuckte mit den Schultern. »Er wäre nie einfach losgelaufen, er hasst Zelten, obwohl er es seit der Schulzeit nicht mehr gemacht hat, und er hat ein Problem mit Tieren. Er … er findet sie unberechenbar und … schmutzig. Wir sind schon in der Schule zusammengekommen. Damals war ich regelmäßig reiten, ein typisches Pferdemädchen eben. Aber er hat es mir madig gemacht. Ich habe es gar nicht richtig gemerkt, erst im Nachhinein. Er hatte Angst um mich, weil er auch nie verstanden hat, warum ich mich bei den Tieren so wohlgefühlt habe. Also hat er ständig davon geredet, wie gefährlich die Reiterei sei. Nach und nach habe ich mich wirklich immer weniger getraut, und als ich dann schließlich tatsächlich heruntergefallen bin und auch mal heftig gebissen wurde, habe ich aufgehört und nicht wieder angefangen.«

»Puh«, sagte Marthe und trank einen großen Schluck Wein. Sie waren mittlerweile bei der zweiten Flasche angelangt.

»Warum bist du überhaupt so lange mit ihm zusammen gewesen?«

»Eigentlich sind wir es ja noch immer. Vermutlich aus dem gleichen Grund wie viele andere Paare, die seit der Schulzeit zusammen sind. Er war meine erste große Liebe, und seitdem war er immer da. Immer. Bei allen wichtigen Entscheidungen in meinem Leben war er dabei. Ich konnte mir lange nicht vorstellen, dass ich ohne ihn sein könnte. Und nun fühle ich mich zum allerersten Mal seit sehr langer Zeit wieder frei. Es kommt mir ein wenig wie Verrat vor, wenn ich das sage, aber es stimmt.«

»Hast du vorher je darüber nachgedacht?«, fragte Marthe.

»Eigentlich nicht. Natürlich war mir klar, dass wir in erster Linie Freunde sind, aber ich habe mich davor gefürchtet, plötzlich alleine zu sein. Wir haben uns nie gestritten, niemals. Wenn ich dann miterlebt habe, wie um uns herum Beziehungen in die Brüche gingen, war ich dankbar für das, was wir hatten. Harmonie, ein Haus, erfolgreiche Jobs. Ohne den Tumor hätte ich womöglich nie gemerkt, was mir fehlt. Ich wäre einfach unterschwellig immer ein wenig unglücklich gewesen und nur halb lebendig.«

»Halb lebendig ist gar nicht lebendig. So habe ich mich damals auch gefühlt«, seufzte Marthe. »Jeder hat mir gesagt, wie *in Ordnung* mein Leben doch sei, aber genau das war es. *In Ordnung* und mehr nicht.«

»Mir gefällst du mit deinem unordentlichen Leben viel besser«, sagte Alex und grinste jungenhaft. »Es passt so perfekt zu meinem unordentlichen Leben.«

Juliane richtete ihren Blick in die Ferne, wo die Schafe im schwachen Licht der Sterne wie helle Schemen wirkten. Sie brauchte eine Weile, bis sie Lazarus zwischen ihnen entdeckte. Er hatte sich hingelegt und schlief, das Maul ins Gras gestützt. Hier fühlte er sich also sicher. Sie hatte ihn noch nie im Liegen schlafen sehen.

Castor und Pollux, die beiden Herdenschutzhunde, waren nirgends zu sehen. Mit ihrem weißen Fell sahen sie in der Nacht ihren Schutzbefohlenen zum Verwechseln ähnlich.

»Woher wusstet ihr, dass ihr das Richtige macht?«, erkundigte sie sich schließlich bei ihren Gastgebern.

»Bauchgefühl«, erwiderte Marthe prompt, und Alex stimmte ihr zu. »Es fühlt sich einfach richtig an. Richtiger als vorher.«

»Loszulaufen war schon mal richtig, und ich will auch nicht zurück, aber ich fühle mich mit jedem Tag etwas zielloser. Bislang folge ich den Fernwanderwegen nach Compostela, weil da weniger los ist, aber dorthin laufen will ich nicht, ich bin auch nicht fromm.«

»Also brauchst du ein Ziel. Möglichst eines, das du in wenigen Wochen erreichen kannst.«

»Ja, genau.«

Alex und Marthe tauschten einen langen Blick. »Arkadij«, sagte er schließlich. »Ist noch ein wenig früh im Jahr, aber …«

»Wer oder was ist Arkadij?«, fragte Juliane misstrauisch.

»Ein Freund von Alex, ein ganz toller Mensch. Er hat ihn bei einer Recherchereise kennengelernt.«

»Mit Herz und Seele Pferdemensch, könnte vielleicht auch deinem Burschen helfen«, ergänzte Alex. »Er macht Alpenüberquerungen …«

»Zu Pferd«, ergänzte Marthe.

Juliane glaubte ihren Ohren nicht zu trauen. »Das schaffe ich nie, und Lazarus wahrscheinlich auch nicht.«

»Sicher schafft ihr das. Die Überquerung selbst dauert nur eine Woche, und bis du am Ausgangspunkt bist, könnt ihr noch prima trainieren.« Marthe schien nur Ja gelten zu lassen.

Juliane fühlte ihr Herz vor Aufregung rasen und drückte ihre Hand auf die Brust, um sich zu beruhigen. Die Alpen zu überqueren, das wäre wirklich ein Traum. Ganz alleine hätte sie es nie gewagt, aber mit einem pferdeverständigen Menschen dabei, der Lazarus vielleicht sogar helfen konnte, wieder Vertrauen zu fassen … Das wäre vielleicht wirklich etwas, das sie wagen könnte.

»Ich werde darüber nachdenken«, sagte sie schließlich, verwundert über ihren eigenen Mut.

Alex nickte zufrieden. »Und ich werde ihn morgen mal anrufen und fragen, ob es so früh im Jahr überhaupt schon geht. Er setzt sich dann mit dir in

Verbindung, und du kannst ihn mit Fragen löchern. Umsonst wird es allerdings nicht sein.«

»Das ist das geringste Problem. Mein Erspartes brauche ich später eh nicht mehr.«

»Das letzte Hemd hat keine Taschen«, sagte Marthe. »Das war der liebste Spruch meiner Oma, allerdings hat sie alles der Kirche vermacht.«

Sie redeten noch bis tief in die Nacht. Es wurde kalt, überall schimmerte bereits Raureif. Juliane ging gemeinsam mit Marthe noch einmal durch die Herde. Die Schafe schliefen fast alle, auch die beiden Tiere, die kurz vor einer Geburt standen. Also war für die nächsten Stunden kein Lämmchen zu erwarten. Während Marthe nach den Hunden sah, lief Juliane zu Lazarus. Ganz langsam ging sie auf ihn zu. Er beobachtete sie, sprang aber nicht auf. Schließlich kniete sie sich neben ihn und strich ihm über die Stirn. Er schnaubte leise. Auch auf seinem Fell hatte sich Reif gebildet, und sein Atem formte in der Nachtluft kleine Wölkchen.

»Hey Großer«, flüsterte Juliane. »Gefällt dir das Leben so?«

Lazarus drehte die Ohren und lauschte aufmerksam. Das Käuzchen, das gleich darauf auf Seidenschwingen über sie hinwegsegelte, brachte ihn nicht aus der Ruhe. Wenn er sich hier so wohlfühlte, wie schwer musste es für ihn in einem Stall für Sportpferde gewesen sein? »Morgen rufe ich deine ehemaligen Besitzer an und sage ihnen die Meinung, versprochen. Und dann entscheiden wir, ob wir beide unser größtes Abenteuer erleben wollen.« Lazarus zupfte ganz sacht an ihrer Hand. Seine feinen Sinne hatten ihm wohl verraten, dass sie ihm ein Stückchen Baguette mitgebracht hatte.

Sie gab es ihm. »Gute Nacht, schlaf gut, Herr Pferd.«

Als sie gerade aufstehen wollte, nahm sie ein merkwürdiges Geräusch wahr. Es klang wie schneller Atem. Etwas raschelte, und dann sah sie in die aufgerissenen Augen eines Schafes. Es lag merkwürdig auf der Seite und hielt das Maul geöffnet.

Das konnte doch nicht …?

Vorsichtig duckte Juliane sich ins Gras, ganz nah an Lazarus, und sah gebannt zu, wie das Schaf sich aufbäumte und zwei-, dreimal presste. Im hellen Mondlicht konnte sie erkennen, wie ein paar gefleckte Beine erschienen und dann bei der nächsten Wehe das Köpfchen.

Das Mutterschaf hielt inne und reckte sich, um ihr Lämmchen zu betrachten, das erst zur Hälfte geboren war. Juliane meinte, noch nie etwas Schöneres gesehen zu haben.

Sie lehnte sich an Lazarus, der ebenso fasziniert schien wie sie, und sah zu, wie das Wunder des Lebens seinen ganzen Zauber entfaltete.

Scheinbar mühelos ging auch der Rest der Geburt vonstatten. Das Lamm stieß ein zartes Blöken aus, während die Mutter es sauber leckte. Dampf stieg in der kalten Nachtluft auf.

»Wundervoll, nicht wahr?«, flüsterte Marthe, die leise hinzugetreten war.

»Ja«, gab Juliane ergriffen zurück. »Ist es nicht zu kalt?«

»Das Mutterschaf ist erfahren, sie wird es wärmen. Lassen wir die beiden allein, in Ordnung?«

In dieser Nacht träumte Juliane von den Bergen, von schneebedeckten Gipfeln und schartigen Tälern, von blühenden Almwiesen und verwitterten Hütten. Fast so, als sei ihre Entscheidung längst gefallen.

Gestört wurde sie schließlich durch einen Automotor ganz in der Nähe und war mit einem Schlag wach. Wollten die beiden etwa schon aufbrechen? Hatte sie verschlafen?

Am Vorabend hatten sie ausgemacht, dass Juliane noch einige Tage mit Marthe und ihrer Herde reisen würde. Sie plante, die Schafe in ein anderes Weidegebiet zu bringen, und würde daher schneller ziehen als üblich. Für Juliane war es eine schöne Abwechslung, außerdem bedeutete es, dass sie sich keine Gedanken um einen Schlafplatz für sich und Lazarus machen musste.

Als sie ihren Kopf nun aus dem Zelt streckte, war

der Kombi und damit auch Alex fort. Marthe stand an einen Baum gelehnt und trank aus einem altmodischen Emaillebecher. Er dampfte, und sie hielt ihr Gesicht darüber. Juliane lief das Wasser im Mund zusammen. Doch sie sollte sich wohl besser nicht auf Kaffee freuen. Die Schäferin wirkte eher wie eine Frau, die sich dem Tee verschrieben hatte. Und wahrscheinlich sogar Kräutertee und nicht schwarzem, der wenigstens wach machte.

»Guten Morgen«, rief Juliane.

»Morgen!«

»Ist Alex schon weg?«

»Ja, aber er kommt wieder, mit Brötchen.«

»Er ist ein echter Held«, rief Juliane, rutschte zurück in ihr Zelt und zog sich an. Kurz darauf waren alle ihre Sachen verstaut, und das Zelt hing zum Trocknen über einem kleinen Wacholderstrauch. Die Morgensonne erledigte die Arbeit schnell und ließ den Nachttau im Gewebe verdampfen.

In der Zwischenzeit hatten sie gemeinsam gefrühstückt und geplaudert. Nun war Juliane ein Stück die Wiese hinaufgestiegen und hatte sich auf einen Stein gesetzt. Marthe und Alex sollten etwas Zeit für sich haben, bevor er nach Hause fuhr und sie ihre Wanderung fortsetzte.

Juliane starrte auf den Pferdepass, den sie mit Lazarus' Kauf erhalten hatte. Darin fand sich nicht nur seine Impfhistorie, sondern auch die Namen der letzten Besitzer. In den Unterlagen standen mehrere Vorbesitzer und der Züchter in Spanien, der ihn vor nicht ganz drei Jahren als fertig ausgebildetes Dressurpferd nach Deutschland verkauft hatte. Seitdem hatte Lazarus mindestens viermal den Besitzer gewechselt, den Schlachtpferdehändler und sie selbst nicht eingeschlossen.

Davon, dass sie auf die Namen starrte, würde ihr der Anruf auch nicht leichter fallen. Die Telefonnummern von zwei Vorbesitzern waren noch eingetragen und nicht geschwärzt worden. Dass überhaupt welche geschwärzt worden waren, irritierte sie. Waren sie denn alle so froh gewesen, das Pferd loszuwerden? Die erste Nummer, die sie wählte, gehörte zu einer Caroline Meyer. Es klingelte. Einmal, zweimal. Lazarus hob den Kopf. Er sah sie an, als wolle er sagen: *Warum lässt du die Vergangenheit nicht ruhen? Hier ist es so viel schöner.* Und recht hatte er, eigentlich.

Es klingelte ein drittes und ein viertes Mal, dann endlich meldete sich eine resolut klingende Frauenstimme. »Meyer.«

»Guten Morgen, mein Name ist Juliane Radu.«

»Wie kann ich Ihnen helfen?«

Juliane nahm ihren Mut zusammen. »Es geht um ein Pferd, einen spanischen Wallach … Fabuloso II«, las sie seinen Namen ab. »Er war bis vor einem halben Jahr in Ihrem Besitz.«

»Zu dem Teufel habe ich nichts zu sagen.«

»Aber …«

»Guten Tag, Frau Radu«, sagte sie kühl, dann erklang plötzlich das Besetztzeichen.

»Aufgelegt, einfach aufgelegt.« Juliane konnte es nicht glauben. Sie sah zu Lazarus, *dem Teufel*, der in diesem Moment den Kopf hochriss und mit wehender Mähne über die Wiese trabte. Vor ihm flüchteten die Schafe in beide Richtungen, weißen Wogen gleich. Die beiden Hirtenhunde rannten auf Lazarus zu und stellten sich ihm bellend in den Weg, um ihre Herde zu beschützen, doch er lief einfach weiter, präsentierte angeberisch seinen breiten Hals und tat einige Bocksprünge. Teufel? Nein, er war kein Teufel.

Teuflisch waren wohl eher die Menschen, die ihn nicht verstanden hatten.

Marthe und Alex sahen ebenfalls dem Pferd zu, wie es über die Wiese tobte, nun in sicherem Abstand von den Schafen und ihren Beschützern. Marthe lachte, wie Juliane erleichtert bemerkte. Solange sie lachte, war alles in Ordnung, und sie musste nicht versuchen, das übermütige Tier einzufangen. Schließlich senkte Lazarus das Maul wieder in die üppige, mit goldgelbem Löwenzahn getupfte Wiese. Nur an seinen bebenden Flanken war noch zu erkennen, dass er vor wenigen Augenblicken auf Pferdeart getanzt hatte.

Es kostete Juliane noch mehr Überwindung, die zweite Nummer zu wählen. Dieses Mal musste sie nur kurz warten, bis eine Frau Vossel abnahm.

Wieder stellte sie sich vor und ergänzte dann: »Ich habe einen Wallach namens Fabuloso gekauft, ich glaube, Sie waren die Vorbesitzerin.«

Stille am anderen Ende. Juliane glaubte schon, ihre zweite Gesprächspartnerin habe ebenfalls aufgelegt, als eine knappe Antwort kam. »Ja, bin ich. Was möchten Sie? Ich dachte, das Thema sei ein für alle Mal durch.«

»Durch?« Wie das klang. Juliane bekam sofort einen Verdacht, der ihr einen kalten Schauer über die Arme jagte. »Dann wissen Sie, dass er an einen Schlachtpferdehändler verkauft wurde?« Juliane konnte es kaum glauben.

»Zumindest habe ich gehofft, dass Karma auch vor Pferden nicht haltmacht. Er hat beinahe meine Tochter umgebracht, das würde ihm nur recht geschehen.«

»Was ist passiert? Wenn ich das fragen darf.«

»Er ist gestiegen und auf meine Tochter gefallen. Sie hatte schwere innere Verletzungen und einen gebrochenen Oberschenkel. Ich habe dieses Monster abgegeben, während sie noch im Krankenhaus lag, und ausdrücklich dazugesagt, dass er gefährlich und unreitbar ist.«

»Sie waren das also«, sagte Juliane leise und sah zu

Lazarus, der friedlich graste. Dass er absichtlich auf seine Reiterin gefallen war, konnte sie sich einfach nicht vorstellen.

»Es war sicher nur ein unglücklicher Sturz.«

Die Frau am anderen Ende schnappte empört nach Luft. »Also ich weiß ja nicht, warum Sie mich anrufen, aber das war garantiert nicht nur ein *unglücklicher Sturz*.«

Juliane wusste nicht, was sie sagen sollte. Sie konnte nicht fassen, dass ihr tierischer Begleiter wirklich bösartig sein sollte. »Als Sie ihn gekauft haben …«

»Sind wir betrogen worden. Meine Tochter ist Probe geritten. Er schien lammfromm. Wir hatten vorher vor allem Videos gesehen, aus Spanien. Großartige Bewegungen, weitgreifend, mit viel Feuer. Ein perfektes Pferd. Als wir ihn ansahen, wirkte er ruhig, wir dachten, es läge am Alter und er sei nun erwachsener geworden. Mittlerweile bin ich mir sicher, dass sie Fabuloso betäubt haben. Der war ruhiggestellt. Den Leuten konnte es gar nicht schnell genug gehen, ihn abzuladen und vom Hof zu fahren. Am nächsten Tag ging es dann los. Er tobte in der Box, trat sogar Löcher in die Zwischenwand, danach war er erst mal lahm. Wochenlang.

Als meine Tochter dann zum ersten Mal reiten wollte, warf er sie ab. Wir haben einen Bereiter nach dem anderen dagehabt, doch es wurde nur noch schlimmer, mal lief er eine halbe Stunde, dann rastete er plötzlich aus. Hinterher hat sich fast niemand mehr drangewagt. Mit so einem Pferdeflüsterer ging es besser, doch nur ein, zwei Wochen. Er wirft Reiter ab und tritt dann noch einmal nach, geht nicht in eine Box, und schmiedefromm ist er auch nicht. Wir waren verzweifelt. Ich hätte ihn längst abgegeben, aber meine Tochter wollte es nicht wahrhaben, und ich war so dumm, nicht darauf zu bestehen. Sie hatte so große Pläne mit dem Pferd, wollte Turniere reiten, endlich mit ihren Freundinnen gleichziehen.

Fabuloso ist ausgerastet, sobald er die Musik gehört hat, zu der sie reiten wollte. Gestiegen, gebuckelt, durchgegangen, das volle Programm. Ich konnte es gar nicht mit ansehen. Selbst wenn er dabei ordentlich die Quittung bekommen hat, es hat ihn nicht interessiert.«

Juliane musste schlucken. Vor ihrem geistigen Auge sah sie Lazarus wüten, alles tun, um den Menschen auf seinem Rücken loszuwerden.

Sie ahnte, was sie ihm angetan hatten, aber sie brauchte Gewissheit. »Sie haben ihn geschlagen?«

»Was hätten wir denn sonst tun sollen? Er musste kapieren, wer das Sagen hat. Und außerdem können Sie so einem großen Tier doch überhaupt nichts Schwerwiegendes zufügen. Haben Sie einmal Pferde kämpfen sehen?«

»Ja, habe ich«, erwiderte Juliane grimmig. »Haben Sie einen Hund oder eine Katze?«

»Einen Hund, wieso fragen Sie?«

»Würden Sie den genauso schlagen wie ein Pferd?«

Die Frau gab einen entrüsteten Laut von sich. »Nein, natürlich nicht, es ist doch ein Hund!«

Juliane hätte am liebsten ins Telefon gebrüllt, dass ihr blöder Köter bestimmt nicht mehr Schmerzen empfand als Lazarus, aber sie riss sich zusammen und ballte stattdessen die Hand zur Faust, bis ihre Nägel rote Halbmonde in die Innenfläche geschnitten hatten.

»Nur eine Frage noch, durfte Fabuloso auf die Weide?«

»Nein, er hat ja selbst in der Führanlage getobt. Außerdem, wer hätte ihn denn hinausbringen sollen? Selbst der erfahrenste Stallbursche hat das Pferd kaum angefasst.«

»Wissen Sie was?« Juliane wartete ihre Antwort gar nicht erst ab. »Der Pferdetransporter, mit dem Fabuloso zum Schlachter gekarrt werden sollte, hatte einen Unfall. Er ist zu schnell gefahren und umgestürzt. Fabuloso war in der Außenwand eingeklemmt zwischen toten und sterbenden Pferden. Ich habe stundenlang bei ihm gesessen, bis die Feuerwehr ihn schließlich freigeschnitten hat.«

»Dann können Sie von Glück sagen, dass Sie noch leben.«

»Mit Glück hat das sicher nichts zu tun.« Juliane atmete tief durch. »Ich habe eigentlich auch nur wegen einer Sache angerufen. Ich wollte Sie fragen, ob das Pferd nach Ihrem Wissen gesund ist.«

»Körperlich?«

»Ja.«

»Der ist gesund, soweit ich weiß, nur böse.«

»Kein Pferd ist böse. Im Übrigen sitze ich gerade auf einer Wiese und sehe Fabuloso zu, wie er friedlich grast. Jeden Tag bin ich froh, dass ich diesem Pferd durch Zufall begegnet bin, und ...« Sie stockte. »Und ich werde gemeinsam mit ihm die Alpen überqueren.« Die Worte waren ihr einfach so aus dem Mund gerutscht. Während sie noch verblüfft in sich hineinhorchte und auf eine Antwort wartete, erklang plötzlich ein Besetztzeichen. Aufgelegt, schon wieder.

Juliane stand auf und schob das Handy in ihre Tasche, dann ging sie zu Lazarus, der ihr freundlich entgegentrottete.

»Ich fürchte, ich kann dir keine Grüße bestellen«, sagte sie und schloss ihre Arme um seinen kräftigen Hals.

Lazarus wich kurz vor ihrer überraschenden Annäherung zurück, dann schnaubte er leise. Sie legte die Wange an sein weiches Fell und lauschte den kräftigen Atemgeräuschen.

Hoffentlich hatte die Vorbesitzerin recht, und er war wirklich gesund und fit genug, um die Alpen zu überqueren. Aber eigentlich bestand bei ihm viel weniger Grund zur Sorge als bei ihr selbst.

»Ich glaube, dein Problem ist in deinem Dickschädel, Lazarus, genau wie bei mir. Aber dich kann man vielleicht noch reparieren. Wollen wir das versuchen?«

Er stieß sie mit dem Maul an und brummelte leise. Sie führte ihn am Halfter zu ihrem Gepäck und band ihn mit einem Strick an ein Bäumchen.

Mit wenigen Bürstenstrichen glänzte das Fell wieder wie Honig. Nur an einigen Stellen hielten sich hartnäckige Grasflecken. Sobald sie sich zu seinen Beinen vorarbeitete, peitschte Lazarus nervös mit dem Schweif und stampfte mit dem Huf auf.

»Ich tue dir nichts, und das weißt du auch«, sagte sie energisch. »Stell dich nicht an, Prinzessin.«

Anfangs hatte sie sein Verhalten sehr nervös gemacht, und das hatte sich auf ihn übertragen. Mittlerweile versuchte sie so ruhig zu bleiben, wie es nur ging. Mit größtmöglichem Sicherheitsabstand hob sie seinen Vorderhuf an und reinigte ihn. Auf dem zunehmend steinigen Terrain passierte es, dass sich immer wieder kleine Kiesel einklemmten und sicher unangenehm drückten. Die Hufeisen sahen mittlerweile auch ein wenig mitgenommen aus. Ewig würden sie wohl nicht mehr halten, keinesfalls über die Alpen oder gar, bis sich ihre Wege endgültig trennten. Umso wichtiger war es, dass Lazarus wieder etwas mehr Vertrauen fasste.

Sich so lange angespannt zu bücken hatte in ihrem Kopf ein wachsendes Pulsieren geweckt. Der plötzliche Schmerz ließ sie schwindeln. Ihr wurde schwarz vor Augen, doch wie durch ein Wunder bekam sie Lazarus' Mähne zu fassen und hielt sich so lange daran fest, bis es besser wurde.

Lazarus spürte sofort, dass es ihr nicht gut ging, und blieb ganz still stehen.

Juliane wischte sich einige Tränen von den Wangen, die sie erst bemerkte, als der Schmerz wieder abklang und zu einem erträglichen Hintergrundrauschen wurde. Es war wohl etwas viel gewesen, sich erst über die Vorbesitzer aufzuregen und danach mit dem Pferd Übungen zu machen, die ihr den Puls hochjagten.

Wenn es nicht besser wurde, musste sie wohl heute das erste Mal seit ihrem Aufbruch auf Schmerzmittel zurückgreifen, dabei hatte sie sich vorgenommen, mit ihrem begrenzten Vorrat sehr sparsam umzugehen.

Als Marthe und Alex schließlich bemerkten, dass etwas mit ihr nicht stimmte, und zu ihr kamen, konnte sie sich schon wieder zu einem Lächeln durchringen. »Nichts passiert«, sagte sie schnell.

»Geht es dir wirklich gut? Du bist käseweiß«, sagte Marthe und legte ihr eine Hand auf die Schulter.

»Ja, wirklich, es war nur eine kleine Erinnerung von dem Miststück in meinem Gehirn, damit ich es auf keinen Fall vergesse. Ich habe mich wohl etwas zu sehr über die Telefonate aufgeregt.«

»Und, was kam dabei heraus?«

»Eine hat gar nicht mit mir geredet, die andere … nun ja.« Juliane rieb Lazarus über die Stirn, der daraufhin genießerisch die Augen schloss. »Sie haben ihn behandelt wie einen Schwerverbrecher und wundern sich dann, dass er sich wie einer benimmt. Eine Weide hat er wohl zuletzt in Spanien gesehen.«

»Armer Kerl.« Alex streckte die Hand aus, um das Pferd zu streicheln. Lazarus' Verhalten änderte sich blitzschnell, er riss den Kopf hoch und wich zurück, soweit es der Strick zuließ. Das Bäumchen, an das Juliane ihn gebunden hatte, bog sich. Das raschelnde Laub, das sich plötzlich von oben auf ihn zuneigte, wirkte als zusätzliche Bedrohung.

Dieses Mal reagierte Juliane schnell genug. Sie packte das andere Ende des Stricks und zog. Der Sicherheitsknoten löste sich sofort, der Baum schwang in die Ausgangsposition, und sie wich zusammen mit Lazarus zurück, bis sie in einem sicheren Abstand waren.

»Hey Großer, keiner tut dir was«, sagte sie ruhig. Lazarus starrte abwechselnd das Bäumchen und Alex mit weit aufgerissenen Augen und geblähten Nüstern an. »Los, stell dich dem Grusel.« Aufmunternd zupfte sie am Strick und ging langsam wieder auf Marthe und ihren Mann zu. Lazarus folgte ihr zögerlich und versteckte sich dabei regelrecht hinter ihrem Rücken. »Tun wir so, als sei nichts passiert, das ist das Beste«, erklärte Juliane.

Alex nickte. »Entschuldigung, ich habe mir nichts dabei gedacht.«

»Ist schon in Ordnung, er muss sich wieder daran gewöhnen, dass ihm nicht jeder Böses will.«

»Was haben sie bloß mit ihm gemacht?«, fragte Marthe bestürzt.

»Versucht, ihm den eigenen Willen auszutreiben, mit allen Mitteln. Und sie haben ihn nicht wie ein Pferd behandelt, sondern wie ein teures Sportgerät. Sogar den Kontakt mit anderen Pferden haben sie ihm verwehrt.«

»Fürchterlich. Aber jetzt ist er bei dir, du bist sein Schutzengel.«

»Nicht für lange.« In Julianes Brust machte sich wieder das Gefühl breit, als würde ihr eine Hand die Eingeweide zusammendrücken. »Er muss lernen, wieder Vertrauen zu fassen, bis … bis ich …«

Marthe umarmte sie und gab ihr einen Kuss auf die Wange. »Noch ist Zeit.«

KAPITEL 7

Juliane und Lazarus begleiteten Marthe und ihre Herde noch vier weitere Tage, bis diese ihre vorläufige Weide erreicht hatten.

Das Gebiet war ein Hochtal mit steilen Hängen, wo das Mähen nur von Hand möglich war. Jahrhundertelang hatten Menschen hier ihre Schafe und Ziegen weiden lassen, und Marthe setzte die Tradition fort.

Mit den Fördergeldern, die sie für die traditionelle Landschaftspflege durch Wanderschäferei erhielt, hatte sie mehr mobile Zäune angeschafft. Juliane half ihr einen Tag lang, die Zäune an den Stellen zu spannen, wo es keine alten aus Holz gab. Rolle um Rolle schleppten sie die Hänge hinauf und schlugen sie dort in den steinigen Boden ein. Am Abend hatte sie Blasen an den Händen, und ihre Beine fühlten sich unendlich müde an. Dabei waren die steilen Wiesen hier nur eine Ahnung von dem, was sie in den Alpen erwarten würde.

Bei Einbruch der Dämmerung kam ein wohlbekanntes Fahrzeug ins Tal gefahren. Wegen der holperigen Fahrwege hörten sie es schon von Weitem.

Castor und Pollux trotteten ihm träge entgegen. Die massigen Hunde liefen langsam und wiegend, sodass man auf den Gedanken kommen konnte, sie wären nichts weiter als große, weiße Kuscheltiere, doch der Eindruck täuschte.

Das metallische Klappern, das die Motorengeräusche begleitete, war neu, doch Marthe schien es nicht zu überraschen. Als der Wagen schließlich hinter einer Biegung auftauchte, bemerkte Juliane den Anhänger.

»Er bringt die Mutterschafe und Lämmer, die nicht mitlaufen konnten«, erklärte Marthe gutgelaunt und öffnete für Alex den Zaun.

Lazarus unterbrach sein Dösen und floh panisch und mit hochgerecktem Schweif an das andere Ende der Weide. Juliane seufzte. Noch ein Punkt auf ihrer beständig wachsenden Liste von Dingen, die Lazarus Angst machten. Alles, was im Aussehen einem Pferdeanhänger nahekam, gehörte wohl ebenfalls dazu.

Sie holte ihn nicht zurück. Er würde später von alleine zu ihr kommen und vielleicht auch den Hänger näher in Augenschein nehmen.

»Juliane, magst du uns kurz helfen?«, rief Alex.

»Natürlich.« Mit wenigen Schritten war sie bei ihnen. Er drückte ihr ein Kunststoffbrett in die Hand. »Würdest du dich auf die linke Seite neben der Rampe stellen und die Seite etwas begrenzen, damit die Lämmer nicht die Abkürzung nehmen? Manche sind noch sehr klein.«

»Ich mache einfach das, was Marthe macht?«, vergewisserte sie sich. Die Schäferin hatte auch ein Kunststoffbrett in den Händen und stand auf der rechten Seite. Die Rampe war bereits heruntergeklappt, aber noch trennte ein Gitter die Schafe von der Freiheit. Aus dem Inneren drang der Gestank von Kot und Angst. Dicht gedrängt standen die frisch geschorenen Muttertiere mit ihren üppigen Eutern. Gleich daneben und von den viel schwereren erwachsenen Tieren durch ein weiteres Gitter getrennt, die Lämmchen. Die meisten lagen auf einer Strohschicht und blökten nach ihren Müttern.

Alex öffnete den Ausgang für die Muttertiere. Zuerst bewegten sie sich nicht, dann sprang plötzlich das erste mit einem riesigen Satz nach draußen und machte noch einige Freudensprünge. Nun gab es auch für die anderen kein Halten mehr. Ein Schaf rannte direkt gegen Julianes Brett. Sie spürte die Erschütterung bis hinauf in die Schulter, hielt mit aller Kraft dagegen, und schon war das Tier auf und davon. Danach kamen die Lämmer an die Reihe.

Die ältesten wurden von ihren blökenden Müttern bis an den Rand gelockt, wo sie die Beine spreizten und sich nicht weiterwagten. Mehrere tapsten unsicher zu den Seiten, wo Juliane und Marthe nun wirklich aufpassen mussten, dass sie nicht dort hinunterfielen und sich an den Metallkanten verletzten.

Alex schnappte sich kurzerhand zwei der kleinsten, die noch immer im Stroh lagen, und trug sie an den anderen vorbei ins Freie. Sobald er sie absetzte, rannten sie zu ihren Müttern, die sie offenbar mühelos auch unter tausend Tieren gefunden hätten.

Als schließlich alle im Freien waren, kehrte Alex noch den Hänger aus, dann machten sie es sich für einen letzten gemeinsamen Abend gemütlich.

Juliane hatte darauf bestanden, dass Alex dieses Mal auf ihre Rechnung einkaufte, und so gab es ein buntes Durcheinander von allem, was er bei einem griechischen Marktstand ergattert hatte, dazu reichlich Obst und auch Wein und frisches Brot.

Alex erzählte von seinem neuen Buch, das am Vortag erschienen war, und von der bevorstehenden Lesereise. Sie würde ihn quer durch Deutschland von einer Buchhandlung zur anderen führen, was auch bedeutete, dass Marthe für die nächste Zeit Strohwitwe sein würde.

»Aber immerhin kann ich wieder in meinem eigenen Bett schlafen«, sagte sie lachend. Die Schafherde würde hier, auf der fest eingezäunten Weide, die meiste Zeit ohne sie auskommen, und sie musste nur noch einmal täglich herfahren und nach dem Rechten sehen.

»Und Castor und Pollux wird es nicht langweilig, und sie laufen weg oder gehen streunen?«

Julianes Frage rief bei Marthe einen Ausdruck der

Entrüstung hervor. »Niemals! Die Schafe sind ihre Familie.«

Wie sehr die Herdenschutzhunde die Schafe mochten, konnte Juliane kurz darauf selbst beobachten. Denn die riesigen Maremmanos begrüßten begeistert die Neuankömmlinge. Jedes Lamm wurde beschnuppert, manche sogar ausgiebig abgeschleckt, ob sie wollten oder nicht.

»Jetzt sag mir noch, dass die Vegetarier sind, und ich bin fast geneigt, dir zu glauben.«

Marthe schüttelte den Kopf. »Bei toten Schafen hört die Liebe auf. Wir füttern die beiden Hütehunde regelmäßig mit verendeten Tieren oder alten, die uns kein Metzger mehr abnimmt. Hin und wieder kommt es vor, dass ein Schaf beim Lammen stirbt, wenn ich dann nicht direkt dabei bin, fressen sie es auf.«

Juliane musterte die Herdenschutzhunde skeptisch, wie sie sich schwanzwedelnd neben die Lämmer legten. Für sie war das Leben einfach und geordnet. Lebendes Schaf gleich Familie, die beschützt werden muss, totes Schaf gleich Fressen.

Sie wünschte, ihres wäre genauso leicht zu sortieren. Schon der Gedanke an ihre Familie machte ihr das Herz schwer. Besonders ihre Eltern würden mittlerweile beinahe umkommen vor Sorge. Vielleicht sollte sie doch in den nächsten Tagen einmal anrufen und sie beruhigen. Doch jetzt wollte sie versuchen, nicht an morgen zu denken und den Abend mit ihren neuen Freunden genießen.

Schließlich, als sie alle vor Müdigkeit kaum noch die Augen offen halten konnten, überreichte Alex Juliane einige Bögen Papier. Er hatte sie mit einer Klammer zusammengeheftet.

»Was ist das?«, fragte sie überrascht.

»Deine Reiseroute zu Arkadij, ich habe schon mal ein wenig vorgeplant.« Er schob die Tischlaterne näher zu ihr heran. Juliane kribbelten vor lauter Aufregung die Fingerspitzen. »Das heißt, dein Bekannter würde als Führer über die Berge für mich arbeiten?«

»Wenn das Wetter mitspielt, ja. Er meinte, dass er noch ein junges Pferd hat, das er trainieren will, damit es im Sommer die Touren mit den Touristen mitgeht, und macht es dir deshalb sogar etwas günstiger.«

»Das klingt ja großartig. Aber es bleibt eine kleine Gruppe? Mit vielen Menschen, ich weiß nicht, ob ich das kann.« Juliane malte sich in ihrer Vorstellung eine lärmende Touristengruppe aus und schauderte.

»Verstehe ich voll und ganz. Soweit ich ihn verstanden habe, wärt ihr nur zu zweit. Seine Telefonnummer steht vorne drin.« Alex wies auf die Ausdrucke, die Juliane nun sorgfältig auseinanderfaltete. Es waren Kopien großformatiger Geländekarten, in die mit rotem und blauem Filzstift verschiedene Routen eingezeichnet waren.

»Die macht er mir auch immer, ob ich will oder nicht«, sagte Marthe grinsend und mit einem Anflug von Stolz. Alex beugte sich zu ihr hinüber und gab ihr einen Kuss auf die Wange. »Nicht eifersüchtig sein«, sagte er leise.

Juliane kam aus dem Staunen gar nicht mehr heraus. Erst jetzt, da sie die Karten in den Händen hielt, fühlte sie, welch große Last ihr von den Schultern genommen worden war. Es war alles perfekt vorbereitet.

»Marthe, entschuldige, aber ich muss deinen Mann umarmen«, sagte sie lachend, stand auf und drückte Alex fest. »Danke, danke, das werde ich nie wieder gutmachen können.«

»Schreib uns eine Karte«, erwiderte er nüchtern, »besser noch, schreib uns mehrere.«

»Versprochen«, sagte Juliane feierlich und umarmte dann auch Marthe. Sie würde die beiden vermissen.

* * *

Seitdem sie vor vier Tagen aufgebrochen war, um ihre Reise alleine fortzusetzen, meinte das Wetter es nicht gut mit ihr. Die Nächte waren sehr kalt, zweimal gab es sogar Frost, und an den Tagen wechselten Regengüsse und Sonnenschein so häufig, dass sie nie richtig trocken wurde. Der stete Wind zerrte nicht nur an ihren Nerven, sondern verstärkte auch ihre

Kopfschmerzen so sehr, dass sie es nur mit Tabletten aushielt.

Als sie am Abend durch Zufall ein Schild entdeckte, auf dem ein Ferienhof mit Boxen für Gastpferde warb, zögerte sie daher nur kurz. »Was denkst du, Lazarus? Magst du mal im Trockenen schlafen?«

Zu ihrer Erleichterung war auf dem kleinen, gemütlichen Hof nicht nur ein Zimmer frei, sondern auch eine Box für Lazarus, die über eine eigene kleine Koppel verfügte. So konnte er selbst entscheiden, ob er die Nacht im Stall oder draußen verbringen wollte. Juliane nahm der freundlichen Bäuerin das Versprechen ab, dass niemand versuchen würde, Lazarus aus der Box zu führen oder zu ihm hineinzugehen.

Als sie endlich in ihrem Zimmer angekommen war, nahm sie eine sehr lange, heiße Dusche und ließ sich dann einfach auf das Bett fallen. Die Kissen dufteten frisch gewaschen, die Decke war gestärkt und knisterte leise. Dieses Bett war der reinste Luxus. Am liebsten wäre sie nie wieder aufgestanden, zumindest fühlte sie sich in diesem Augenblick so.

In den vergangenen vier Tagen war sie fast von morgens bis abends gelaufen, was vor allem am Wetter gelegen hatte. Bei Regen machte es wenig Freude, irgendwo im Freien auszuharren, dann wurde es nur noch kälter.

Jetzt, da sie in einem richtigen Bett lag, fühlte es

sich an, als würde jede Faser in ihrem Körper wie elektrisiert summen. Die heiße Dusche hatte Juliane endlich wieder aufgewärmt. Sie hatte schon ein schlechtes Gewissen bekommen, weil sie so lange darunter gestanden und ihren Rücken unter den kräftigen Strahl gehalten hatte. Aber ein wenig Wasserverschwendung durfte hin und wieder sein.

Sie zupfte die Bettdecke noch ein bisschen höher. Sobald sie die Arme bewegte, spürte sie, wie matt sie war.

Irgendwann wieder aufzustehen schien ihr im Moment undenkbar, aber für das, was sie vorhatte, brauchte sie das nicht einmal. Denn ihr Handy lag frisch geladen auf dem Nachttisch.

Nicht ein Anruf, sondern zwei warteten darauf, getätigt zu werden. Ihre Eltern und Alex' Freund Arkadij.

Ich werde weinen, wenn ich Mama anrufe, überlegte sie. Und sie wollte nicht verheult klingen, wenn sie mit diesem Arkadij telefonierte. Womöglich würde er sich dann noch mal überlegen, ob er wirklich mit ihr zu der Tour aufbrechen wollte. Also zuerst Alex' Bekannter.

Sie hatte den Anruf lange vor sich her geschoben. Nach Gründen gesucht, die Idee wieder zu verwerfen. Aber ihr lief die Zeit davon.

Ihr ganzes Leben lang hatte sie Dinge, die sie aus ihrer Komfortzone herauszogen, aufgeschoben. Auf die nächste Woche, das nächste Jahr, auf nach dem Studium oder wenn der Stress auf der Arbeit weniger wäre. Selbst ihre Beziehung hatte sie nach diesem Muster gelebt. Jedes Problem, das andere Paare mit rauchenden Köpfen diskutierten, war auf diese Weise immer ein Stückchen weiter nach hinten geschoben worden. Weil Martin gerade an einem wichtigen Projekt arbeitete oder weil es sich bestimmt irgendwie von alleine regeln würde. Ohne dass sie es gemerkt hatten, war so aus ihrem Miteinander immer mehr dieses Nebeneinander geworden. Aus einer Liebesbeziehung eine Freundschaft und aus dem *Wir* ein *Du* und *Ich*.

Nun hatte die Krankheit ihr diesen bequemen Weg genommen. Es gab kein *Später* mehr, nur jetzt, morgen und vielleicht noch nächste Woche.

Die Krankheit zwang sie dazu, mutiger zu sein und Entscheidungen zu treffen, etwas, das sie schon viel früher hätte tun sollen.

In den letzten beiden Tagen hatte sie in sich hineingehorcht. Fühlte sie sich fit genug für die Berge?

Schon jetzt fiel es ihr viel leichter, Steigungen zu meistern. Bei Lazarus hegte sie keinerlei Zweifel. Er besaß abends sogar noch genug Energie, um über eine Wiese zu tollen.

»Berge!«, sagte sie entschlossen und fuhr sich durch das feuchte Haar. Nun würde es von alleine richtig trocknen.

Sie setzte sich auf, stopfte sich beide Kissen in den Rücken und griff nach dem Handy.

Sie musste eine Weile Alex' Zettel durchsuchen, bis sie das Deckblatt mit seiner ordentlichen Handschrift fand.

Arkadij Fuchs stand dort und zwei Telefonnummern.

Juliane tippte die Handynummer ein, dann sah sie kurz aus dem Fenster, wo es gerade dunkel wurde.

Ihr Herz klopfte immer schneller. »Nicht feige sein«, spornte sie sich selbst an, drückte auf das Zeichen mit dem grünen Hörer und schloss die Augen.

Freizeichen.

Es erklang so lange, dass sie bereits kurz davor war aufzulegen, als er abnahm. »Fuchs, hallo«, ertönte eine angenehme Männerstimme.

»Guten Abend, Juliane Radu, ich habe Ihre Nummer …«

»Ach, die Freundin von Alex, ich habe Ihren Anruf schon erwartet.«

»Oh.« Juliane räusperte sich. »Ich musste erst einmal Mut sammeln und herausfinden, ob ich fit genug bin.«

Er lachte. »Wenn ich das richtig in Erinnerung habe, laufen Sie gerade mit einem Pferd quer durch Österreich, mehr Mut brauchen Sie für die Alpenüberquerung auch nicht.«

»Wenn Sie meinen.«

»Sagen Sie bitte Arkadij.«

»Juliane«, erwiderte sie schnell. Ihr Hals war ganz trocken geworden. Dieser Fremde hatte eine so angenehme Stimme, dass sich ihr Telefonat ein wenig wie ein Flirt anfühlte. Bei dem exotischen Vornamen hatte sie einen osteuropäischen Akzent erwartet, doch er sprach klares Hochdeutsch mit leichter lokaler Färbung.

»Alex sagte, dass Sie diese Überquerungen häufig machen?«

»Du«, lachte er, »und ja, mache ich. Damit verdiene ich mein Geld, zumindest in der Saison. Ansonsten trainiere ich Pferde und mache noch so einiges anderes.«

»Problempferde wie meinen Lazarus.«

»Es gibt keine Problempferde, nur Problemmenschen.«

Mit dem Spruch hatte er bei ihr einen Stein im Brett, und sie hatte mit einem Mal die Hoffnung, dass für Lazarus doch noch alles gut werden könnte. »Ich würde diese Reise wirklich gerne machen, allerdings ist mein Pferd … sagen wir …« Sie musste lachen. »Er ist ein bisschen verrückt. Er mag keine Menschen, keine großen Fahrzeuge, keine geschlossenen Räume. Ich könnte endlos so weitermachen.«

»Ein Vollschaden, wunderbar, wir werden uns gut verstehen. Wo hast du ihn her?«

»Schlachtpferdetransport, ist mir quasi vor die Füße gefallen, oder besser, vor mein Auto.«

Sie redeten noch eine Weile über Lazarus und seine Probleme, bevor Juliane zu ihrem eigenen kam. »Wenn wir das wirklich machen, müssen Sie etwas über mich wissen.«

Am anderen Ende wurde es schlagartig still, so still, dass Juliane mit einem Mal hören konnte, dass sich Arkadij in einem Stall aufhielt. Stroh raschelte, und sie hörte ein Pferd schnauben. Hatte Alex ihm etwa schon alles erzählt und er nur den Anstand besessen, sie nicht darauf anzusprechen?

»Ich habe Krebs im Endstadium. Ich muss diese Reise jetzt machen oder nie.« Jetzt war es raus.

»Hm hm«, machte Arkadij nur und schwieg dann. Sie glaubte, seine Gedanken rattern zu hören. Worauf hatte er sich da bloß eingelassen? Würde er sie am Ende womöglich halb über die Berge tragen müssen?

Juliane strampelte die Bettdecke von sich, heiße und kalte Schauder wechselten sich ab. Was hatte sie sich nur gedacht? Dass sich jeder freuen würde, sich mit einer sterbenskranken Frau abzugeben? Schließlich hielt sie es nicht länger aus.

»Sie sagen nur *hm hm*?«

»Ich muss nachdenken«, erwiderte er.

Ja, mach nur, dachte Juliane grimmig. *Überleg dir, wie du mich wieder loswirst. Aber bitte mach schnell.* Die Unsicherheit war kaum auszuhalten. Vielleicht hätte sie doch zuerst ihre Eltern anrufen sollen.

»Es gibt verschiedene Routen, die über die Alpen

führen. Ich werde eine aussuchen, die relativ zugänglich ist, falls sich die Situation ändert und wir abbrechen müssen.«

»Also lehnen Sie … ähm, du, nicht ab? Wir überqueren die Berge?«

»Wenn du dich fit genug fühlst und auch das Pferd im Training ist – aber davon gehe ich aus –, dann steht der Sache nichts im Wege. Außer dem Wetter. Soll ich euch irgendwo mit dem Hänger abholen, oder kommst du direkt zum Ausgangspunkt?«

»Lazarus geht nicht in Hänger, fürchte ich, außerdem möchte ich von der Strecke so viel wie möglich laufen.«

»Natürlich, kein Problem. Wie lange wirst du ungefähr noch brauchen? Der Treffpunkt für die geänderte Route wäre der gleiche.«

»Nach Alex' Plänen … Moment.« Sie blätterte sich durch das Kartenmaterial. Marthes Ehemann hatte es gut mit ihr gemeint und sogar Tagesetappen und Übernachtungsmöglichkeiten eingezeichnet. Allerdings kam sie bislang etwas schneller vorwärts, als er gedacht hatte. »Zehn bis vierzehn Tage, je nach Wetter und Höhenunterschieden.«

»Dann ruf mich doch einfach an, wenn du nur noch ein paar Tage entfernt bist, dann habe ich genug Zeit alles zu organisieren. Falls etwas dazwischenkommt …«

»Es kommt nichts dazwischen«, unterbrach Juliane

ihn energisch. Sie fühlte sich ihrem Ziel nun schon so nahe, dass sie kein *Vielleicht* oder *Aber* akzeptieren wollte. »Schlimmer als jetzt kann das Wetter auch nicht werden, und mein Körper hält noch eine Weile durch, versprochen. Er muss einfach.«

»Hast du denn irgendwelche Einschränkungen?«

»Nur Kopfschmerzen, und gegen die habe ich Tabletten, bislang musste ich nur hin und wieder welche nehmen.«

»Gut, dann freue ich mich auf unser Abenteuer«, sagte Arkadij, und wie aufs Stichwort wieherte ganz in der Nähe ein Pferd.

Sie verabschiedeten sich. Juliane drückte das Handy gegen ihre Brust. Sie hatte es also wirklich getan. Jetzt gab es kein Zurück mehr, und das bereitete ihr eine regelrecht kindische Freude. Es fühlte sich beinahe verboten an.

Sie ließ sich in die Kissen zurücksinken, schloss einen Moment die Augen und malte sich aus, wie sie mit Lazarus zwischen schneebedeckten Bergen hindurchwanderte. Es würde großartig werden! Das war beschlossen. An die vielen Gefahren wollte sie nicht denken. Hoffentlich würde Lazarus ihr bis dahin so sehr vertrauen, dass er ihr fast überallhin folgte.

Regen schlug plötzlich mit lautem Prasseln gegen ihr Fenster. So ein Wetter würde ihr in den Bergen hoffentlich erspart bleiben. Sie spürte, wie Widerstand in ihr wuchs, aber nicht gegen das Wetter. Sie scheute den nächsten Anruf, den sie sich für diesen Abend noch vorgenommen hatte. Zugleich sehnte sie sich danach, die vertraute Nummer zu wählen. Früher hatte sie zweimal die Woche mit ihrer Mutter telefoniert. Dass sie einen Besuch bei ihren Eltern als Ausrede genutzt hatte, um sich aus dem Staub zu machen, lag schwer auf ihrem Gewissen. Zögerlich wählte sie. Ihre Augen brannten schon jetzt, weil dort Tränen warteten, die geweint werden wollten. Wie wohl bei jedem Menschen war ein winziger Teil von ihr niemals erwachsen geworden. Es war derjenige, der fest daran glaubte, dass alles wieder gut wurde, die Welt geradegerückt wurde, sobald sie sich in die Arme ihrer Mutter warf.

Dieses Gefühl stammte noch aus der Zeit, in der eine Puppe oder eine Schaufel für den Sandkasten alles bedeutete und aufgeschürfte Knie das schlimmste vorstellbare Übel waren. »Theige?«, meldete sich ihre Mutter schon nach dem ersten Klingelton, als habe sie neben dem Telefon gesessen. Vermutlich hatte sie das sogar oder hatte es mit sich herumgetragen. Ja, das sah ihr ähnlich.

»Hallo Mama, ich bin es, Jule.«

»Juliane? Du meine Güte, wir kommen hier beinahe um vor Sorge. Wie geht es dir?«

»Gut… sehr gut«, setzte sie überflüssigerweise hinzu.

»Ist das Juliane?«, hörte sie ihren Vater im Hintergrund rufen. Ihre Mutter hielt den Telefonhörer zu und antwortete. »Sie sagt, es gehe ihr gut«, verstand sie gedämpft.

»Und dann rufst du jetzt erst an? Von einer fremden Nummer?«, fragte ihre Mutter nun. Es klang wie ein Vorwurf, war aber nur Ausdruck der ausgestandenen Sorge.

»Ich weiß, ich hätte mich schon viel früher melden sollen.«

»Martin ist außer sich. Er behauptet, ihr hättet euch nicht gestritten. Aber du würdest doch nicht einfach so weglaufen, oder, Kind? Was hat er dir getan?«

»Nichts, Mama, unsere Ehe war wie immer. Aber ich musste einfach weg. Raus aus allem.«

»Das verstehe ich nicht. Hat er dich geschlagen?«

Erschrocken hielt Juliane die Luft an. »Nein, niemals! Martin würde so etwas nicht tun, nicht mal darüber nachdenken würde er.«

»Das klingt, als müsstest du dich selbst überzeugen und nicht mich.«

»Mama.« Juliane fühlte sich einen Moment lang hilflos, wie immer, wenn ihre Mutter bereits eine eigene Wahrheit für sich gefunden hatte. Offenbar war sie fest davon überzeugt, dass Martin ihr etwas angetan oder sie sich aufs Schlimmste zerstritten hatten. Die Menschen, die sie mit ihrer Flucht vor dem

Krebs mindestens ebenso sehr schützen wollte wie sich selbst, hatten sich gegeneinander gewandt.

»Ich schwöre dir, Mama, Martin hat mit der Sache eigentlich nichts zu tun.«

Schweigen am anderen Ende. Sie konnte ihre Mutter atmen hören, während sie versuchte, Ordnung in ihr Gedankenchaos zu bringen. »Also hat er dir nichts getan?«

»Nein! Glaub mir doch.«

»Vielleicht hat sie jemanden kennengelernt«, sagte ihr Vater. Nun war er ganz nahe am Telefon. Vermutlich saßen sie nebeneinander auf dem Sofa. Juliane musste über die Idee ihres Vaters schmunzeln. Bevor ihre Mutter sie wiederholen konnte, antwortete sie: »Ich habe Paps gehört. Nein, es gibt keinen anderen Mann. Ich wollte eigentlich auch nur anrufen, um Bescheid zu geben, dass es mir gut geht und ihr euch keine Sorgen machen braucht. Ich musste mal raus, in ein paar Wochen sage ich euch alles, versprochen.« Schon jetzt war ihr klar, dass sie für dieses Gespräch womöglich niemals die Kraft finden würde.

»Aber wo bist du denn?« Nun klang ihre Mutter wirklich aufgebracht.

»In einem kleinen, süßen Gasthof. Von meinem Fenster aus kann ich einen Teich und blühende Kirschbäume sehen. Und gleich bekomme ich ein zünftiges und vermutlich sehr leckeres Abendessen.«

»Wenn es dort so schön ist, warum sagst du uns

dann nicht, wo es ist, damit wir dich besuchen können?«

»Nein, Mama. Ihr müsst verstehen … zumindest akzeptieren, dass ihr mich für eine Weile nicht sehen werdet. Ich melde mich wieder.«

»Aber Juliane!« So viel Entrüstung und Traurigkeit in nur zwei Worten.

»Sag Martin, er soll nicht versuchen mich zu finden. Er soll mich vergessen. Ich habe ihm einen Brief geschrieben, da steht alles drin, er hat ihn sicherlich längst erhalten. Sag Papa, dass ich ihn liebhabe, dich natürlich auch. Bis bald, Mama.« Juliane legte auf.

Ein Zittern fuhr durch ihren Körper. Was, wenn dies ihr letztes Telefonat war, wenn alles schneller gehen würde, als der Arzt vorausgesagt hatte?

Als letzte Erinnerung an ihre Tochter taugte es wohl kaum. Sie nahm sich vor, bei den nächsten Kontaktaufnahmen daran zu denken. Mit geschlossenen Augen drückte sie sich tiefer in die Kissen und begann mit kreisenden Bewegungen ihre Schläfen zu massieren, dann die Nasenwurzel. Meistens half das ein wenig, die Spannungen, die sich durch den beständigen Schmerz über den Tag aufgebaut hatten, abzuschwächen.

Eine Massage für den blöden Kraken, spottete sie in Gedanken und musste wieder an die Bilder aus dem Computertomographen denken. Hätte der Krebs keine Krakenarme mit Metastasen besessen, wären ihre Chancen gut gewesen. Mit einem kleinen, runden Blob in ihrem Kopf wären die Ärzte fertig geworden. Aber so …

Sie schniefte, putzte sich die Nase und setzte sich auf. Vor ihren Eltern hatte sie mit einem köstlichen Abendessen geprahlt, dann sollte sie auch zusehen, dass sie eines bekam!

KAPITEL 8

Juliane war noch einen Tag länger in der Pension geblieben, damit Lazarus und sie verschnaufen konnten. Während sie die meiste Zeit im wunderbaren Wintergarten des Hotels verbracht hatte, war ihr Pferd auf der Wiese nebenan langsam über das Grün gezogen. Sie konnte ihm zusehen, wie er es genoss. Er schlug sich den Bauch voll, wälzte sich, bis sein schönes Fell grün gefleckt war, und verdöste den Mittag mit hängenden Ohren.

Juliane hatte kaum einen Fuß vor die Tür gesetzt. Die Wirtin verwöhnte sie mit Kuchen, der wie aus Kindertagen schmeckte, und dazu passender heißer Schokolade.

Die Hausherrin besaß ein Händchen für exotische Pflanzen, sodass im Wintergarten alles nach den Blüten der üppig tragenden Orangen- und Zitronenbäumchen duftete. Man fühlte sich beinahe wie bei einem Urlaub am Mittelmeer und nicht wie in einem liebevoll restaurierten Bauernhof in Österreich.

Am nächsten Morgen zogen sie weiter.

Juliane brummte höllisch der Kopf, als wollte der

Tumor sie bestrafen, weil sie am Vortag so faul gewesen war und es sich hatte gut gehen lassen.

Lazarus, der am Morgen kaum zu bremsen gewesen war und begierig ausschritt, als wolle er die versäumte Strecke wiedergutmachen, spürte schnell, dass mit ihr etwas nicht stimmte. Fortan verzichtete er auf sämtliche Kapriolen und blieb immer so dicht bei ihr, dass sie sich auf ihn stützen konnte, wenn mal wieder eine Schmerzattacke kam.

In den Tagen darauf wurde es zum Glück besser, und Juliane konnte wieder auf Schmerzmittel verzichten. Sie wollte so viele Tabletten wie möglich für später aufsparen. Vermutlich waren ihre jetzigen Kopfschmerzen nur ein schwacher Vorbote dessen, was sie in den nächsten Wochen erwartete.

Jeden Tag arbeitete Juliane mit Lazarus daran, seine Ängste abzubauen, ganz gleich, wie geschafft sie nach den Wanderetappen war. Es kam ihr vor, als vertraue er ihr jedes Mal ein kleines bisschen mehr.

Wo immer sie am Abend mit ihrem Handy Internetempfang hatte, sah sie sich Lehrvideos an. Es gab verschiedenste Ansätze und Methoden, wie man Pferde an Dinge gewöhnen konnte. So musste Lazarus abends oft noch die Schulbank drücken, was ihm anfangs nur selten behagte. Nach einer Weile fand er allerdings doch Gefallen daran, vor allem an den Apfel- und Möhrenstückchen, mit denen er reichlich belohnt wurde.

So ließ er es bald ungerührt über sich ergehen, dass Juliane ihr Handtuch um ihn herumwirbelte. Eine Plastiktüte, deren Rascheln ihn regelmäßig zusammenzucken ließ, war ein größerer Brocken. Doch schließlich durfte sie ihn auch damit am ganzen Körper berühren und ihm sogar über den Kopf fahren.

Sie vertiefte sich so sehr in ihre Mission, Lazarus' Trauma zu überwinden, dass ihr eigenes Schicksal in den Hintergrund rückte. Sich selbst konnte sie ohnehin nicht mehr helfen.

Als sie an diesem Abend wieder eine ihrer Übungen machte, in der Lazarus stillhalten sollte, während sie seine Hufe anhob, machte Juliane eine beängstigende Entdeckung. Ihr wurde heiß und kalt, und in ihrem Magen begann es zu flattern, aber auf die unangenehme Art.

Das Hufeisen vorne links wurde nur noch von zwei Nägeln gehalten, von denen einer auch noch wackelte. Was sie schon seit einer Weile befürchtet hatte, wurde damit zur Gewissheit: Sie brauchten dringend einen Schmied!

Allerdings war Lazarus längst noch nicht so weit. Juliane fragte sich, wie er sonst immer beschlagen worden war, wenn er sich an den Beinen kaum berühren ließ.

»Es hilft nichts, wir müssen uns morgen auf die Suche machen, mein Freund«, sagte sie zu Lazarus, der sie ansah, als würde er jedes Wort verstehen, und prompt die Ohren anlegte. »Herumgrummeln bringt nichts, Herr Pferd. Bis wir einen Schmied gefunden haben, werden wir improvisieren.« Sie tätschelte ihm die Schulter und ging zu ihrem Gepäck. Wie gut, dass sie Klebeband eingepackt hatte. Ursprünglich war es dafür gedacht gewesen, Risse in der Zeltwand oder in ihrem Rucksack auf die Schnelle zu flicken.

»Gaffa hält die Welt zusammen!«, sagte sie halb erleichtert, halb um der Situation etwas Positives abzugewinnen. Lazarus schnupperte nur kurz an der silbernen Rolle und sah danach wieder sauertöpfisch drein. Juliane säuberte und trocknete den Huf, so gut es ging. Als sie mit einem lauten Ratsch einen Streifen Klebeband abriss, wich Lazarus schnaubend zur Seite.

Es dauerte eine Weile, bis er sich beruhigt und sie seinen Huf mit drei breiten Klebestreifen versorgt hatte, die das Eisen hoffentlich lange genug am Huf halten würden.

Hoffentlich.

***

Gegen Mittag löste sich erst das Klebeband und gleich darauf das Hufeisen. Sie befanden sich gerade auf einem schmalen, aber asphaltierten Fahrrad- und Spazierweg, als Juliane alarmiert stehen blieb.

Lazarus' Hufschlag war sehr unregelmäßig geworden. Es klang, als würde er schlurfen. Als sie den

Huf in Augenschein nahm, hing das Klebeband in Fransen. Das Eisen wurde nur noch von einem Nagel gehalten und war völlig lose.

Sie musste es auf der Stelle entfernen, damit sich das Pferd nicht verletzte, wenn es sich unglücklich drehte.

Weit und breit gab es keinen einzigen Baum oder eine Bank, wo sie Lazarus hätte festbinden können. Ringsum nur blühende Kleefelder, in denen die Bienen summten, so weit das Auge reichte.

Bislang hatte sie Lazarus immer festgebunden, wenn sie sich an seinen Hufen zu schaffen machte, nun musste es so gehen. Sie versuchte nicht darüber nachzudenken, was alles passieren konnte, wenn er sich losriss. Ihr Puls ging schon jetzt hoch.

Sie wusste, dass es eine dumme Idee war, dennoch band sie seinen Führstrick an ihrem Gürtel fest. Lieber ließ sie sich einige Meter mitziehen, als zu riskieren, dass Lazarus auf die nächste Straße lief. Bewaffnet mit dem Hufkratzer und einem Stein, den sie neben dem Weg auflas, widmete sie sich ihrer Aufgabe.

Lazarus blieb erstaunlich ruhig, als wisse er, dass er nun wirklich ihre Hilfe brauchte. Juliane klemmte sich den linken Huf zwischen die Knie, verkeilte die Spitze des Hufkratzers hinter dem Ende des Nagels, lobte Lazarus noch einmal und bog den Metallstift gerade. Das Pferd verlagerte nur einmal kurz das Gewicht, ehe es wieder still stand. Jetzt würde sie das Hufeisen hoffentlich entfernen können.

Beherzt klemmte sie den Hufkratzer dahinter, nutzte den aufgelesenen Stein als Hebel, umklammerte Lazarus' Huf mit den Knien und drückte. Das Eisen löste sich mitsamt dem Nagel und flog in hohem Bogen gegen Lazarus rechtes Hinterbein.

Dann ging alles blitzschnell. Er riss sein Vorderbein frei und stieß Juliane mit dem Maul zur Seite. Sie verlor das Gleichgewicht und landete auf dem Hintern. Das schien Lazarus nur noch mehr zu erschrecken. Er keilte mit den Hinterbeinen aus, zum Glück nicht in ihre Richtung, dann lief er los. Mit einem Ruck spannte sich der Führstrick und zog Juliane an ihrem Gürtel vorwärts. Lazarus wich zur Seite aus, und ihre kurze Rutschpartie endete im Futterklee, wo er stehen blieb. »Dummes Pferd!«, sagte Juliane und musste lachen. Es war noch einmal gut gegangen. Ihr Hintern tat weh. Statt Sternchen sah sie kugelrunde Hummeln, die um sie herum summten.

Lazarus senkte den Kopf und rupfte einige der süßen Blüten ab. Der Schreck war anscheinend schon wieder vergessen. Juliane blieb einen Moment lang sitzen und spürte ihr Herz laut in der Brust klopfen. Es kam ihr hier, im Meer aus Klee, besonders lebendig vor.

Der Kleeduft schien an ihr haften zu bleiben und

schmiegte sich an sie wie eine Decke. Sie hätte lange hier verweilen können, sich im Klee ausstrecken und ein wenig träumen. Lazarus' Kiefern zu lauschen, während er mit den Lippen das Grün rupfte, war wie eine einschläfernde Melodie.

Doch sie mussten weiter.

Im Internet hatte sie einen Schmied gefunden, der ganz in der Nähe sein musste. Sie würde einfach ausprobieren, ob Lazarus sich beschlagen ließ. Und wenn nicht? Das würden sie dann sehen.

Also atmete sie noch einmal tief den süßen Duft ein und stand dann auf. Lazarus ignorierte sie und fraß noch gieriger weiter.

»Nun komm schon, du wirst noch kugelrund! Ein dicker Spanier, wie sieht denn das aus?«, neckte sie und zog etwas energischer am Strick. Lazarus folgte ihr mit hängendem Kopf, die Nüstern streiften über den Klee. Er schnaubte, und es klang wie ein wehmütiger Seufzer.

Für den Rest der Strecke achtete Juliane darauf, dass der Wallach immer auf dem weichen Feldrand lief.

Es war früher Nachmittag, als sie in einem kleinen Wäldchen endlich auf den gesuchten Lärchenweg stieß. Sie folgten ihm bis zu einem Bauernhof. Einige Pferde beäugten sie von der Weide aus. Auf einem Stapel alter Bahnschwellen, die offenbar als Pfosten für den Zaun Verwendung fanden, räkelte sich eine schwarzweiße Katze in der Sonne. Kurz blieb Juliane stehen, um sie am Bauch zu kraulen, bis sie laut schnurrte. Lazarus schnupperte an der Katze, die seine Neugier über sich ergehen ließ.

Auf dem Hof erspähte Juliane bald den Schmiedewagen, einen umgebauten Transporter mit einer Esse im Heck. Auf der Seite prangte der Schriftzug *Michael Brent & Junior, Hufschmiede seit Generationen*.

Ja, hier war sie richtig. Dass der Schmied offenbar auf einem Hof mit Pferdehaltung wohnte, machte das Ganze noch besser. »Hallo?«, rief Juliane, als sie nirgends einen Menschen entdecken konnte. Sie band Lazarus an und ging zur Haustür, an der eine altmodische Messingglocke hing.

Sie zog an der Schnur, ein heller Ton hallte über den Hof, und Lazarus schnaubte erschrocken. *Das geht ja schon mal gut los,* dachte Juliane.

Kurz darauf erschien eine junge Frau an der Tür, die ein schlafendes Baby in einem Wickeltuch bei sich trug. Ganz vorsichtig öffnete sie die Tür, bemüht, ihr Kind nicht zu wecken. »Ja?«, flüsterte sie.

Bei näherer Betrachtung wirkte sie übernächtigt. Aber die dunklen Schatten unter ihren Augen konnten das Glück nicht trüben, das aus ihnen strahlte. »Ich suche den Schmied«, sagte Juliane genauso leise.

»Mein Mann kommt gleich.« Die Frau lugte in den Hof und bemerkte Lazarus sofort. »Oh, Sie haben Ihr Pferd gleich mitgebracht, schönes Tier.«

»Danke.« Juliane wies auf den Rucksack auf ihrem

Rücken. »Fernwanderung … und jetzt ist ein Eisen ab. Frau Brent, kennen Sie einen Stall oder eine Wiese, wo wir übernachten können?«

»Wir finden eine Möglichkeit«, sagte sie lächelnd, »wenn Sie mir alles von Ihrer Reise erzählen.«

»Abgemacht.«

Juliane konnte ihr Pferd zwischenzeitlich auf einer Wiese unterbringen. Der Schmied war in den Ort gefahren, um Einkäufe zu erledigen. Als er zurückkam, war es fast sechs. Die kleine Familie lud sie zum Essen ein.

Während sie sich den Wirsingstrudel schmecken ließ, erzählte Juliane der jungen Mutter ihre Geschichte. Auch den Krebs ließ sie nicht aus. Es fiel ihr immer leichter, darüber zu reden, obwohl ihr Kopf jedes Mal etwas mehr schmerzte, wenn sie daran dachte.

Nach kurzem Entsetzen hörten die Brents gespannt zu, als sie von ihrer schicksalhaften Begegnung mit Lazarus berichtete.

Schweigend schob der Schmied seinen geleerten Teller von sich. Juliane sah auf seine großen Hände, die für seine Arbeit wie geschaffen schienen. Nun rieb er sich nachdenklich über die Schwielen. »Das passiert leider viel zu oft. Gut, dass Sie den Prachtkerl retten konnten, ich habe ihn auf der Weide gesehen und mich schon gewundert.«

Juliane suchte Michael Brents Blick. Er hatte dunkelbraune, freundliche Augen, und sie war sich sicher, dass er gut zu Tieren war. »Nun kommt das Problem«, sagte sie und rieb sich über die pochende Schläfe. »Bislang hat er niemanden an sich herangelassen. Er bekommt sofort Angst, wenn sich jemand zu weit nähert.«

Der Schmied lehnte sich zurück und straffte die Schultern. »Verstehe. Wir versuchen es trotzdem. Es kann nicht viel schlimmer als bei Jungpferden sein.«

»Doch«, sagte Juliane schnell und schien damit auch seine Frau zu verunsichern. Sie legte Michael die Hand auf den Arm. »Versprich mir, dass du vorsichtig bist!«

»Bin ich doch immer«, wiegelte er ab und schien sich beinahe auf die Herausforderung zu freuen.

»Wenn ich meine liebe Frau richtig verstanden habe, dann sind Sie heute Nacht unser Gast?«, fragte er.

»Gerne … wenn es nicht zu viele Umstände macht.«

»Natürlich nicht. Wir versuchen es gleich mit Ihrem Pferd. Wenn es nicht klappt, müssen wir ihn ein wenig sedieren.«

Juliane zuckte innerlich zusammen.

»Nun schauen Sie nicht so. Danach haben Sie sechs Wochen Zeit, das Hufebeschlagen mit ihm zu üben, bis er wieder neue braucht. Morgen kommt unser Tierarzt ohnehin zum Impfen unserer eigenen Pferde, dann kann er Ihren Sturkopf mitversorgen, falls es nötig sein sollte.«

»Ja, ja in Ordnung.« Sie nickte langsam und versuchte einzuschätzen, ob sie noch sechs weitere Wochen haben würde.

Früher waren sechs Wochen oft einfach so verstrichen, unbemerkt zwischen zu viel Arbeit und immer gleichen Abenden, nun wollte sie jeden einzelnen Tag auskosten. Zeit war wertvoll geworden. Manchmal fühlte sie sich schier endlos an, dann raste sie wieder dahin. So schnell, dass Juliane schwindelig wurde.

Nach dem Abendessen ging sie gemeinsam mit dem Schmied in den Hof. Lazarus kam auf Zuruf an den Zaun. Juliane konnte genau sehen, wo er Lücken in die zuvor unberührte Wiese gefressen und wo er sich gewälzt hatte.

Mit einem leisen Wiehern blieb er vor ihr stehen. Sie befestigte den Strick und leitete ihn zu einem Anbindeplatz, wo die Pferde vorm Reiten geputzt und gesattelt wurden.

Sicherheitshalber band sie den Strick so, dass sie ihn schnell lösen konnte. Der Hausherr hatte unterdessen das Hoftor geschlossen, damit Lazarus nicht das Grundstück verlassen konnte, falls er sich losriss.

Als der Mann nun auf sie zukam, schien Lazarus

etwas zu ahnen. Juliane sah, wie sich seine Muskeln unter dem Fell verspannten.

Lazarus legte die Ohren an und tat einige unruhige Schritte.

»Sehen Sie, was er macht?«, fragte der Hufschmied. Auf seiner Stirn bildeten sich tiefe Falten.

»Er wird nervös«, beantwortete Juliane seine Frage, ahnte aber, dass mehr hinter dem Verhalten des Pferdes steckte.

Der Schmied betrachtete das Tier noch eine Weile. »Kein Zweifel, der bringt sich so in Position, dass er mir sofort mit den Hinterhufen eine donnern kann, wenn ich zu nahe komme. Und ich bin mir sicher, der kann zielen.«

»Das klingt böse, ich …«

»Nicht böse«, wiegelte Michael sofort ab. »Aber er hat gelernt, dass er damit durchkommt, und so etwas ist schwer wieder herauszubekommen. Wahrscheinlich hat man mehrmals versucht, ihn zu zwingen, und dann hat er wirklich zugetreten. Danach bekam er schlagartig seine Ruhe, und das hat er sich gemerkt. Pferde sind nicht dumm.«

Ratlos ließ Juliane die Schultern sinken. »Und nun?«

»Er muss lernen, dass er damit nicht durchkommt und dass er keine Angst haben muss. Aber das geht nicht von heute auf Morgen.« Michael ging nun im Bogen an Lazarus vorbei und trat an Julianes Seite.

Das schien dem Pferd gar nicht zu passen, denn nun konnte es wenig gegen ihn ausrichten.

»Wir haben auch schon geübt«, sagte Juliane mit einem letzten Funken Hoffnung, Lazarus doch noch den Tierarzt und eine Betäubung zu ersparen. »Komm, Lazarus, gib Huf.« Sie berührte sein rechtes Vorderbein und versuchte, dabei ganz ruhig zu bleiben. Ihr Pferd hatte sie längst durchschaut, er drohte kurz in die Richtung des Hufschmieds und hob dann unwillig den Huf. Dabei ließ er Juliane deutlich spüren, dass ihm die Situation missfiel. Schwer wie Blei war sein Bein, und es festzuhalten geriet so sehr zur Anstrengung, dass es in ihrer Schläfe schmerzhaft pochte.

Lazarus mochte vielleicht stur sein, aber sie war es auch. Also hielt sie den Huf weiterhin fest und klopfte darauf herum, bis der Wallach schließlich mitarbeitete. Erst dann stellte sie das Bein wieder ab.

»Das sieht schon gut aus.«

»Ich konnte die Beine zuerst gar nicht anfassen.«

»Dann sieht es sogar sehr gut aus, aber es reicht nicht. Meine Frau würde mir mindestens fünf Standpauken halten, wenn ich mich mit deinem wilden Spanier duelliere. Ach, was sage ich denn, zehn!«

Bedauerlicherweise konnte Juliane ihn sogar verstehen. Es musste einiges passieren, damit so ein teures Pferd wie Lazarus zum Schlachter geschickt wurde. Er war ein Krieger, der gelernt hatte zu kämpfen und der einen schweren Weg vor sich hatte, bis er wieder lernte, dass nicht jeder Mensch sein Feind war.

»Ich versuche etwas«, sagte Michael, rieb sich grübelnd über den Bartschatten und trat auf die andere Seite des Mäuerchens, an dem Juliane den Wallach festgebunden hatte. »Geh ein Stück zur Seite.«

»Mir tut er nichts«, sagte Juliane entschlossen. Sie war gespannt, was der Schmied mit Lazarus vorhatte. Der stand nun dem Pferd genau gegenüber, so nah, dass er ihn problemlos berühren könnte. Lazarus schien genau das zu erwarten, doch Michael ignorierte ihn und sah stattdessen zu Juliane. »Siehst du, wie unsicher er sofort wird? Er versteht nicht, warum ich ihm so nahe komme und dann doch nichts von ihm fordere. Das sind die Momente, in denen Pferde lernen, in denen sie dazu gezwungen sind, sich mit ihrem Gegenüber auseinanderzusetzen.«

Lazarus trat von einem Bein auf das andere und spannte die Kiefermuskeln an, die als mehrere parallele Stränge unter dem Fell hervortraten. Schließlich reckte er den Hals und schnüffelte an Michaels Brust, der ihm daraufhin seinen Atem gegen die Nüstern blies. Lazarus zuckte schnaubend zurück, näherte sich aber gleich darauf wieder und setzte seine Erkundung fort.

»Gleich wird er mutiger, das ist ein Draufgänger«,

meinte Michael und lächelte. Doch es war ein angespanntes Lächeln, und ihm war deutlich anzusehen, wie sehr er auf der Hut war.

Lazarus' Verhalten änderte sich im nächsten Augenblick, von neugierigem Schnüffeln zu einem Test der Rangordnung. Er stieß Michael mit dem Maul vor die Schulter, und der reagierte blitzschnell. Er fasste in das Halfter und hielt mit aller Kraft fest. Lazarus riss den Kopf hoch, hob Michael sogar kurz vom Boden, und als das nicht half, trat er nach vorne. Doch dort war direkt die Mauer, und er bekam so wenig Schwung, dass der Huf ohne viel Kraft dagegenpochte.

Einen Moment lang ging es noch hin und her, dann beruhigte sich Lazarus genauso plötzlich, wie er Michael provoziert hatte. Der hielt das Halfter weiterhin fest, doch jetzt übte er keinen Druck mehr aus.

Der Wallach leckte sich das Maul, ein Zeichen, dass er Michaels Überlegenheit akzeptiert hatte. Es war ein erstaunlicher Prozess.

»Das ist gut«, sagte Michael und atmete erleichtert aus. »Puh, der Bursche ist hartnäckig, aber nicht böse, auf keinen Fall. Er hat mit dem Rempler versucht, seine Dominanz über mich zu etablieren, aber wenn man ihm Kontra gibt, akzeptiert er auch das.«

»Bei mir hat er das nie gemacht.«

»Wenn du ihn wirklich aus der Pferdehölle in dem

umgestürzten Transporter gerettet hast, brauchst du dich auch nicht mehr als Vertrauensperson beweisen. Ich bin ein Fremder, und da ist er lieber der Chef, als sich auf mich einzulassen.«

»Nachvollziehbar«, sagte Juliane und fühlte ein wenig Stolz in sich wachsen.

Michael ging nun dazu über, Lazarus am Kopf und Hals zu berühren und zu streicheln. Bei jeder schnellen Berührung zuckte Lazarus zusammen, als erwarte er aufgrund seines Ungehorsams Schläge, doch der erfahrene Schmied tat nichts weiter, als ihn zu berühren. Die Spannung schwand. »Wenn es für dich okay ist, dann würde ich ihn gerne zurück auf die Wiese bringen.«

Juliane nickte nur und sah staunend zu, wie sich Lazarus fortführen ließ. Er tänzelte zwar und schien immer ein Ohr in ihre Richtung zu drehen, doch er ging mit. Als Michael schließlich den Strick losmachte, galoppierte er einmal über die Wiese, vergewisserte sich, dass Juliane noch da war, und begann dann zu fressen.

»Morgen werde ich ihn halten, wenn der Tierarzt da ist, oder dir helfen.«

»Danke«, sagte Juliane erleichtert.

»Lass uns reingehen, wir werden sicher schon erwartet, der Kleine wird auch schon im Bett sein. Magst du Rotwein?«

KAPITEL 9

Der Abend bei den Brents ging schnell zu Ende, und Juliane verbrachte die Nacht auf der Couch in einem kleinen Gästezimmer.

Das Baby schrie gefühlt immer genau dann, wenn sie gerade wieder eingeschlafen war, und erinnerte sie daran, dass sie nie einen großen Kinderwunsch gehabt hatte. Irgendwann vielleicht mal, aber die Zeit war verstrichen, und nun war es auch für dieses *Irgendwann* zu spät.

Allerdings würde nun auch kein Kind mutterlos aufwachsen müssen, und das war ein guter Gedanke. Dennoch konnte sie nicht einschlafen, was ihre Kopfschmerzen zu befeuern schien.

Schließlich stand sie auf und nahm eine Tablette, dann war endlich Ruhe. Sie hörte das schreiende Baby nicht mehr, nicht das teuflische Hämmern in ihrer Schläfe und auch nicht den Wecker, der nach einer Weile wieder aufgab.

Als die Sonne schließlich stechend helle Strahlen durch das Fenster sandte und in ihr Gesicht schien, wollte Juliane sich noch einmal umdrehen, bis ihr schlagartig klar wurde, dass sie verschlafen hatte.

Sofort saß sie auf der Bettkante und rieb sich den Schlaf aus den Augen. Jemand werkelte in der Küche. Vielleicht war sie doch noch nicht so spät dran. Sie trat ans Fenster und erschrak.

Am Anbindeplatz stand Lazarus mit hängendem Kopf und kümmerte sich nicht um das, was um ihn herum geschah.

Der Hufschmied hatte sein Auto direkt neben ihn gefahren. Schon aus der Entfernung konnte Juliane die Esse fauchen hören. Lazarus hingegen zuckte nicht mal mit den sonst so lebhaften Ohren.

Entweder hatten sich in der Nacht alle Pferdeflüsterer der Welt zusammengetan und den armen Kerl auf magische Weise geheilt, oder er war bereits sediert.

Juliane schlüpfte so schnell sie konnte in ihre Kleidung, vergaß die lange Dusche, auf die sie sich so sehr gefreut hatte, und eilte durch den Hausflur ins Freie.

Auch auf den Klang ihrer schnellen Schritte reagierte Lazarus nicht. Der Schmied werkelte direkt neben der fauchenden Esse und hörte sie ebenfalls nicht. Er legte sich gerade Eisen zurecht, die er mit mehreren alten verglich. Gehörten sie etwa ihrem Pferd?

»Guten Morgen!«, rief sie gegen den Lärm des Gasfeuers an.

Michael Brent zuckte zusammen und sah auf. »Ah,

die Langschläferin, guten Morgen.« Er grinste spitzbübisch, als habe er ihr einen besonders gelungenen Streich gespielt. »Ich dachte, Lazarus und ich fangen schon einmal an und schonen deine Nerven.«

»Meine Nerven hat es gerade zerlegt. War der Tierarzt schon da?«

»Ja, wie du siehst. Er hatte ein Mittel, das nicht gespritzt werden musste. Anfangs war Lazarus etwas misstrauisch, doch den Hafer hat er dann gefressen, nachdem ich wieder gegangen war. Nach einer halben Stunde war er …« Er wies zum Anbindeplatz. »So. Das bravste Pferd der Welt.«

Juliane atmete tief durch. Sie hatte ein schlechtes Gewissen. Es fühlte sich an, als habe sie das Vertrauen, das der Wallach in den letzten Wochen zu ihr aufgebaut hatte, missbraucht.

»Du ersparst ihm und dir sehr viel Stress«, sagte Michael, als habe er ihre Gedanken erraten. »Und mir ein gebrochenes Handgelenk oder Schlimmeres.«

Sie verschränkte die Arme vor der Brust, zum Zeichen, dass ihr die Situation dennoch missfiel.

»Nun schau nicht so.«

»Mache ich nicht.« Sie verzog den Mund zu einem Lächeln und ging zu Lazarus, der sie kaum bemerkte.

Dennoch strich sie ihm über die Stirn und redete ihm beruhigend zu, während der Schmied das erste heiße Eisen anpasste. Es qualmte und stank fürchterlich. Beschnitten hatte er die Hufe offenbar bereits, während Juliane noch ahnungslos in den Tag hineindöste, das sah sie jetzt, als er den Huf anhob.

Lazarus zog die Nüstern zusammen, weil Rauch in seine Richtung wehte. Etwas bekam er also doch mit. »Es dauert nicht lange, dann hast du es geschafft.«

Michael kehrte zurück und nagelte das erste Eisen fest. »Ich habe welche ausgesucht, unter die du Stollen schrauben kannst, wenn es in den Bergen nötig wird oder ihr schlechtes Wetter bekommt. Die Stollen gebe ich dir mit.«

»Danke. Das wird sicher hilfreich sein, auch wenn ich nicht weiß, ob er zulässt, dass ich sie befestige.«

»Ihr habt noch ein paar Tage Zeit zum Üben«, sagte er und zwinkerte ihr zu.

* * *

Nachdem Lazarus mit seinen neuen Hufeisen zurück auf die Wiese getorkelt war, konnte Juliane ihre lang ersehnte Dusche doch noch nachholen.

Danach ging es zusammen mit ihrer Gastgeberin in den nächsten Ort, um Besorgungen zu machen. Nach einem gemeinsamen Mittagessen hieß es dann Abschied nehmen. Sie drückte die junge Frau noch einmal. »Und ihr möchtet für die Übernachtung wirklich nichts haben?«

»Nein, natürlich nicht«, erwiderte sie beinahe entrüstet. »Denk mal an uns, wenn du den höchsten Punkt deiner Reise erreicht hast.«

»Das werde ich ganz bestimmt tun. Ich würde ja sagen, kommt mich alle drei mal besuchen, aber …« Juliane schluckte. Sie konnte den Satz nicht zu Ende bringen.

»Denk nicht daran. Wir sehen uns im nächsten Leben.«

Sie ließ Michael, der bei Kunden war, noch ihren Dank und Gruß ausrichten, dann brach sie auf.

Lazarus lief munter neben ihr her. Von der Betäubung war nichts mehr zu merken, und er schien ihr auch nicht böse zu sein.

Sie war erst am frühen Nachmittag aufgebrochen und fand schon wenige Stunden später einen Platz für die Nacht, auf einer Wiese, die ihr ein Milchbauer gerne überließ. Er brachte ihr sogar einen Kanister mit frischem Wasser, während sich Lazarus an den Selbsttränken für die Rinder bedienen konnte.

Als ihr Zelt aufgebaut war, begann es zu nieseln. Juliane zog sich ins Innere zurück, auch wenn sie sonst immer gern lange draußen saß, kramte ihr Handy aus der Jackentasche und scrollte durchs Adressbuch.

Ihre Eltern würde sie erst morgen anrufen. Martins Namen zu lesen gab ihr einen Stich ins Herz, gleich darauf folgte der Name ihres Arztes, und dann gab es nur noch einen anderen. Sie drückte auf das Symbol mit dem grünen Hörer.

»Fuchs«, klang es nach zwei Freizeichen.

»Hallo, hier ist Juliane.«

»Ach du! Wie schön, von dir zu hören, kommt ihr gut voran?«

»Ich bin in fünf Tagen am Treffpunkt, denke ich«, sagte sie stolz. »Und wir haben seit heute neue Hufeisen. Sogar welche, in die man Stollen schrauben kann.«

»Perfekt. Ich bin wirklich beeindruckt. Dann bin ich in fünf Tagen da und bringe alles mit, was wir brauchen werden.«

»Ich freue mich schon sehr«, sagte Juliane mit Herzklopfen. Sie konnte es kaum noch erwarten. Den ganzen Tag über hatte sie auf die hohen Berge gestarrt, die sich als bläuliche Schemen vor ihr erhoben. Wie Traumgebilde wirkten sie, die sich mit jedem Meter, den sie näher kam, genauso weit entfernten, als könnte der Träumer sie immer sehen, aber nie erreichen.

Sie war so sehr in Gedanken versunken, dass sie die Gesprächspause erst spät bemerkte.

»Darf ich fragen, wie es dir geht?«

Darum ging es also. Juliane atmete auf. »Gut so weit. Ich hatte einige Tage, an denen ich Schmerztabletten nehmen musste.« Sie überlegte kurz, lauschte in sich hinein. »Es klingt vielleicht merkwürdig, aber ich fühle mich mit jedem Morgen, an dem ich aufwache, etwas lebendiger als am Vortag.«

»Überhaupt nicht merkwürdig, so geht es mir jedes Mal, wenn die Sommersaison losgeht und ich wieder fast jeden Tag im Freien verbringe.«

»Gut, dann bin ich also nicht seltsam«, lachte sie.

»Nein, ganz und gar nicht.«

»Wiehert da ein Pferd im Hintergrund?«

In diesem Moment gab es einen lauten Knall. »Ja, sie warten auf ihr Abendessen. Selma reißt gleich die Box ein, wenn ich noch viel länger telefoniere.«

»Dann kümmere dich lieber um sie. Bis in fünf Tagen.«

»Ja, bis dann.«

»Ich freue mich.«

Er legte auf. Juliane streckte sich auf ihrem Schlafsack aus. Unter ihrem Kopf knisterte das Gras der Wiese. Sie räkelte sich und sah dem Regen zu, der auf ihre Zeltwände prasselte. Es war ein sehr wohliges Gefühl, und ihr wurde klar, dass sie sich bislang an keinem Ort so zu Hause gefühlt hatte wie in diesem kleinen Zelt.

All die Möbel und Dinge, die sie in den vergangenen Jahren angehäuft hatte, bedeuteten nichts. Zu Hause war ein Gefühl, das man nicht kaufen konnte. Es war in einem drin. Und manchmal bedeutete es, dass hauchdünne grüne Stoffbahnen, auf die der

Regen tropfte, zum Mittelpunkt ihrer kleinen Welt werden konnten.

Ich wünschte, das hätte ich eher verstanden, dachte Juliane mit leiser Wehmut. Der Wind strich Wellen in den Stoff, und sie lächelte.

⋆⋆⋆

Die nächsten Tage verflogen in Windeseile. Mal fand sie einen Zeltplatz auf einer Weide, mal einen Bauernhof mit Ferienwohnungen. Es wurde immer ländlicher. Die Menschen lebten entweder vom Ertrag ihrer Höfe, vom Tourismus oder von beidem.

Lazarus trottete ruhig neben ihr her, selbst die Landstraßen, auf denen sie hin und wieder laufen mussten, machten ihm nichts mehr aus. Allenfalls wenn ein großer Lkw herandröhnte, wich er zur Seite oder drückte sich mit seiner Schulter gegen Juliane.

Am späten Nachmittag des fünften Tages tauchte dann endlich das Schild mit dem Ortsnamen vor ihnen auf, der für Juliane wie eine Verheißung klang.

Hopfgarten. In dem kleinen Ort, der weniger als sechstausend Einwohner zählte, würde ihr größtes Abenteuer beginnen.

Die beiden Zwiebeltürme der Pfarrkirche ragten über die ansonsten niedrige Bebauung auf. Sonnenlicht brach sich auf den Kupferdächern. Die barocke Kirche war liebevoll restauriert und in blassem Gelb und Weiß gestrichen.

Juliane überlegte kurz, ob sie es wagen konnte, mit Lazarus in den Ortskern zu laufen und sich das prachtvolle Bauwerk aus der Nähe anzusehen.

Lieber nicht. Hopfgarten schien bei Touristen sehr beliebt zu sein. Die Vorstellung, eine Menschengruppe und womöglich Kinder würden sich ahnungslos ihrem Pferd nähern und versuchen es zu streicheln, ließ sie die Idee schnell wieder verwerfen.

Sie sah auf ihr Handy.

Der Weg bis zum Harrer Hof war nicht mehr weit. Dafür musste sie noch vor dem Ortskern links abbiegen und einer schmalen asphaltierten Straße folgen, die sich in steten Windungen aufwärtsschraubte. Durch grüne Wiesen ging es, auf denen Rinder mit glänzendem Fell grasten.

Als markanter Kegel ragte der Hausberg Hohe Salve über den Ort. Die Aussicht von dort oben über die Alpenzinnen musste atemberaubend sein.

Der Anstieg durch die Wiesen war anstrengend, aber sie geriet nicht außer Atem. In dem Tal war es beinahe windstill. Die Sonne brannte nur so vom Himmel.

Zwar konnte sie auch dicke Haufenwolken sehen, doch die hingen an den Bergspitzen fest und warfen Schatten auf die Zinnen.

Lazarus schien an diesem Tag sein letztes Winterfell zu verlieren, denn seine Haare waren überall. Er versuchte, sich an Juliane zu reiben, oder schüttelte sich, weil es so juckte. Jedes Mal, wenn sie sein Fell berührte, fielen Hunderte aus.

»Heute Abend bürste ich dich so lange, bis alles runter ist. Und irgendwo finden wir sicher auch noch eine Matschkuhle für dich, damit du hinterher wieder aussehen kannst wie ein Schwein.«

Eine Weile waren ihre Schritte und der Schlag von Lazarus' neuen Hufeisen das einzige Geräusch, das die Natur störte. Auf den Wiesen fraßen die Rinder noch ohne penetrante Fliegenschwärme. Kleine weißliche Falter stiegen vor ihnen aus dem Gras.

Juliane wehrte sich gegen den Gedanken, dass sie dies alles schon viel früher hätte sehen können. Die Reue suchte sie regelmäßig heim wie ein Fluch. Urlaub hatten Martin und sie oft auf später verschoben, stattdessen mehr gearbeitet und das zusätzliche Geld gespart, für irgendwann.

Lazarus stolperte, und sie zuckte erschrocken zusammen. »Ich weiß ja, dass du müde bist, ich bin auch müde. Wir sind gleich da.«

Lazarus legte die Ohren an. Doch es war keine negative Geste. Er hatte etwas gehört. Ein Wagen mühte sich unter ihnen die Straße hinauf.

Schnell joggte Juliane ein Stück und zog ihr protestierend gähnendes Pferd hinter sich her. Der Rucksack schwankte wie ein Bleiklotz auf ihrem Rücken. Dennoch erreichten sie rechtzeitig die Einfahrt, wo sie warten konnten, bis das Auto vorbei war.

Lazarus nutzte die Gelegenheit, um ein paar Maulvoll Gras zu rupfen. Er fraß so gierig, dass sie ein schlechtes Gewissen bekam, weil ihre Mittagspause so kurz ausgefallen war.

Das Fahrzeug entpuppte sich als roter Pick-up, der seine besten Tage schon hinter sich hatte. Er zog einen Pferdehänger und nahm die engen Kurven mit großer Vorsicht. Allzu oft kamen hier wohl keine Pferdetransporter vorbei. Julianes Herz tat einen Satz. War das ihr Guide?

Sie wusste, dass er nicht in Hopfgarten wohnte, sondern den Ort nur als einen Ausgangspunkt seiner geführten Alpenüberquerungen nutzte. Das Kennzeichen würde passen.

Ja, er musste es sein.

Sie wusste nicht, wie er aussah. Da er ein Freund von Marthe und ihrem Mann war, stellte sie ihn sich ähnlich vor wie sie. Ein wenig bäuerlich und altmodisch, wettergegerbt, vielleicht sogar in rauer Wollkleidung.

Der Pick-up wurde langsamer und spie eine dunkle Abgaswolke aus. Juliane winkte zögernd. Die Sonne spiegelte sich auf der Frontscheibe, und so konnte sie erst in den Wagen sehen, als er neben ihr anhielt und der Fahrer die Seitenscheibe hinunterließ. Sie blickte in das jugendliche Gesicht eines Abenteurers, der ungefähr ihr Alter haben musste. »Juliane?«, fragte er überrascht und schob seine Sonnenbrille in die Stirn.

Darunter kamen die blauesten Augen zum Vorschein, die sie seit Langem gesehen hatte.

Das war er also, Arkadij Fuchs. Straßenköterblondes Zottelhaar, das ihm ungezähmt in die Stirn fiel, ein kurzer Bart, eher vierzehn als drei Tage alt, hohe Wangenknochen und ein umwerfendes Lächeln blitzweißer Zähne.

Ein Hupen ertönte hinter dem Hänger. Lazarus riss erschrocken den Kopf hoch, und plötzlich hatte Juliane alle Hände voll zu tun, ihr erschrockenes Pferd festzuhalten, damit es nicht die violett blühenden Azaleen in der kleinen Einfahrt zertrampelte.

»Es sind nur noch ein paar Meter bis zum Hof«, rief Arkadij und gestikulierte zugleich zu dem ungeduldigen Autofahrer hinter sich, was der sicher nicht sehen konnte.

»Bis gleich«, brachte Juliane gerade so heraus.

Arkadij trat aufs Gas, der Wagen ruckelte los, und schon war er in einer Staub- und Abgaswolke davon.

Sie wartete ab, bis auch der ungeduldige Fahrer hinter ihm vorbei war, dann zog sie Lazarus zurück auf die Straße. Er folgte kauend.

Juliane hatte weiche Knie und schob es darauf, dass ihr Abenteuer nun kurz bevorstand. Es durfte nicht an ihrem Begleiter liegen.

Aber wie hätte sie auch ahnen können, dass ihr das Schicksal keinen Alm-Öhi oder Möchtegern-Cowboy zur Seite stellte, sondern einen gutaussehenden Kerl, der in einem Film übers Surfen oder über Mountainbiker hätte mitspielen können?

Wie er gesagt hatte, war es nicht mehr weit. Der kleine Hof lag in einer Senke, in der auch uralte Tannen und Obstbäume wuchsen.

Da sie Arkadijs roten Pick-up von der Straße aus sehen konnte, bestand kein Zweifel daran, dass dies ihre Unterkunft für die Nacht war. Sie bog in einen Schotterweg ein. Lazarus schien zu spüren, dass sie ihr Ziel erreicht hatten, und wurde auf den letzten Metern schneller.

Arkadij kam ihr entgegen. Er war groß und ziemlich schmal, zu einer dunkelblauen Jeans trug er ein weinrotes T-Shirt. Er lief mit ausgreifenden Schritten, als sei er es gewohnt, weite Entfernungen zurückzulegen. Kurz kamen Juliane Zweifel, ob sie mit ihm würde mithalten können. Doch eigentlich war das egal. Er musste sich ihrem Tempo anpassen, schließlich bezahlte sie ihn als Guide. Und das nicht zu knapp.

Die geschäftliche Seite ihres Abenteuers ließ sie nüchterner sehen. Sie streckte ihm die Hand hin. »Hallo, schön, dass es zeitlich so perfekt gepasst hat.«

»Ja, ich denke, unsere Tour steht unter einem guten Stern.«

Wieder dieses Bilderbuchlächeln und dazu ein angenehmer Händedruck, kräftig, aber nicht zu fest. Große, sehnige Finger mit einigen Schwielen.

Keiner der Männer, denen Juliane sonst die Hände

schüttelte, sei es privat oder beruflich, hatte solche Hände.

»Und das ist das gefährliche Pferd?« Er ließ Lazarus an sich schnuppern, fasste ihn aber nicht einfach an, was eher die Neugier des Pferdes weckte, als Ablehnung hervorzurufen. Pluspunkt für Arkadij.

»Komm, ich zeige dir erst einmal, wo ihr unterkommt.«

»Ja, das wäre schön. Wohnt hier niemand?«

»Nein, das Land drumherum gehört bis auf eine Wiese dem Nachbarbauern. Die Erben kommen nur im Hochsommer her und nutzen den Hof als Ferienhaus. Ich miete regelmäßig einige der Zimmer im ehemaligen Gerätehaus für mich und meine Gäste.«

»Wie viele Touren machst du denn im Jahr?«

»Manchmal zehn, manchmal bis zu fünfzehn. Diese hier nur drei- bis viermal, am Anfang und Ende der Saison. Aber es wird nie langweilig. Im Sommer muss ich einfach draußen sein. Und dank dir fängt meine Freiheit in diesem Jahr sehr früh an.«

Er sagte es mit einer solchen Sehnsucht in der Stimme, dass sie ihm sofort glaubte. Er hatte wohl seinen absoluten Traumberuf gefunden. Den er allerdings nur die Hälfte des Jahres ausüben konnte.

»Dein Pferd kannst du einfach auf die Wiese stellen, meine kommen dann gleich dazu, sobald er sich etwas eingewöhnt hat.«

»Meinst du, sie vertragen sich?«

»Sie müssen. Schließlich sollen sie die nächsten Tage gut miteinander auskommen. Aber keine Sorge, meine lassen sich nicht provozieren.«

Lazarus begann sofort zu fressen. Arkadij kramte unterdessen einen Schlüssel aus seiner Hosentasche und schloss das Tor auf, das zum Gästehaus führte. Im Inneren der Scheune zweigten von einem Flur mehrere Türen ab. Es roch nach Heu, altem Holz und Erde.

»Es ist ein wenig spartanisch, aber ich hoffe, es gefällt dir.«

Juliane sah sich um. Es gab ein Bett mit einfacher weißer Wäsche, einen alten, liebevoll bemalten Bauernschrank und einen Tisch samt Stühlen von IKEA. Auf dem Nachttisch standen ausgeblichene Trockenblumen. Es wirkte etwas zusammengewürfelt, aber auf eine liebevolle Art, und sauber schien es auch zu sein.

»Alles perfekt«, sagte sie und ließ mit einem Seufzen den Rucksack von den Schultern gleiten. Ihn zu tragen war an diesem Tag Schwerstarbeit gewesen. Vielleicht wegen der täglich zunehmenden Steigung. Vielleicht kam ihr Körper auch langsam an seine Grenzen.

Bitte nicht, dachte sie. *Nicht jetzt schon!*

»Ab morgen solltest du nicht mehr das ganze Gepäck schleppen.« Arkadij klang derart entschlossen, als ließe er eine andere Entscheidung nicht zu.

»Und wer soll es dann schleppen?«

»Die gute Selma oder dein Pferd.«

»Lazarus?«, fragte sie zweifelnd.

»Ich habe drei Sättel mitgebracht, einer wird passen.« Und bevor Juliane etwas antworten konnte, ließ er sie in ihrem Zimmer stehen und trat wieder hinaus in den sonnendurchfluteten Hof. Juliane musste blinzeln, so grell war es. Der Tumor antwortete mit einer Schmerzattacke, die sich wie ein Stromschlag auch auf ihre Sehnerven ausbreitete. Sie hielt die Luft an, presste die Augenlider zusammen und zählte bis zehn, dann bis zwanzig. Der Schmerz ebbte ab. Arkadij war unterdessen mit dem Hänger beschäftigt und hatte nichts mitbekommen. Ein Glück. Er sollte nicht jetzt schon an der Richtigkeit der Unternehmung zweifeln.

»Kann ich helfen?«, fragte sie schließlich und trat neben ihn. Er öffnete soeben die Heckklappe, und Juliane konnte einen ersten Blick auf seine Pferde werfen.

Auf der linken Seite drückte sich ein breiter Pferdehintern gegen die Klappe, auf der rechten Seite konnte sie einen schmaleren Schecken erkennen, der ruhig über die Schulter blickte und leise wieherte, als er Arkadij sah.

»Danke für das Angebot, aber meine beiden sind routiniert, schau«, sagte er, und sie meinte Stolz herauszuhören. Er ließ die Klappe herunter und entfernte den Bügel, der die beiden schmalen Ständer nach hinten absperrte. Dann schnalzte er. »Robin, zurück. Langsam.«

Der Schecke setzte vorsichtig einen Huf nach dem anderen und ging wie in Zeitlupe rückwärts über die Rampe, bis er ganz unten war, dann schüttelte er sich und holte sich bei Arkadij ein Stück Möhre als Belohnung ab.

Den Strick, der lose am Halfter baumelte, reichte dieser an Juliane.

»Selma?« Bei ihr musste er nur den Namen nennen, und schon stieg auch die Stute aus dem Hänger. Sie hatte es viel eiliger als ihr Nachbar, dennoch stolperte sie nicht.

Juliane hätte am liebsten applaudiert. Sie wusste genau, was für Schwierigkeiten viele Reiter beim Verladen hatten, umso beeindruckender war Arkadijs kleine Vorstellung.

Dass andere Pferde angekommen waren, entging auch Lazarus nicht. Aufgeregt lief er am Zaun auf und ab und wieherte. Robin und Selma blieben davon völlig unbeeindruckt.

»Zwei ganz tolle Pferde«, sagte Juliane und streichelte den Schecken.

»Robin begleitet mich schon seit der ersten Saison, aber diese wird wohl seine letzte, das Alter macht auch vor Pferden nicht halt. Selma ist ein ehemaliges Schlachtfohlen, ein Schwarzwälder Fuchs-Mix, mit was weiß ich nicht. Sie ist jetzt vier und noch in der Ausbildung. Letztes Jahr ist sie schon als Saumpferd mitgegangen.«

Er rieb ihr über die breite Stirn, und der Stute war anzusehen, wie sehr sie die Nähe ihres Menschen genoss.

»Dann wollen wir mal«, sagte Arkadij und führte Selma zum Tor. »Mach den Strick schon mal los, Juliane.«

Auf der anderen Seite des Zauns trabte Lazarus mit hoch erhobenem Schweif auf und ab. Er konnte es nicht mehr erwarten, die anderen kennenzulernen. In einem günstigen Moment, als er gerade am entferntesten Punkt der Wiese angekommen war, öffnete Arkadij das Tor, und seine beiden Pferde rannten los.

Gleich darauf gab es ein Durcheinander.

Lazarus preschte vor und schnitt Robin von Selma ab. Dann stieg er auf die Hinterbeine und drohte dem anderen Wallach. Diese Stute, so schien er zeigen zu wollen, gehörte ab jetzt ihm. Doch Robin kümmerte das nicht, er begann zu grasen, genau wie die Fuchsstute.

Lazarus, überrascht von so viel Gelassenheit, trabte von einem zum anderen.

Julianes Herz raste. Sie wartete noch immer darauf, dass zwischen den Wallachen ein wilder Streit ausbrach. Doch den einzigen Tritt teilte Selma aus, als Lazarus sich ihr aufdrängte, danach schien auch er genug zu haben.

»So, das wäre erledigt«, meinte Arkadij zufrieden und keineswegs überrascht.

»Das war es?«

»Ja. Wenn es etwas zu klären gibt, dann besser hier als auf einem steilen Pass. Aber ich denke nicht, dass da noch etwas passieren wird. Wie sieht es mit dir aus, hast du Hunger?«

Wenig später liefen sie gemeinsam über einen verwunschenen Pfad in den Ort. Der Weg wurde offenbar fast nur von Einheimischen benutzt, die nicht die längere Strecke gehen wollten, die der Straßenverlauf vorzeichnete.

Durch ein kleines Tannenwäldchen, in dem es wunderbar nach Harz duftete, gelangten sie an den rauschenden Bergbach, der das Herz des Ortes durchfloss. »Hast du dich schon hier umgesehen?«, fragte Arkadij.

»Nein, ich war mir nicht sicher, wie Lazarus reagieren würde.«

»Der hat dich ja total im Griff, das müssen wir ändern. Möchtest du dir etwas ansehen?«

»Die Barockkirche, wenn noch Zeit dazu ist.«

»Sicher, ich bin noch nicht so hungrig.«

Julianes Magen protestierte hingegen lautstark, was sie geflissentlich ignorierte. Hoffentlich war es nicht so laut, dass Arkadij es gehört hatte.

Bald schritten sie schweigend durch das Mittelschiff des Prachtbaus. Abendlicht, das durch die Fenster fiel und zwischen den Säulen hindurchflutete, ließ ihn noch lichter und höher erscheinen.

Juliane war zwar nicht sehr gläubig, doch hier bekam selbst sie das Gefühl, Gott ein wenig näher zu sein. Die Kirche in ihrem Heimatort war in der Nüchternheit der Fünfzigerjahre errichtet worden und wirkte auf sie immer so, als fehle etwas. Sie blieb eine Weile vor den kleinen Altären in den Seitenschiffen stehen. Hier waren ganze Familien zur letzten Ruhe gebettet.

Juliane las die Namen, die Sterbedaten. Viele tote Kinder waren dabei und Erwachsene, die viel jünger als sie gegangen waren.

Obwohl sie einander erst vor wenigen Stunden kennengelernt hatten, merkte Arkadij beinahe sofort, wie ihre Stimmung kippte. Als er sie an der Schulter berührte, zuckte sie zusammen. »Komm, gehen wir«, sagte er weich.

Juliane ließ es zu, dass er sie davonführte, den Arm um sie gelegt. Ein Wort mehr, eine andere Berührung, und sie wäre vor ihm zurückgewichen. Doch Arkadij schwieg.

Zurück im Freien war ein langer Schatten auf das Tal gefallen und hüllte es nun endgültig in Abenddunkel.

Juliane fror.

Die Kälte kam aus ihrem Inneren, vielleicht sogar aus ihrem Kopf. Mittlerweile nahm sie den Krebs wie einen Fremdkörper wahr, der gegen sie kämpfte. Aber kämpfen konnte sie auch.

Sie reckte das Kinn. »Noch lebe ich!«

Arkadij drückte sie und ließ seinen Arm dann sinken. »Es ist nicht mehr weit.«

Das Lokal war ein alter Gasthof, der liebevoll restauriert worden war. Die edle Einrichtung und die aufwändig gedeckten Tische ließen keinen Zweifel daran, dass die Küche Erlesenes zu bieten hatte.

Und Juliane hatte nur Jeans und eine Bluse angezogen, die einzige, die sie dabeihatte. Die anderen Gäste waren deutlich schicker gekleidet.

Arkadij schien das nicht zu kümmern. Er hatte sich noch nicht einmal umgezogen. Dafür lief er nun mit großen Schritten auf den Kellner zu, dessen Gesicht sich sofort aufhellte. »Mein Freund, willkommen.«

»Gregor, wie lange ist das jetzt her? Seit Herbst?«

Juliane war unsicher stehen geblieben. Arkadij winkte sie heran. »Darf ich vorstellen? Juliane Radu, Gregor Städer, ein guter Freund und Herr über dieses kulinarische Paradies.«

Sie gab ihm die Hand, und schon wurden sie an einen kleinen Tisch geführt, der in einem gemütlichen Winkel lag. Diesen Platz hätte sie sich auch ausgesucht, wenn freie Wahl bestanden hätte. Es war ein Glück, dass er noch frei war, obwohl das Restaurant fast voll besetzt aussah.

Arkadij rückte ihr den Stuhl heran, was sie so überraschte, dass sie errötete. Von ihm hatte sie das nicht erwartet. Unter der Schale des Outdoor-Abenteurers steckte also ein Gentleman.

»Das gehört sich so, hat meine Mutter immer gesagt«, erklärte er auf ihren erstaunten Blick hin. Dabei lächelte er, doch seine Augen blieben kühl. Seine Mutter war tot, das spürte sie ganz deutlich.

»Es tut mir leid, sie war sicher eine wunderbare Frau.«

»Woher weißt du …?« Seine Stimme geriet ins Stocken. In seinen Wangen arbeiteten die Muskeln, und er sah aus dem Fenster, als sei es ihm unangenehm.

»Entschuldige, ich wollte nicht …«

»Nicht schlimm. Es ist lange her.«

Schweigen. Juliane wusste nicht, was sie sagen sollte, und ihr Begleiter starrte wie gebannt hinaus. Die Hintergrundgeräusche schienen immer lauter zu werden. Besteckklappern, Gespräche, leise Musik und der schnelle Rhythmus eines Messers, das Zwiebeln oder Kräuter hackte. Juliane faltete unschlüssig die Serviette auseinander. Arkadijs Hand tröstend zu drücken schien ihr falsch, bei einem Freund ja, aber er war fast noch ein Fremder.

»Sie hat mir alles über Pferde beigebracht«, sagte er schließlich, und jetzt erreichte sein Lächeln auch seine Augen.

KAPITEL 10

Der Abend im Restaurant war wie im Flug vergangen, auch wenn sie nach dem unangenehmen Moment jedes allzu persönliche Gespräch vermieden hatten. Die Pferde boten ausreichend Gesprächsstoff, vor allem Lazarus mit seinen vielen Ängsten. Arkadij machte Juliane Hoffnung, dass er das Vertrauen zu den Menschen wiedererlangen konnte.

Die Nacht war mit einem traumlosen Schlaf vorübergezogen, und als Arkadij an die Tür ihres Zimmers klopfte, war sie längst auf den Beinen.

»Frühstück in fünf Minuten!«, rief er. »Kaffee oder Tee?«

»Kaffee bitte.« Kurz darauf trat sie in den Flur, wo es bereits nach frischen Brötchen duftete. Sie folgte dem lockenden Geruch in eine kleine Küche. Der Tisch war mit Marmelade, Käse und einer großen Platte voller Rührei gedeckt, und Arkadij goss soeben Kaffee in zwei bedruckte Tassen.

»Das sieht großartig aus. Guten Morgen. Wann bist du denn aufgestanden?«, fragte Juliane und streckte sich, bis es in ihrem Rücken vernehmlich knackte.

»Früher als du«, erwiderte Arkadij verschmitzt und setzte sich. »Wir haben heute schließlich noch einiges vor.«

»Ich kann es kaum erwarten.«

Sie aßen schnell und schmierten sich Brote für unterwegs, dann holten sie die Pferde von der Weide und banden sie nebeneinander am Zaun an. Während Juliane Lazarus nur bürstete, musste Arkadij seine Pferde satteln und beladen.

»Kann ich helfen?«, fragte sie etwas verloren, doch er war so routiniert, dass jeder Handgriff saß. Als er schließlich noch einmal zum Pferdehänger ging und mit zwei weiteren Sätteln zurückkam, sah Juliane ihn mit wachsender Nervosität an. Er legte beide neben ihr über einen Balken. »Lazarus hat einen kurzen Rücken, wie ich mir schon dachte. Einer der Sättel sollte passen, wenn wir ihn richtig polstern.«

»Das ist doch nicht dein Ernst. Und wenn etwas passiert?«

»Was soll denn schon passieren? Du sollst ja nicht reiten, noch nicht, aber deine sechzehn Kilo über die Berge schleppen solltest du auch nicht.« Er reichte ihr ein Sattelpad. »Rauf damit, du hast doch mit ihm geübt. Je länger du wartest, desto mehr spürt er deine Unsicherheit.«

Juliane biss die Zähne zusammen. War nicht ein Punkt auf ihrer To-do-bis-zum-Tod-Liste, aus Lazarus wieder ein normales Pferd zu machen?

Sie nahm das Pad, ließ Lazarus kurz daran riechen und legte es dann auf seinen Rücken, wie sie es wohl Dutzende Male mit einem Handtuch geübt hatte. Er blieb still stehen. Etwas zu still vielleicht.

»Jetzt kümmern wir uns erst mal um dein Gepäck und ignorieren ihn«, wies Arkadij sie an. Er war wirklich gut vorbereitet, denn nun stellte er zwei Satteltaschen vor ihr ab. »Pack um, den Rest muss Selma dann tragen.«

Juliane versuchte, Lazarus zu ignorieren. Aus den Augenwinkeln sah sie aber, wie seine Anspannung nachließ. Er merkte, dass es keinen Grund zur Panik gab, winkelte sogar einen Huf an, um zu dösen.

»Sattel«, sagte Arkadij genau in diesem Moment.

Juliane stopfte ihren Pullover in die eine Tasche, schloss das Zugband und stand mit weichen Knien auf. »Welchen?«, flüsterte sie.

»Den schwarzen. Schwing ihn ein paarmal neben ihm auf und ab, aber er sollte das kennen.«

Der Sattel war überraschend schwer. Sie hatte schon eine Ewigkeit keinen mehr hochgehoben. Lazarus' Ohren zuckten nach hinten. Er sah sie an, als hätte sie ihn betrogen.

Fast hätte sie das Experiment abgebrochen, doch dann besann sie sich. Als der Sattel schließlich auf Lazarus' Rücken landete, spannte er jeden Muskel an. Sein Kopf fuhr herum, und die Zähne schlugen laut aufeinander, als er ein Schnappen andeutete. Er hatte nicht versucht, sie zu erwischen. Aber es war eine Warnung. Eine sehr deutliche.

»Mit dem ist nicht zu scherzen«, konstatierte Arkadij. »Beruhige ihn ein bisschen. Und berühre hin und wieder den Sattel. Dein Pferd muss verstehen, dass keine Gefahr droht. Er hat jetzt großen Stress, weil du dich zum ersten Mal von einer Seite zeigst, die er bei anderen Menschen zu fürchten gelernt hat.«

Für Arkadij schien die Situation nicht so brenzlig auszusehen, wie sie auf Juliane wirkte. »Du hast gut reden, du stehst ja nicht direkt daneben«, sagte sie.

»Wenn du zu große Angst hast, dann brechen wir selbstverständlich ab.«

Doch das wollte Juliane auch nicht auf sich sitzen lassen. »Ich habe nichts zu verlieren«, entgegnete sie. In ihrer Brust flammte ein Funken Abenteuerlust, und dann konzentrierte sie sich ganz auf Lazarus. Redete ihm gut zu, strich ihm über den Hals und klopfte und ruckelte dazwischen immer wieder am Sattel. Lazarus' fest angelegte Ohren richteten sich wieder auf, und eines lauschte in Julianes Richtung.

Unter Arkadijs ruhigen Anweisungen rückte sie den Sattel gerade, zog den Gurt unter dem Bauch durch und schließlich etwas fest.

Zwischendurch packte sie ihr Gepäck fertig um und bereitete alles andere vor. Lazarus sah sich immer wieder nach dem Sattel um und beobachtete

Juliane genau. Doch da sie keine Anstalten machte aufzusteigen, verlor er das Interesse.

»Siehst du, er wartet regelrecht darauf, dass du aufsitzt und er dich abwerfen kann.« Arkadij lachte.

Juliane fand es weit weniger lustig, doch auch sie war erleichtert, dass ihr Pferd offenbar mit dem Sattel an sich kein Problem hatte.

Mittlerweile zog der Nebel aus dem Tal herauf und legte sich als glitzernder Tau auf Wiesen und Zäune. Hin und wieder brach die Sonne durch die Schleier. Die Natur schien regelrecht nach ihnen zu rufen. Sie konnte den Aufbruch kaum noch erwarten und sah sich um. Fast alles war verstaut. Arkadij befestigte soeben ihren leeren Wanderrucksack auf Selmas Packsattel.

Der Pferdehänger war bereits geparkt, Haus und Auto abgeschlossen. »Nur noch das Vorderzeug.« Arkadij reichte ihr ein Gewirr von Lederriemen, das sie unter seiner Anweisung am Sattel befestigte und Lazarus um die Brust legte. Als sie den Sattelgurt fester zog, machte der Wallach einen Satz in die Luft und schlug mit dem Kopf.

Doch nun wollte sie keinen Moment länger warten. Arkadij reichte ihr die Satteltaschen, die sie auf beiden Seiten befestigte. Mit einem Gefühl von Feierlichkeit band sie ihr Pferd los. »Wir sind so weit.«

Arkadij saß auf. Sein Schecke, Robin, scharrte

schon aufgeregt mit den Hufen, und los ging es. Selma folgte ihrem Gefährten wie ein großer, gemütlicher Schatten.

»Komm, das Abenteuer wartet«, sagte Juliane leise, drückte Lazarus einen Kuss auf die Nüstern und reihte sich ein. Zuerst folgten sie noch der Asphaltstraße, die sich auf halber Höhe den Hang entlangzog. Umgeben vom lauten Klappern der Hufeisen, ließ Julianes Herzklopfen langsam nach. Sie war aufgebrochen, tat es wirklich.

Kurz huschten ihre Gedanken zu Martin und zu ihren Eltern. Wenn die sie sehen könnten. Wahrscheinlich würden sie selbst dann nicht glauben, was sie tat, wenn sie hier bei ihr stehen würden.

Arkadij schwieg die meiste Zeit, während sie auf einer schmalen, kaum genutzten Asphaltstraße ins Windachtal zogen. Es war einer der entlegensten Winkel der Wildschönau, der meist nur im Winter von Skitouristen besucht wurde.

Das laute Klappern der Pferdehufe wurde von den steiler werdenden Hängen zurückgeworfen und gab Juliane noch mehr das Gefühl, dass sie weit und breit die einzigen Reisenden waren. Alte Bauernhöfe und verlassene Katen schmiegten sich in die satten Bergwiesen. Dazwischen gab es immer wieder kleine Haine aus uralten Tannen, auf deren Ästen sich dicke Schichten von Moos und Flechten gebildet hatten.

Lazarus lief munter neben Juliane her. Der Sattel und das Gepäck schienen ihn überhaupt nicht zu stören.

Gegen Mittag machten sie eine ausgedehnte Pause, in der die Pferde grasen konnten, danach zogen sie bis zum späten Nachmittag weiter. Juliane hatte schmale Pfade und rutschige Pässe erwartet, doch noch führte ihr Weg über Schotterwege und Nebenstraßen. Mittlerweile führte Arkadij ebenfalls. Vermutlich war es ihm unangenehm zu reiten, während sie lief.

Immer wieder ertappte sie sich dabei, wie sie ihn in unbemerkten Momenten von der Seite musterte. Er war auf eine sehr ursprüngliche Weise attraktiv. Die viele Zeit unter freiem Himmel und das grelle Licht der Berge hatten seine Augen mit zahlreichen Fältchen umkränzt. Auch jetzt kniff er sie ein wenig zusammen. Lange Wimpern machten es noch schwerer, in seinem Blick zu lesen.

Auf seinen Wangen glänzten Bartstoppeln, die Rasur am Morgen war sehr hastig ausgefallen. Er schwieg schon seit einer guten Stunde, doch in seiner Gegenwart kam es ihr nicht unangenehm vor. Sie waren eingehüllt in ihr eigenes kleines Universum von Geräuschen. Den Atem der Pferde, das Knirschen des Sattelleders und den steten Klang von zwölf Hufen, deren Rhythmus sich mal anglich, mal überlagerte, ehe er wieder auseinanderdriftete.

»Links.« Arkadij räusperte sich und wies mit dem Kinn auf einen Fahrweg, der von dem bisherigen abzweigte und so überwuchert war, dass er sicher nur selten benutzt wurde. Nun wurden die Hufschläge gedämpft. Sie wanderten über weiches Gras und Moos am Rande eines Wäldchens von Zirbelkiefern entlang. Ein Tannenhäher flog krächzend über sie hinweg und war sogleich wieder im Geäst verschwunden.

»Ich hatte mir eine Alpenüberquerung irgendwie anders vorgestellt«, gestand sie.

Arkadijs Mundwinkel zuckten nach oben. »So?« Er sah sie an und hob fragend die Braue, woraufhin ihr ein wenig flau wurde. Während sie sich noch dabei ertappt fühlte, dass ein beinahe Fremder ihr Herz schneller klopfen ließ, wurde ihr zugleich klar, dass ihr Urteil über die Reise vorschnell gewesen war. Arkadij schien es zu genießen, sie zappeln zu lassen, und wartete beharrlich darauf, dass sie ihre Aussage erklärte.

Juliane verfluchte das verräterische Rot auf ihren Wangen und flüchtete sich hinter Lazarus' breiten Hals. »Ja, mit mehr schmalen Pfaden und schroffen Hängen und so«, stammelte sie. Nun konnte sie seine Reaktion nicht mehr beobachten, was auch nicht besser war.

Er lachte trocken auf, es klang beinahe wie ein Räuspern. »Freu dich nicht zu früh.«

»Also ist das nur der Anfang?«

»Ich will meine Kunden ja nicht schon an Tag eins verschrecken.« Wieder ein Lachen, dieses Mal klang es weicher und berührte etwas in ihr, das sie bis zu diesem Moment vergessen hatte. Es war ein wildes Kribbeln und Rauschen, ein Gefühl wie der erste richtige Sonnentag im Frühling, ungestüm wie Sommergewitter und süß wie reife Erdbeeren. So hatte es sich damals in der Schule angefühlt, als sie sich Hals über Kopf in den Klassenflegel verschossen hatte. Tagelang hatte sie keinen Augenblick mehr an etwas anderes denken können, dann war er plötzlich mit ihrer besten Freundin gegangen, und ihre komplette Welt war binnen eines Wimpernschlags kollabiert.

Ein halbes Jahr später war sie Martin begegnet …

Arkadij lief plötzlich vor ihr, rückwärts, damit er sie ansehen konnte. Seinem Gesichtsausdruck nach schien er sich köstlich zu amüsieren. »Bist du noch da? Oder habe ich dich völlig überrumpelt? Natürlich kommen wir noch richtig in die Berge. Heute laufen wir uns nur warm, auch wenn du das ja eigentlich schon bist.«

***

Martin saß an ihrem Bett und starrte ihr unentwegt ins Gesicht.

Als sie von einem Tag auf den anderen verschwunden war, hatte sie vor Leben nur so gestrotzt. Und nun lag seine

Juliane hier, die Haut noch gebräunt von ihrer abenteuerlichen Reise, die Wangen hingegen eingefallen und seltsam wächsern. Als hätte jemand versucht, das Abbild eines lebendigen Menschen zu schaffen und es nicht ganz hinbekommen.

Es war Wochenende, und er saß schon seit dem Morgen hier, in dem sterilen Zimmer, das seine Schwiegermutter mit ein paar Fotos und Blumen freundlicher zu gestalten versucht hatte. Juliane würde es niemals sehen. Sie hatte die Augen bereits für immer geschlossen, auch wenn sie noch nicht tot war. Tiefer Schlaf, Medikamentenrausch.

Wachkoma.

Es würde sich hinziehen, bis der Krebs auch noch das letzte bisschen Leben in ihrem Leib zerfressen hatte. Und er war hilflos. Er konnte nur zusehen, wie sie langsam verlosch. »Wärst du doch bloß nicht weggelaufen«, wisperte er mit würgend enger Kehle. »Gemeinsam hätten wir dagegen kämpfen können.«

In Julianes Gesicht regte sich etwas. Ein zartes Lächeln. Doch er wusste, dass es nicht ihm galt.

Ihre Welt waren nun ihre Gedanken. Morphinvernebelt, abwesend. Vielleicht war das Lächeln auch nur eine Muskelreaktion, hervorgerufen vom Tumor. Er wusste es nicht, würde es niemals wissen. »Ich gehe jetzt«, sagte er, stand auf und fühlte sich wie ein Verräter. Wochen ging das nun schon so. Tag für Tag immer das Gleiche. Während draußen das Leben weiterging, stand hier drinnen die Zeit still. Als habe jemand alle Uhren angehalten, um ihren Tod hi-

nauszuzögern. Manchmal wünschte er sich, am nächsten Tag ein leeres Zimmer vorzufinden, damit er endlich trauern konnte. Aber dann lag sie immer noch da, sie und doch nicht sie. »Bis Morgen …« Er stockte, ein Kosewort wollte ihm nicht über die Lippen kommen, schon seit vorgestern nicht mehr. Sie drifteten auseinander, unaufhaltsam.

Martin ging zur Tür und schloss sie leise hinter sich. Auf ihn wartete ihr gemeinsames Haus, das viel zu groß für ihn allein war. Es kam ihm vor, als würde es immer größer werden.

Eigentlich könnte er versuchen, ihre Sachen wegzuräumen. Wenn die Zimmer anders aussahen, würde es sich vielleicht weniger leer anfühlen. Doch er schaffte es nicht. In mancher Kleidung hing noch der Duft ihrer Haut, im Bad standen ihre Parfüms, und am Kühlschrank hing eine handgeschriebene Einkaufsliste, die er mittlerweile auswendig konnte.

Im Krankenhaus wurde Juliane durch einen Schlauch ernährt. Ihren ureigenen Geruch hatten sie längst von ihrer Haut geschrubbt und durch den chemischen ihrer antibakteriellen Seifen ersetzt.

Daheim kochte er hin und wieder ihr Lieblingsessen und barg sein Gesicht in ihrer Winterjacke.

Stillstand. Warten.

Vielleicht würde er wieder nach der Liste einkaufen, womöglich zum zehnten Mal …

***

Juliane lag schon seit einer Stunde wach und wartete auf den Morgen. Obwohl sie das stete Bergaufwandern noch in ihren Oberschenkeln spürte, konnte sie nicht schlafen. Zu viele Gedanken gingen ihr im Kopf herum.

Sie hatte von Martin geträumt, von ihrem ersten scheuen Kuss auf einer Parkbank, ganz in der Nähe des Gymnasiums, das sie beide besuchten. An sein junges Gesicht konnte sie sich nicht mehr erinnern, auch nicht daran, wie es sich angefühlt hatte, nur an die scheinbare Schwerelosigkeit danach, die sie für viele Wochen begleitete.

Ein Jahr lang waren sie nur Hand in Hand gegangen und küssten einander stundenlang, bevor sie den nächsten Schritt wagten. Schon damals hatten sie im Gegensatz zu ihren Klassenkameraden ruhigere Pfade gewählt. Ihr ganzes Leben schien so verlaufen zu sein. Langsam, vorsichtig, ohne Risiko.

Sie vermisste ihn. Aber sie vermisste auch ihr Haus und die Kollegen auf der Arbeit. Alles schien miteinander verwoben und zerrte mit der gleichen Intensität an ihr. Doch sie hatte viele Jahre so verbracht, tagein, tagaus im gleichen Trott mit den gleichen Menschen. Noch war sie nicht bereit zurückzukehren, auch wenn sie in diesem Moment viel dafür gegeben hätte, sich einfach umdrehen zu können und Martin neben sich liegen zu sehen. Sie wäre näher gerutscht und hätte sich in seine Wärme geflüchtet.

Juliane seufzte und verschränkte die Arme vor der Brust, als würde sie sich so selbst halten können. Die Kopfschmerzen lauerten pochend im Hintergrund, obwohl sie bereits in der Nacht eine Tablette genommen hatte. Mittlerweile ging es kaum noch ohne.

Sie verschränkte die Arme etwas fester, drückte, bis ihr Atem flacher wurde, dann hielt sie inne. Was war das?

Dort, in ihrer Achsel. Sie tastete, presste die Fingerkuppen in die zarte Haut.

Ja, da war etwas. Ein Knoten.

Luft flutete ihre Lungen mit Sauerstoff, Atemreflex, so schnell kam sie nicht davon. Ihr schwindelte kurz. Dann wurde es wieder besser.

Der kleine Mistkrake in ihrem Kopf hatte also seine Arme ausgestreckt, und nun wuchsen an ihren Enden Metastasen. Jetzt schon. Vielleicht auch bereits seit einer ganzen Weile. Womöglich waren sie schon überall.

Ernüchtert setzte Juliane sich auf und begann sich sorgfältig abzutasten. Ein zweiter, winziger Knoten, diesmal in der Brust. Mehr fand sie nicht.

Ihre Lippen zitterten. Zum Weinen war sie zu wütend.

Energisch ignorierte sie die Verzweiflungsschreie in ihrem Inneren. Hätte am liebsten, wie die Leute es in Filmen immer machten, gegen die Wand geschlagen. Mit der Faust, bis die Knöchel bluteten.

Warum ich?

Warum jetzt? Warum nicht erst in ein paar Jahren, wenn ich noch etwas mehr gelebt habe?

Sie taumelte zum Fenster und riss es auf. Wiesengerüche, Nebelkälte, lautes Vogelgezwitscher aus den Obstbäumen im Garten. Juliane starrte auf die gezackten Berge, die sich als blauer Schemenreigen abzeichneten.

»Guten Morgen!«, schallte eine vertraute Stimme zu ihr hinauf und ließ sie zusammenzucken. Arkadij stand im Hof und winkte mit einem Bund Möhren in der Hand.

»Guten Morgen«, rief sie und zwang sich zu einem Lächeln. Sie war nicht bereit aufzugeben, noch nicht. »Ich komme gleich runter!«

KAPITEL 11

An diesem Morgen ging der Aufbruch schneller vonstatten. Sie schlangen ihr Frühstück regelrecht hinunter, dann sattelten und beluden sie die Pferde. Als sie sich auf den Weg machten, kreisten Julianes Gedanken nicht mehr um den wachsenden Tumor und dessen Metastasen, sondern um das bevorstehende Abenteuer.

Arkadij hatte ihr heute einen Vorgeschmack dessen versprochen, was sie in der kommenden Woche erwartete. Nachdem sie anfangs noch auf einer Almstraße gewandert waren, gab er ihr nun das Zeichen anzuhalten.

»Ab jetzt wird es anstrengend«, sagte er über die Schulter hinweg, drehte sich um und grinste, als könne er es kaum noch erwarten. »Das war für eine ganze Weile das letzte Stückchen Straße.«

Juliane sah sich um. Zwar war das Land noch immer bewirtschaftet, aber es wirkte zunehmend ursprünglicher. Mehr und mehr Waldflächen durchsetzten die Almen. Felsen lugten durch das satte Grün. Im Tal rauschte der Filzenbach über Steine und Geröll, angeschwollen von der Schneeschmelze in höheren Lagen.

»Am besten, du ziehst noch mal alle Gurte und Riemen fest, damit nichts verrutscht und die Pferde keine wunden Stellen bekommen.«

»Ja, mache ich.« Lazarus quittierte ihre Bemühungen mit angelegten Ohren und einem bösen Blick, doch sobald sie ihm ein Leckerchen zusteckte, war die Stimmung gerettet.

Schon jetzt schwitzte er in dem strahlenden Sonnenschein unter dem Vorderzeug.

Juliane trank noch einen großen Schluck Wasser, dann folgte sie Arkadij und seinen Pferden vom Fahrweg hinunter in eine schmale Rinne, die sich bei näherem Hinsehen als überwucherter Wanderweg entpuppte. Lazarus stolperte gleich auf den ersten Metern mehrfach, ehe ihm offenbar klar wurde, dass er von nun an selber darauf achten musste, wo er seine Hufe hinsetzte, und nicht einfach hinter ihr hertrotten konnte.

In engen Windungen erklommen sie eine Alm. Immer wieder gab es nasse Partien, dann überlagerten dünne Schlammschichten glatten Fels. Lazarus' neue Hufeisen taten gute Dienste, spätestens hier hätten sie sonst Probleme bekommen.

»Hier treiben die Bauern in einem Monat auch die Kühe hoch«, rief Arkadij etwas außer Atem. »Da müssen wir keine Angst haben, dass die Pferde etwas kaputt treten.«

»Ja, gut …«, erwiderte sie. Die Aufregung hatte

sie fest im Griff. Vor ihr stieg Selma über Geröll und trat immer wieder etwas los. Hinter ihr drängte Lazarus, schob Juliane manchmal regelrecht mit dem Maul an.

Eingekeilt zwischen den Tieren musste sie sich darauf verlassen, dass keines austrat oder in Panik geriet und zugleich selbst darauf achten, wie sie ihre Füße setzte.

Arkadij lief bergauf, gleichmäßig wie ein Uhrwerk. Als Juliane schon glaubte, keinen Schritt mehr weitergehen zu können, hielt ihre kleine Kolonne auf einem Grat oben an der zweiten Alm.

Hier pfiff ein kräftiger und recht kalter Wind. Ihre verschwitzte Haut fühlte sich von einem Moment auf den anderen nicht mehr glühend, sondern eisig an.

Juliane lehnte sich vor und keuchte, Lazarus senkte ebenfalls den Kopf.

»Hier können wir verschnaufen und die Pferde fressen lassen.« Arkadij kramte in den Satteltaschen und förderte eine kleine Thermoskanne zutage. Er goss ein und reichte ihr den dampfenden Becher, wobei sich ihre Hände kurz berührten. »Du zuerst.«

Juliane meinte, seine Finger noch auf ihren zu spüren, als ihr der Duft von Kakao in die Nase stieg und noch etwas anderes. »Ist da Alkohol drin?«

Arkadij nickte übertrieben, zwischen den Zähnen ein Päckchen Kekse, während er die Riemen wieder verschloss.

»Aber ich nehme Schmerztabletten, da sollte ich besser keinen Alkohol …«

»Unsinn.«

»Unsinn?«

»Hast du Angst, im Alter Leberschäden zu bekommen?«

»Auch wieder wahr.« Er riss die Kekspackung auf. Juliane nippte an dem Kakao und nahm dann einen tiefen Schluck. Auf der windigen Kuppe wärmte der Schnaps angenehm.

»Sieh mal dort, das ist der Filzenpass.« Er wies mit ausgestrecktem Arm nach rechts, wo eine Öffnung in den Bergflanken klaffte, als habe jemand einen großen Winkel herausgeschnitten.

»Da wollen wir rüber?« Es schien noch so unendlich weit weg. Arkadij nickte nur. »Der erste Pass ist nur zum Angewöhnen.« Er reichte ihr einen Keks, und sie gab ihm die Tasse zurück.

»Filzenpass«, sagte Juliane leise und starrte ehrfürchtig auf ihr Ziel.

»Wir müssen ein paar kleinere Umwege machen, der Wanderweg ist nicht für Pferde geeignet. Es gibt ein paar Scharten, wo man etwas klettern muss.«

»Das klingt schon ohne Pferde schwierig.«

»Ist es nicht«, sagte er aufmunternd. »Aber solange dein Lazarus sich keine Hände wachsen lässt …«

Juliane wischte sich einige Kekskrümel von der Jacke. »Und wo müssen wir dann lang?«

»Im Herbst laufe ich, wenn der Sommer trocken war, direkt durchs Moor, jetzt müssen wir einen Umweg machen, dafür geht es auf dem Fahrweg leichter voran.«

Sie stiegen noch eine Weile weiter bergan. Lazarus gewöhnte sich bald an Geröll und rutschige Passagen und lief sicherer. Auch das Drängeln ließ er mittlerweile sein, und Juliane konnte sich besser auf den Weg vor sich konzentrieren.

Am späten Nachmittag lag der Filzenpass schließlich hinter ihnen, und sie erreichten ihr Quartier für die Nacht. Es war ein winziger Hof. Eine alte Sennerei, ganz und gar aus Holz und Findlingen erbaut. Die Wände waren von Wind, Sonne und Eis so hell gebleicht, dass das spröde Holz beinahe weiß aussah.

Juliane kam es vor wie eine Reise in eine vergangene Zeit. Genau so hatte es hier bestimmt schon vor zweihundert Jahren ausgesehen. Sie führten die Pferde in ein kleines, hölzernes Gatter. Hier gab es auch eine Tränke, die über ein Rohr laufend mit dem frischen Wasser eines Bergbachs versorgt wurde. Lazarus zog Juliane sofort dort hin, trank gierig, und als er genug hatte, blies er mit den Nüstern hinein und prustete laut. Mit seinem triefnassen Maul wischte er Juliane kurz darauf schneller über die Wange, als sie sich wegducken konnte.

»Bah, du Ferkel!« Sie stieß ihn empört von sich und putzte die Mischung aus Wasser und ein wenig

Sabber von ihrem Gesicht. In Lazarus' Augen blitzte der Schalk.

Arkadij hatte alles mit angesehen, versuchte erst, sein Lachen zu unterdrücken, und prustete dann los. »Ich mag diesen Kerl, ich mag ihn wirklich.«

»Das ist nicht witzig!«, protestierte Juliane.

»Doch, ist es«, Arkadij klopfte dem Wallach anerkennend auf die Schulter, was dieser sich sogar gefallen ließ. »Du kannst froh sein, dass sich eure Wege gekreuzt haben, so ein Pferd findet man wirklich selten, vielleicht nur einmal im Leben. Mein erstes Pony, das mir meine Mutter schenkte, hatte einen Charakter wie Lazarus. Paulchen war ein großartiger Kerl, ein Schlitzohr und eine treue Seele.«

Juliane war drauf und dran zu antworten, dass sie nicht viel davon haben würde, wenn sie schon in einigen Wochen starb, doch sie wollte die Stimmung an einem so gelungenen Reisetag nicht verderben. Stattdessen versuchte sie, sich Arkadij als kleinen Jungen mit einem wilden, struppigen Pony namens Paul vorzustellen. »Was ist mit ihm passiert?«

»Nichts. Er lebt noch immer, ist mittlerweile fast dreißig. Soweit ich weiß, geht es ihm gut.«

»Hast du ihn behalten?«

Arkadijs Blick veränderte sich, als zögen dunkle Gewitterwolken auf. »Nein, dafür bin ich zu viel unterwegs. Er ist bei meinem Vater und seiner Neuen.«

»Besuchst du ihn oft?«

Er schüttelte den Kopf und wandte sich ab. »Nie.«

Juliane lief ihm zwei Schritte nach, doch seine hochgezogenen Schultern verrieten deutlich, dass sie an diesem Thema besser nicht rühren sollte. Es ging sie eigentlich nichts an, wenngleich sie gerne mehr gehört hätte. Wenn nicht über seinen Vater, dann doch zumindest über das Pony, das offenbar so prägend für ihn gewesen war.

»Lauf nicht weg und lass mich hier oben auf dieser gottverlassenen Almhütte allein«, rief sie ihm hinterher, im Versuch, die Situation zu retten.

»Niemals. Sonst bekomme ich mein Geld nicht, und mein Ruf ist ruiniert«, gab er zurück.

***

Martin hatte ihn hineingehen sehen. Dieser Fremde hatte eindeutig Julianes Krankenzimmer betreten und war nun seit zehn Minuten dort drin, bei ihr.

Erst hatte er geglaubt, der Mann habe sich in der Tür geirrt. Hier in der Palliativabteilung des Krankenhauses lagen nur todkranke Menschen. Es gab wenige regelmäßige Besucher, und man kannte sich. Sie bildeten eine Art Schicksalsgemeinschaft. Sie alle würden jemanden verlieren, früher oder später. Für die Patienten gab es nur noch einen Weg, die Station zu verlassen.

Auch deshalb hatte das Personal sich bemüht, die Gänge und Zimmer freundlich zu gestalten. Es ging sehr ruhig zu, niemand schien in Eile. Die Krankenschwestern und Pfle-

ger waren besonders zugewandt. Aus manchen Zimmern drang Musik, und oft war ein Pastor oder Priester da und sprach mit den Patienten über ihren letzten Weg.

Was nichts daran änderte, dass auch die Besucher an Herz und Seele litten. Jeder Besuch konnte der letzte sein. Man war in Gedanken. Bemüht, sich abzuschirmen, innerlich und äußerlich, um den Kranken mit einem Lächeln entgegentreten zu können. Sie sollten nicht spüren, dass ihr nahes Ende eine düstere Saat pflanzte.

Auch Martin war es schon passiert, dass er grübelnd in das falsche Zimmer gegangen war.

Aber der Fremde schien sich nicht geirrt zu haben. Offenbar wollte er wirklich zu Juliane. Martin umklammerte seinen Kaffeebecher mit beiden Händen und trat an die Information. Schwester Claudia, blond und sommersprossig, begrüßte ihn mit Namen. »Womit kann ich Ihnen helfen?«

»Ich habe gesehen, dass meine Frau bereits Besuch hat. Hat er sich angemeldet?«

Sie nickte. »Er sagte, er sei ein Freund.« Sie setzte sich aufrechter hin, wirkte alarmiert. »Hätte ich ihn nicht zu ihr lassen sollen?«

»Doch, natürlich, alles in Ordnung«, erwiderte er hektisch. »Ich habe mich nur gewundert.«

»Gehen Sie doch auch zu ihr. Mehr Besuch kann nicht schaden«, schlug sie vor. Das freundliche Lächeln war wieder da.

»Vielleicht mache ich das, danke.« Martin wandte sich

ab und ging langsam auf die Tür mit der Nummer 104 zu. Seine Schritte fühlten sich schwer an, als wate er durch tiefen Morast. War dieser Fremde der Grund, warum Juliane ihn für die letzten Wochen ihres Lebens verlassen hatte? Hatte sie sich nach all den Jahren von ihm getrennt, für den?

Martin blieb ganz dicht vor der Tür stehen und lauschte. Er konnte eine Stimme hören, aber er verstand keine einzelnen Worte. Widerstand dem Drang, das Ohr gegen das Holz zu pressen.

Stattdessen nippte er am erkalteten Kaffee. Die bittere Flüssigkeit rann wie Säure durch seine Kehle.

Vorsichtig stellte er die Tasse auf einem Tischchen ab, damit er sie nicht noch fallen ließ, und legte eine Hand auf die Klinke. Die Unruhe wurde zu stark. Er musste wissen, wer bei ihr war. Musste sehen, ob er ihre Hand hielt, ob er sie küsste …

Mit einem kaum hörbaren Klicken öffnete sich die Tür.

Dort, an Julianes Bett, saß der Fremde. Er hatte sich einen Stuhl herangezogen und hielt Juliane sein Handy ans Ohr. Martin vernahm nur ein leises Rauschen und hin und wieder einen hohen Ton, der herausstach.

»Hörst du? Er schickt dir schöne Grüße. Es geht ihm gut. Er tobt bei mir mit den anderen über die Weide, als habe er nie etwas Schlechtes erlebt.«

Martin musste sich zwingen, nicht näher heranzugehen, um Julianes Gesicht zu beobachten. Verzog sich ihr Mund wirklich zu einem Lächeln?

Jeden Tag sank sie tiefer und tiefer in eine Unendlichkeit, in die er ihr nicht folgen konnte. Schon kam es Martin vor, als erreiche seine Stimme sie nicht mehr, während diesem Kerl das beinahe Unmögliche gelang.

Er schwankte zwischen Wut, Neid und leiser Freude für Juliane. Um sie ging es hier, und nicht um sein gekränktes Selbst, mahnte er sich.

Der Besucher fuhr sich durch das braunblonde Haar, schob das Handy in die Hosentasche und rutschte mit dem Stuhl heran. Vorsichtig, nach kurzem Zögern, ergriff er Julianes Hand und barg sie in seinen. »Ich werde unsere Reise niemals vergessen, niemals, hörst du? Ich verspreche, dass ich mich für uns beide daran erinnern werde.« Seine Stimme brach. »Scheiße«, murmelte er und ließ weitere Flüche folgen. Es dauerte, bis er sich wieder gefasst hatte.

Martins Zorn auf diesen Mann schwand, auch wenn er ihn um dessen Zeit mit Juliane beneidete. Er war es also, mit dem sie ihre letzten Wochen verbracht hatte. Martin wusste genau, wie schwer es war, an ihrem Bett zu sitzen, mit dem Geräusch der künstlichen Beatmung im Ohr, die ihre Brust mit maschineller Präzision hob und senkte.

Manchmal empfand er die Frau auf dem Bett wie eine völlig Fremde, mehr Maschine als Mensch, dann wieder war sie Juliane, seine Juliane, und wirkte, als würde sie jeden Moment aufwachen.

Doch das würde nie wieder passieren.

»Ich hätte viel eher kommen sollen«, sagte der Besucher nun. »Aber ich wusste nicht, wie ich dich finden sollte, ich habe herumtelefoniert ... ach ... warum erzähle ich dir das.

Es ist nicht wichtig. Jetzt bin ich hier, gerade noch rechtzeitig, um dir das hier zu bringen.«

Er nahm ein Armband und legte es ihr vorsichtig um. »Von Lazarus und mir, sozusagen. Ich wünschte, es könnte dich auf deiner letzten großen Reise begleiten.« Er stand auf, küsste sie auf die Wange und drehte sich um. Es geschah so schnell, dass Martin keine Zeit mehr hatte, sich zurückzuziehen. Der Fremde musterte ihn mit kühlem Blick.

Martin gestand widerwillig ein, dass er gut aussah, mit dem gewissen Etwas, von dem er wusste, dass es auch Juliane gefiel.

Dennoch rang er sich zu einem freundlichen Nicken durch. »Entschuldigung, ich wollte nicht stören.«

»Haben Sie nicht, ich wollte eh gerade gehen.«

Martin streckte ihm die Hand hin. »Martin, Julianes Ehemann, hallo.«

Der Fremde zögerte einen Herzschlag lang, dann schlug er ein. »Arkadij Fuchs, ein Freund.«

»Juliane hat Sie nie erwähnt. Von der Arbeit?«, fragte er, dabei wusste er schon, wie die Antwort ausfallen würde.

»Nein, wir sind uns auf ihrer Reise begegnet. Haben die Alpenüberquerung zusammen gemacht.«

»Und dann haben Sie sie allein gelassen, obwohl Sie wussten, dass Juliane schwer krank war?« Martin musterte Fuchs, der einen Schritt zurücktrat und sich nach dem Krankenbett umsah, als suche er Rückhalt.

»Juliane wollte es so. Ich habe ihren Wunsch respektiert. Sie war ja nicht unmündig, nur krank«, erwiderte er ruhig.

»Was sie nicht wollte, war das da.« Er wies mit einer Kopfbewegung zum Bett. »Davor hatte sie am meisten Angst.«

»Was wissen Sie schon, Sie haben meine Juliane doch kaum gekannt«, gab Martin gekränkt zurück.

»Ihre Juliane nicht, nein ...« Fuchs atmete laut ein und aus, als müsse er sich beruhigen, dabei war er bei keinem einzigen Wort laut geworden. Martin hatte dennoch das Gefühl, der Mann habe ihn angeschrien.

»Dies ist kein Ort für Streit«, sagte Fuchs und ging zur Tür. Martin folgte ihm hinaus. In ihm brodelte es. Wegen diesem Kerl war Juliane viel zu spät gefunden worden, nur wegen ihm! Er würde ihn zur Rede stellen.

* * *

Die Wolldecke roch ein wenig nach Kuh. Juliane zog sie dennoch fester um die Schultern. Der Abend in den Bergen war kühl. Es wurde Zeit, dass sie nach drinnen gingen oder ein Feuer entzündeten.

Arkadij hatte darauf bestanden, den Sonnenuntergang im Freien anzusehen, und so saß sie nun hier, auf einer alten Bank aus verwitterten Steinplatten. Der Wind trieb den schweren, süßen Duft der Almwiesen zu ihr, der in den Abendstunden noch intensiver geworden war. Arkadij hatte sich Jacke und Pullis entledigt und schlug routiniert Holz für ein gemütliches Feuer. Kein einziger Hieb mit der Axt ging fehl.

Juliane hätte ihm gerne geholfen, doch sie durfte

nicht. Er hatte ihr das Versprechen abgenommen, sich verwöhnen zu lassen und abzuwarten, bis ihre Medizin wirkte, statt Holzscheite zu schleppen, wie sie es ursprünglich vorgehabt hatte.

Das goldene Abendlicht spielte auf Arkadijs sehnigen Unterarmen. Sie ertappte sich dabei, wie sie ihn beobachtete, doch warum sollte sie nicht?

Er hielt inne und wischte sich mit dem Handrücken über die Stirn, wo einige widerspenstige Strähnen im dünnen Schweißfilm klebten. Dann legte er die Axt zur Seite, raffte Holz und Kleidung zusammen und kam zu ihr.

Sie konnte nur staunend zusehen, wie schnell er aus den Scheiten, einigen Spänen und etwas Stroh ein prasselndes Feuer errichtete. Die Flammen leckten über das Holz, und Juliane legte ihre Füße an die Steine, die das Feuer eingrenzten. Schnell wurde es warm, endlich warm genug.

»Wie geht es dir?« Arkadij musterte sie mitfühlend.

»Besser, es wirkt.« Sie massierte sich die Schläfe, hinter der sich ihre Nemesis versteckte. »Ich habe so einen Druck hinter dem Auge verspürt. Aber jetzt …«

Er nickte. »Gut.«

Juliane rutschte zur Seite, damit er sich neben sie setzen konnte, und bot ihm einen Zipfel der Wolldecke an. Sie tat es ohne nachzudenken. Doch als Arkadij tatsächlich dicht neben ihr saß und die Decke über seine Beine breitete, schlug ihr Herz ein Quäntchen schneller.

Das Feuer knisterte leise. Soeben färbte sich der Himmel gelb und lachsfarben. Die Berge und Wälder verschwammen zu blaugrauen Umrissen, wurden zur bloßen Kulisse für das Farbenspiel der versinkenden Sonne. Dies war wohl einer der romantischsten Momente, die sie je erlebt hätte. Fotos davon hätte sie viel zu kitschig gefunden, doch hier zu sein …

Arkadijs Finger berührten ihren Arm. Sie hielt ganz still. Vielleicht war es nur ein Versehen. Doch nein, er zog sie nicht weg, schien ihre Ruhe als Aufforderung zu verstehen. Juliane öffnete ihre Hand, drehte sie nach oben. Der Puls pochte bis in ihre Kehle, während sich ihre Finger mit seinen verflochten.

Er rutschte noch etwas näher und legte den Arm um ihre Schulter. Es dauerte, bis Juliane sich ganz in diese fremde Geborgenheit fallen lassen konnte. Den Blick hielt sie auf den immer bunter werdenden Himmel gerichtet. »Ich bin froh, dass dein Weg dich hierher geführt hat«, sagte Arkadij schließlich. »Es ist etwas ganz Besonderes, dich hier zu haben.«

Sie konnte seine Worte spüren, wie sie durch seine Brust summten und ein Echo in ihrer fanden. »Ich weiß nicht, was ich sagen soll«, wisperte Juliane. »So wenig Zeit, so wenig …«

»Schh, sch.« Er drückte seine Wange an ihre Stirn. »Du darfst nicht an das denken, was du verpasst, denk an all die schönen Dinge, die du …«

»Ich weiß ja.« Sie zog die Nase hoch. »Andere werden überfahren oder sterben bei einem dummen Unfall zu Hause, ich kann mich wenigstens verabschieden, von der Welt und allem. Aber ich weiß nicht, ob es anders vielleicht sogar besser wäre. Zack und Schluss.«

Sein Mund streifte sacht ihre Stirn. Ein tröstender Kuss. Atem, der durch ihr Haar strich. Julianes Traurigkeit wurde plötzlich von etwas anderem überdeckt. Sie wollte leben, lieben, den warmen Körper neben sich spüren, mit all ihren Sinnen.

Sie drückte ihr Gesicht ganz fest an Arkadijs Brust, lauschte seinem Herz, das schneller und schneller schlug, als sei auch er von der Eile befallen, die sie mit einem Mal verspürte. Pochend, jagend, so lebendig.

Arkadijs nächster Kuss war nicht mehr das tröstende Versprechen eines Freundes. Statt ihrer Stirn berührten seine Lippen nun ihre Schläfe, zupften an ihrem Ohrläppchen, strichen glühende Pfade hinterlassend an ihrem Hals entlang. Juliane schob ihre Hand unter seine Kleidung, spürte feste Rückenmuskeln, die sich abwechselnd spannten, als er sie an sich drückte. Sie grub ihre andere Hand in sein Haar. Dort wo es im Nacken dunkel war, nicht ausgeblichen von der Sonne.

Als sich ihre Lippen trafen, wurde Juliane bittersüß klar, wie sehr sie sich danach gesehnt hatte, wieder jemanden zu küssen, wie lange sie nicht mehr geküsst hatte. Mehr als ein flüchtiges Begrüßungsküsschen auf die Wange, was fast gleichbedeutend war mit einem Händeschütteln, auf jeden Fall nicht viel mehr, wenn es nie darüber hinausging.

Arkadijs Kuss war warm und leidenschaftlich, ganz und gar Abenteuer, wie alles an ihm.

Juliane merkte, dass sie ihn küsste, wie sie immer Martin geküsst hatte, damals, vor vielleicht zehn Jahren, als noch mehr zwischen ihnen gewesen war. *Ich kann es gar nicht mehr,* dachte sie mit plötzlichem Schrecken, doch Arkadij ließ nicht zu, dass sie sich zurückzog oder sich in Schuldgefühle flüchtete.

Sanft hielt er sie fest, küsste sie inniger, bis Juliane sich endlich aus ihrer Erinnerung befreite. In diesem Moment gehörte Arkadij ihr und sie ihm. Sie merkte kaum, wie sie von der Bank auf den Boden neben dem Feuer sanken, die Wolldecke unter sich. Die Luft erfüllt vom Wiesenduft und dem Knistern der Flammen. Sie spürte die Kälte der heraufziehenden Nacht nicht, nur Arkadijs warme, starke Hände, die sie berührten, schlafende Lust weckten und überall kleine Brände entzündeten. Längst hatten sie einander ausgezogen.

Feuerschein zuckte über seinen sehnigen Schultern. Juliane ließ ihre Finger über den schwachen

Flaum auf seiner Brust gleiten, folgte seiner Spur tiefer. Arkadij sog bebend Luft ein und spannte den Bauch an, sah ihr zu, die blauen Augen verklärt.

Sie ließen sich Zeit einander zu erkunden, bis Juliane es nicht mehr aushielt, Arkadij ins Gras drückte. Lächelnd schob sie sich auf ihn. Nachtwind streifte ihre Brüste, doch das kümmerte sie nicht. Es war so viel Hitze in ihr, so viel Leben, die Nacht konnte ihr nichts anhaben.

Sie liebten sich lange und leidenschaftlich, dann kuschelten sie sich eng aneinander und sahen hinauf zum Sternenhimmel. Arkadij hatte Holz nachgelegt, und die hohen Flammen reichten, um ihre erhitzten Körper so weit zu wärmen, dass Juliane es hier draußen noch ein Weilchen aushalten würde.

Den Kopf auf Arkadijs Schulter gebettet, sah sie hinauf in das vollkommene Sternenmeer. Weit und breit gab es keine Stadt, deren Licht die Dunkelheit trübte.

»Ich möchte für immer hier liegen bleiben«, flüsterte sie. »Es ist so wunderschön.«

Er brummte zustimmend und ließ die Spitze seines Fingers um das Grübchen in ihrer Kehle kreisen.

»Ich habe das noch nie so gesehen, das ist doch die Milchstraße, oder?«

»Ja, das ist sie, aber bald wird sie verblassen, schau.« Er stützte sich auf einen Ellenbogen und wies zum

Horizont. Es sah aus, als habe jemand hinter dem Wald eine riesige, grelle Lampe entzündet. Noch konnte man nicht erkennen, was es war.

»Der Mond, Vollmond«, sagte er auf ihren fragenden Blick hin. »Er ist hier oben, weit weg von jeder Ortschaft so hell, dass du deutliche Schatten sehen kannst. Aber wir sollten reingehen, bald wird es wirklich kalt.«

»Ein bisschen noch.«

Arkadij ließ sich wieder zurücksinken, kuschelte sich an sie und zog die Decke bis zum Kinn.

Andächtig sah Juliane dem Mond zu, wie er hinter dem Wäldchen aufstieg und den Himmel erklomm. Sterne verblassten, und es wurde tatsächlich so hell, dass sie wieder die Pferde erkennen konnte, die mit hängenden Köpfen dösten, und die alte Sennerhütte mit ihrem durchhängenden Holzschindeldach. Wie Silber schimmerte das Mondlicht auf den Bergen.

Es wurde merklich kälter.

Juliane berührte das Gras neben sich. Auf den Halmen hatten sich winzige Eisperlen gebildet. »Puh, es friert.«

»Sag ich doch«, seufzte Arkadij, streckte einen Arm unter der Decke hervor und begann die Kleidung einzusammeln, die um sie herum verstreut lag. Juliane nahm ihre Jeans, die sich ganz kalt und klamm anfühlte. »Die ziehe ich nicht mehr an, brr.«

»Gib her, ich trag die Sachen, du die Decke.« Im

Mondschein konnte sie sehen, wie er mit gespielter Tragik den Mund verzog. »Bereit?«

Sie nickte. Im nächsten Moment sprang Arkadij auf, raffte auch die Schuhe zusammen und rannte splitterfasernackt quer über die Wiese zur Sennerhütte. Juliane starrte ungläubig auf seinen nackten Hintern. »Das ist doch …«

»Komm, wo bleibst du denn?«, rief er und stieß die Tür mit der Schulter auf.

»Also gut«, seufzte sie, wickelte sich fest in die Decke und erhob sich. Sobald ihre Füße das reifbedeckte Gras berührten, ging ein Schock durch ihren Körper. Stechender Schmerz explodierte in ihrer Schläfe. Sie taumelte, wich dem Lagerfeuer aus und hielt inne. Der Schmerz verschwand genauso schnell, wie er gekommen war, und sie rannte die letzten Meter.

KAPITEL 12

In den nächsten Tagen nieselte es fast von morgens bis abends, die Sicht war meist schlecht, und die Wege wurden immer rutschiger. So hatte sich Juliane ihre Reise nicht ausgemalt, wenngleich es Arkadij immer wieder gelang, durch kleine Gesten die Stimmung zu heben oder ihr Mut zu machen. Sie pausierten an den berühmten Krimmler Wasserfällen, die im Dauerregen allerdings viel von ihrem Zauber einbüßten.

Erst am vierten Tag besserte sich das Wetter. Es war auch höchste Zeit, denn die Überquerung des Alpenkamms stand kurz bevor. Um den letzten Niederschlägen so gut wie möglich auszuweichen, wählte Arkadij einen Weg, der sie die meiste Zeit durch dichten Wald führte. So war die Aussicht zwar auf wenige Meter beschränkt, aber wenigstens gab es fast keinen Wind, und die Nässe kam nicht mehr von allen Seiten.

Schon seit mehreren Stunden trotteten sie über teils morastige Fahrwege. Die Pferde liefen, als hätten sie jeden eigenen Willen aufgegeben, und auch Juliane fiel es schwer, sich ausreichend auf den Weg zu konzentrieren, um nicht zu stolpern.

Lazarus lief mit hängenden Ohren in ihrem Windschatten. Sein Maul streifte hin und wieder wie zufällig ihre eiskalte, nasse Hand, mit der sie den Strick hielt.

»Willst du nicht doch auf Selma reiten?«, fragte Arkadij nun wohl zum dritten Mal und musterte sie dabei nachdenklich unter der breiten Krempe seines Hutes hervor, von der es beständig tropfte.

Ihr Blick schien ihm Antwort genug. Im Nu war er vom Pferd herunter und lud Packtaschen vom Rücken der Stute, um sie Lazarus aufzubürden. Der Wallach ließ es ruhig geschehen. Mittlerweile hatte er Vertrauen zu Arkadij gefasst und schien zu spüren, dass es Juliane schlechter ging als noch Tage zuvor.

Arkadij musste ihr auf Selma hinaufhelfen. Als sie oben saß, kam die Idee ihr plötzlich nicht mehr so gut vor. Die Stute trat von einem Bein auf das andere, und Juliane fühlte sich sofort unsicher. »Glaubst du, dass es wirklich so eine gute Idee ist? Ich habe bestimmt über zehn Jahre nicht mehr auf einem Pferd gesessen.«

Arkadij legte ihr eine Hand auf den Oberschenkel. »Das verlernt man doch nicht. Selma ist ganz brav. Außerdem …« Er zog das Wort in die Länge, dann nahm sein Gesicht einen schelmischen Ausdruck an.

»Was?«

Er zögerte, legte den Kopf schief. Seine Augen blitzten trotz des trüben Wetters unverschämt blau.

»Arkadij!«

»Na, du hast doch gesagt, dass du schon Jahre keinen Sex mehr hattest, und das war auch keine schlechte Idee.«

Juliane sah ihn an, dann wurden ihre Wangen mit einem Schlag rot, als sei sie wieder fünfzehn Jahre alt und jemand habe einen zweideutigen Witz gemacht. Spielerisch trat sie nach Arkadij, der flink wie ein Tänzer auswich. »Werd nicht unverschämt«, erwiderte sie und musste nun selber lachen. »Außerdem tropft dir Wasser von der Nase, so jemanden kann man gar nicht ernst nehmen.«

Keiner von beiden hatte Lazarus beachtet, der Selma in diesem Moment wie aus heiterem Himmel in den Hintern biss. Die Stute reagierte sofort und beantwortete den Angriff mit einem gut gezielten Tritt. Beide Hufe trafen den Spanier gegen den Bauch. Er strauchelte, fing sich dann wieder und blieb keuchend stehen.

»Spinnst du?«, schrie Arkadij und scheuchte ihn mit dem Strick noch etwas weiter zurück, erst dann schien er zu bemerken, dass Juliane beinahe den Halt verloren hatte. Sie war kreidebleich geworden und klammerte sich mit beiden Händen fest.

»Alles in Ordnung?«

Juliane nickte. Der Schreck sandte Adrenalinschübe durch ihren Körper, die sie als heiße und kalte Brandungswogen in jeder Faser spürte. »Ist wieder gut. Was war das denn?«

Sie musterte Lazarus, der noch immer missmutig, nun aber mit zwei Hufabdrücken aus Matsch auf der Seite da stand und sie ansah.

»Ich glaube, der Kerl ist eifersüchtig auf Selma.«

»Aber sie haben sich doch prima verstanden.«

Arkadij kraulte seiner Stute die Stirn. »Aber da hast du dich auch noch nicht mit ihr beschäftigt. Und jetzt reitest du auf ihr.«

»Deshalb? Meinst du?«

»Ja, also pass etwas auf in den nächsten ein, zwei Stunden, oder soll ich ihn als Handpferd nehmen?«

Juliane gab ihm wortlos den Strick. Sie würde genug damit zu tun haben, sich aufs Reiten zu konzentrieren, zwei Pferde, die sich anfeindeten, waren mehr, als sie sich zutraute.

Lazarus bedachte sie mit einem vorwurfsvollen Blick, dann folgte er Arkadij.

Am Abend erreichten sie völlig durchnässt einen kleinen Bauernhof. Das letzte Stück führte wieder über eine Teerstraße, auf der sie keinem einzigen Auto begegneten.

Arkadij nannte ihn den Schluchthof, doch von einer Schlucht war weit und breit nichts zu sehen. Nur Wiesen und zwei kleine, frisch bestellte Felder, auf denen junges Getreide spross.

»Wissen die denn, dass wir kommen?«, fragte Juliane schwach. Sie hatte sich noch nie so matt gefühlt wie an diesem Tag. Dabei war der Kopfschmerz sogar erträglich. Dafür kribbelten ihre Finger wie taub, als sei ein Nerv eingeklemmt. Vielleicht gab es einen Tumor in der Nähe der Wirbelsäule, doch solange sie ihre Reise nicht abbrach und ein MRT machte, würde sie es nicht herausfinden.

Abbrechen kam nicht infrage, die Untersuchung auch nicht. Wofür? Sie würde doch sowieso sterben.

Die Hände in Selmas triefnasser Mähne vergraben, fühlte sie sich, als würde sie sich dem schwärzesten Punkt seit der Diagnose nähern. Für den Moment wollte sie sich dem hingeben, sie war zu müde, um dagegen anzukämpfen.

Arkadij hatte ihre Frage nicht gehört. Er ritt mit hängenden Schultern vor ihr her, den breiten Hut tief ins Gesicht gezogen, und erinnerte sie auf seinem Schecken an einen alten Westernheld.

Ein Hund schlug an. Auf dem Hof wurden mehrere Lichter angemacht. Es war so trüb, als würde die Sonne bald untergehen, dabei war es noch nicht spät, erst früher Abend.

Als sie auf den Hof ritten, wurde die Haustür geöffnet, und eine ältere Frau in Kittelschürze zeigte sich. Arkadij begrüßte sie mit einer innigen Umarmung.

»Da tut es einem ja im Herzen weh, so durchnässt seid ihr«, rief sie aus. »Arkadij, bring die Pferde in den Kälberstall und gib ihnen ordentlich zu fressen, die junge Frau kommt mit mir.«

»Soll ich nicht helfen …?«, fragte sie unsicher.

»Nein, auf keinen Fall.«

Mit etwas schlechtem Gewissen übergab Juliane die Zügel und trat zu ihrer Gastgeberin. »Juliane Radu, vielen Dank, dass Sie uns aufnehmen.«

»Aber selbstverständlich. Ich bin Luise Kreidelmeier, aber sagen sie Liesl, das macht jeder.« Sie lächelte, auf ihren Wangen bildeten sich Grübchen. Juliane schätzte die Frau auf über siebzig. Trotz der vielen Falten und der dünnen grauen Haare, die sie zu einem Zopf geflochten trug, war ihr anzusehen, dass sie einst die schönste Frau im weiten Umkreis gewesen sein musste.

Liesl führte sie in eine gemütliche Bauernküche, in der es herzhaft duftete. An den Wänden hingen Kupfertöpfe, doch hier waren sie keine reinen Dekorationsobjekte, sondern trugen Spuren von häufigem Gebrauch.

»Armes Kind, Sie sehen ganz elend aus.«

»So fühle ich mich auch«, gestand Juliane.

»Ich zeige Ihnen das Zimmer, und dann nehmen Sie erst mal ein langes, heißes Bad.«

»Sie sind ein Engel«, seufzte Juliane.

Liesl tätschelte ihr die Wange. »Ich weiß.«

Auch in der Badewanne ließ das Kribbeln in ihren Fingerspitzen nicht nach, doch abgesehen davon fühlte sie sich viel, viel besser. In trockener, warmer

Kleidung, eingekuschelt in ihren Lieblingspullover, betrat sie schließlich die urige Küche, wo Liesl eifrig werkelte.

Sie saß am bereits gedeckten Tisch und zupfte Salat. Juliane duckte sich unter dem niedrigen Türsturz hindurch. Alles hier war klein und schief und strahlte dadurch eine ungeheure Gemütlichkeit aus. Selbst Tisch und Stühle wirkten wie selbst gezimmert.

»In der Kanne ist Tee. Nimm dir und setz dich«, forderte die Hausherrin sie auf.

»Vielen Dank.« Juliane umfasste die Tasse mit beiden Händen, atmete den Duft von frischer Pfefferminze ein und genoss den warmen Dampf in ihrem Gesicht. »Kann ich etwas helfen? Ich würde wirklich gerne …«

»Nein, nein. Ist fast fertig.« Liesl wischte ihre Hände an der Schürze ab. Die Finger waren knotig und breit von viel harter Arbeit.

»Leben Sie hier ganz allein?«, fragte Juliane. Sie musste reden, wenn nicht, würde sie womöglich binnen Minuten einschlafen und vom Stuhl kippen.

»Mit dem Hund, vier Katzen, Hühnern und dreiundfünfzig jungen Kühen. Ich habe einen Knecht, der hin und wieder mit den Kühen hilft, sonst schaffe ich allein. Aber das macht mir nichts. Noch spielt mein Körper ja mit.«

Juliane starrte sie ungläubig an. Ihre von Jahrzehnten schwerer Arbeit gekrümmten Schultern, die kräftigen Hände mit einem abgewetzten goldenen Ehering, den sie schon so lange trug, dass er mit dem Finger verwachsen schien.

Ihre Augen blitzten lebhaft, wie die eines jungen Mädchens, als sie auf Julianes Musterung hin zärtlich über den Ring strich. »Der ist von meinem Hannes. Wir hatten nur ein Jahr zusammen, aber es war das schönste Jahr meines Lebens.«

»Nur ein Jahr?« Juliane schluckte, woran hatte sie da nur wieder gerührt? Doch die alte Bäuerin lächelte bloß wehmütig. »Es ist schon so lange her. Hannes ist zwei Monate nach unserer Hochzeit im Sturm einigen jungen Kälbern nachgestiegen. Er kam nicht mehr heim. Drei Tage später haben sie ihn in einer Schneewechte gefunden, er hatte sich ein Bein gebrochen und war erfroren.«

»Wie furchtbar.«

Liesl nickte. »Er hat mir dort oben ein Gedicht geschrieben, in sein Büchlein. Er hatte es immer bei sich, um Wildsichtungen für den Jäger zu notieren. Vielleicht haben wir uns zu sehr geliebt. Vielleicht waren wir zu glücklich.« Sie griff in den Kragen ihres Pullovers und zog ein altmodisches Medaillon heraus. Es war abgegriffen, die Gravur kaum noch zu erkennen. Liesl öffnete es und hielt es Juliane hin. Auf der rechten Seite war ein Schwarzweißfoto von einem jungen Mann zu erkennen, ein schmales, glückliches

Gesicht. Sie schätzte ihn auf Anfang zwanzig. Auf der anderen Seite war ein zusammengefaltetes Stückchen Papier angebracht, gelbbraun und speckig, die Ränder ausgefranst. Liesl hatte es in den vielen Jahren, die seit dem Unglück vergangen waren, sicher unzählige Male auseinander- und wieder zusammengefaltet. »Wir waren so verliebt damals …«

»Das kann ich mir vorstellen.«

Sie gab Salat und geschnittene Kräuter in eine Schüssel und stand auf. »Aber wer weiß«, seufzte sie. »Vielleicht hätte unsere Liebe der Zeit auch nicht standgehalten. Wir haben nie unseren Alltag geteilt, nur die schönen Seiten des Lebens gemeinsam erlebt.«

Juliane traute sich gar nicht zu fragen, tat es dann aber doch. »Und es gab nie einen anderen?«

»Nein. Niemals. Hannes war meine große Liebe. Ihm konnte keiner das Wasser reichen.« Sie sah Juliane verschwörerisch an. »Auch wenn es einige versucht haben. Ich war schließlich eine junge Witwe, sehr jung.«

Sie wandte sich von Juliane ab und öffnete den Ofen, aus dem es herrlich würzig duftete.

Flurdielen quietschten, und im nächsten Moment duckte sich Arkadij unter dem niedrigen Türsturz hindurch. Er hatte nasses Haar, das in alle Richtungen abstand. Seine Wangen waren von der heißen Dusche gerötet.

»Mein Magen knurrt schon«, sagte er grinsend

und rieb sich über den flachen Bauch. »Ich wollte euer Gespräch nicht stören.«

»Hast du nicht. Und jetzt setz dich, der Zwiebelkuchen ist fertig.« Liesl klang wie eine Mutter, die ihren erwachsenen Sohn zu Besuch hatte. Arkadij half ihr noch dabei, einen jungen Weißwein zu entkorken. Dann ließen sie sich alle den herrlich saftigen Zwiebelkuchen und den Salat schmecken, dem Wildkräuter eine besondere Note gaben.

Während die anderen beiden sich angeregt über Arkadijs Pferde und den kommenden Sommer unterhielten, hatte Juliane das Gespräch mit Liesl nachdenklich gestimmt.

Mit einem Mal vermisste sie Martin sehr.

Unweigerlich fragte sie sich, ob sie ihn vielleicht auch für die Liebe ihres Lebens halten würde, wenn das Schicksal ihn ihr früh entrissen hätte. Damals in der Schule hatte sie ohne ihn keinen klaren Gedanken fassen können. Alles drehte sich um Martin, und schon wenn jemand seinen Namen sagte, hatte sie Schmetterlinge im Bauch und im Kopf und überall.

Auch später, an der Uni, gab es immer nur *wir* und nie *ich*. Martin las ihr jeden Wunsch von den Augen ab, und sie tat alles für ihn. Alle Ziele waren gemeinsame Ziele. Dann kam ihnen irgendwann zwischen den vielen Planungen die Zärtlichkeit abhanden. *Wir haben die Liebe verloren und es nicht mal gemerkt,* dachte sie betrübt.

Und trotzdem vermisste sie ihn.

Arkadij legte sein Besteck zur Seite und lehnte sich wie zufällig in seinem Stuhl zurück. Er schien einen besonderen Sinn für ihre Stimmungsschwankungen zu haben, vielleicht kam er auch deshalb so gut mit Pferden zurecht.

Mit den Fingerspitzen fuhr er über ihren Arm und sah sie fragend an. »Alles in Ordnung?«

Sie schüttelte den Kopf. »Nein. Ich vermisse Martin so«, gestand sie leise.

»Dann ruf ihn doch an. Vielleicht versteht er deine Entscheidung.« Arkadij drückte ihre Hand, als sei er wirklich nur ein Freund und nicht längst zu einer Art Liebhaber geworden, auch wenn ihr das Wort unpassend vorkam. Eifersucht schien er auf jeden Fall nicht zu kennen.

Juliane nickte und atmete tief durch. »Vielen Dank für das wunderbare Essen.«

»Aber gerne doch«, sagte Liesl. »Wenn Sie etwas brauchen, schauen Sie im Schrank im Gästezimmer nach oder fragen Sie.«

»Noch mal danke.«

Arkadij sah sie aufmunternd an. »Nun geh schon. Liesl und ich kümmern uns in der Zwischenzeit um den Weißwein.«

Juliane holte ihr Handy, doch die Enge des Gästezimmers mit seiner niedrigen Decke bedrückte sie.

Nach den Tagen im Freien fühlte sie sich wie eingesperrt, außerdem lagen auch Arkadijs Taschen hier. Sie würden wieder ein Bett teilen. Martin von hier aus anzurufen … nein.

Als sie das Haus durch einen Nebenausgang verließ, hörte sie die beiden in der Küche lachen. Der Hofhund klopfte nur ein paarmal mit dem Schwanz, während sie vorüberging, dann gähnte er und streckte sich wieder auf seiner Decke aus.

Juliane nahm all ihren Mut zusammen und wählte Martins Nummer. *Vielleicht geht er gar nicht dran, weil er meine neue nicht kennt*, dachte sie in einem Anflug von Feigheit.

Freizeichen, eines und noch eines.

Sie erreichte den Kälberstall. Von drinnen erklang leises Wiehern. Lazarus hatte ihre Schritte erkannt. Als sie die Tür aufstieß und sorgfältig hinter sich schloss, wartete er schon.

»Guten Abend?«, klang es plötzlich vertraut aus dem Lautsprecher. Juliane war, als bilde sich in ihrem Inneren ein kleiner, fester Knoten. »Martin? Ich bin es.«

»Juliane? Oh mein Gott, Jule, ich habe mir solche Sorgen gemacht. Ich hab dich überall gesucht, wo bist du? Ich komme zu dir!«

Er war so aufgebracht, dass er beinahe schrie. Und im nächsten Moment waren alle sorgsam überlegten Worte fort. Als würden sie in ihrer Kehle feststecken. Juliane grub die Hand in Lazarus' dicke, schwarze Mähne, unter der es angenehm warm war.

»Jule? Hast du aufgelegt? Oh Gott, ich flehe dich an, leg nicht auf!«

»Mache ich nicht«, erwiderte sie einsilbig. Durch den Lautsprecher konnte sie seinen schnellen Atem hören. Er bedrängte sie. Schon fühlte Juliane sich schuldig, weil er solche Angst um sie hatte.

Und war sie das nicht auch? »Es geht mir gut«, sagte sie beschwichtigend, doch ihre Stimme war zittrig.

Lazarus schien zu spüren, was dieses Gespräch für sie bedeutete. Mit gespitzten Ohren blieb er ganz still stehen. »Ich wollte dich nicht belügen, Martin, das tut mir leid. Aber ich musste … Ich war nicht stark genug für die Wahrheit. Ich musste weg, für mich alleine sein.«

Martin setzte mehrfach zu einer Antwort an, schließlich brach es aus ihm heraus: »Ich weiß alles!«

»Was … was soll das heißen?« Juliane wurden die Knie weich, sie machte einen Schritt zur Seite und stieß gegen Lazarus' Schulter. Ihr Fels in der Brandung.

»Ich war heute bei deinem Arzt. Er hat mir alles gesagt. Er dachte, wir seien gemeinsam im Urlaub. Ich musste von einem Fremden erfahren, dass du Krebs hast und dich womöglich umbringen willst. Von einem Fremden!«

»Ich … Ich will mich nicht umbringen, Martin.«

»Nicht?« Er atmete heftig und schnell. Seine Schritte hallten über Fliesen. Juliane sah ihn genau vor sich, wie er im Flur auf und ab hetzte. Fahrig mit der Hand über die Möbel strich. »Ich wollte nur nicht meine letzten Wochen eingesperrt verbringen, in irgendeinem Krankenhaus. Deshalb musste ich weg. Versteh doch. Ich habe nur noch so wenig Zeit.«

»Aber Jule. Es gibt Therapien. Seit heute Morgen habe ich herumtelefoniert, mit zig Ärzten gesprochen, die Klinik in …«

»Nein!« Sie schrie.

Lazarus legte die Ohren an und riss den Kopf hoch, doch er blieb bei ihr.

»Jule, so hör mir …« Seine Versuche, sie zu beruhigen, reizten sie nur noch mehr.

»Versteh doch. Es gibt keine Heilung, der Tumor ist zu verzweigt. Lass mir das bisschen Leben, das ich noch habe.«

»Willst du es nicht wenigstens versuchen …«

»Nein«, erwiderte sie energisch, wenngleich ruhiger. Noch immer lehnte sie an Lazarus' Schulter, hatte einen Arm sogar über seinen Widerrist gelegt. Er wandte ihr den Kopf zu, das hellbraune Auge musterte sie fragend, und da wurde ihr plötzlich klar, dass sie Martin die Wahrheit sagen musste.

»Deshalb bin ich weggelaufen. Weil ich wusste,

dass du mich von einem Arzt zum nächsten schleifen würdest. Weil du die Hoffnung nicht aufgeben willst, selbst da, wo keine mehr ist. Aber versteh doch, was es für mich bedeutet. Chemo, Bestrahlung, das macht den Körper doch zusätzlich kaputt, ich hätte meine letzten Wochen im Bett verbracht, statt zumindest einige der Dinge zu tun, die ich schon immer machen wollte.«

Schweigen.

Juliane lauschte angestrengt, während Martin zu verstehen versuchte. »Wie geht es dir wirklich?«, fragte er schließlich leise.

»Nicht so gut, also, den Umständen entsprechend wohl gut. Ich weiß es nicht. Ich brauche jetzt immer Schmerztabletten, aber wenn ich sie nehme, ist es okay. Schwach bin ich nicht, aber hin und wieder fühlt sich etwas taub an oder kribbelt. Vermutlich drücken irgendwelche Metastasen auf die Nerven.«

Er rang nach Luft. »Du sagst das so trocken.«

»Ich habe viel geweint, jetzt geht es. Ich habe es akzeptiert.«

»Wann kann ich dich sehen? Ich fahre sofort los, wenn du es willst. Vielleicht finden wir gemeinsam eine Lösung.«

»Noch nicht, ich brauche noch Zeit für mich.«

Lazarus reckte den Kopf, als habe er vor dem Stall etwas gehört und wieherte ohrenbetäubend.

»Was war das?«

»Ein Pferd«, gab sie zurück und fühlte sich, als würde sie langsam von einem Abgrund zurückweichen, an den sie das Gespräch geführt hatte.

»Du kannst doch nicht, nicht in deinem Zustand!«, protestierte Martin. »Diese Tiere sind so viel größer als du, was wenn eines austritt oder dich verletzt, was ...«

»Martin! Das ist egal.« Nun konnte sie sogar lachen. Sie rieb Lazarus die Stirn, und der begann mit dem Kopf zu nicken. Er wollte, dass sie ihn mehr kraulte, aber für sie sah es in diesem Moment aus, als würde er ihr zustimmen. Wenigstens er war ihrer Meinung.

»Sagst du mir wenigstens, wo du bist? Ich habe versucht, dich zu finden, aber immer wieder deine Spur verloren.«

»Du bist mir gefolgt?«

»Ja, was denkst du denn?« Er klang verletzt.

»Das solltest du nicht. Ich bin in den Bergen, in ein, zwei Tagen vielleicht schon in Italien.«

»Lass mich dich abholen.«

»Und dann, wohin? Ich gehe nicht zurück, erst wenn ich nicht mehr kann.«

»Dann lass mich dich wenigstens sehen.«

»Später ... vielleicht.«

»Bitte, Jule.«

»Nicht, Martin ...« Sie legte auf und starrte auf das Handy, als habe sie mit einem Mal ein giftiges Tier in der Hand. Nach diesem Gespräch fühlte sie sich nicht besser, sondern schlechter. Aber wenigstens wusste Martin jetzt, dass sie nicht vorhatte, sich das Leben zu nehmen.

Das Telefon klingelte. Natürlich rief er zurück und würde sie wohl auch in den nächsten Tagen immer wieder anrufen.

Leiser Zorn stieg in ihr auf. Sie drückte den Anruf weg. Dann besann sie sich, machte ein Selfie von sich und Lazarus und schickte es Martin mit der Bitte, nicht mehr anzurufen. Sie würde nicht abnehmen.

Danach blieb das Telefon still.

KAPITEL 13

Sie blieben noch einen weiteren Tag auf Liesls Hof. Die Pferde ruhten sich aus und fraßen sich an dem saftigen Gras satt, während Juliane mit Arkadij Einkäufe in einem winzigen Tante-Emma-Laden erledigte und die Schlucht erkundete, die nur hundert Meter hinter dem Hof im Boden klaffte. Es war ein verwunschener Ort mit Moospolstern, Farnen und blank gespülten Felsen.

Am Nachmittag lag Juliane auf einer Wolldecke, mitten auf der Pferdeweide, und tat einfach nichts. Sie sah zum Himmel hinauf, an dem sich auch die letzten schweren Wolken auflösten, und schaffte es für einen Moment, alle düsteren Gedanken zu verbannen. Sie sah den Insekten zu und den Hühnern im Hof, die laut gackernd Sandbäder nahmen, und beneidete sie um die Fähigkeit, im Jetzt zu leben, nicht im Morgen und niemals im Gestern.

Der nächste Tag begann früh. Auf den Wiesen lag noch Reif, und die Sonne warf nur ein fahles Licht über die hohen Berge, als sie die Pferde beluden und loszogen. Heute stand ihnen die schwerste Etappe bevor: die Überquerung des Hauptpasses. Arkadij ritt ungewöhnlich schweigsam voran, nachdem er auch Juliane gedrängt hatte, zumindest den ersten Teil der Strecke zu reiten. Sie würde später all ihre Kräfte brauchen.

Lazarus nahm seine kleinen Garstereien wieder auf, sobald Juliane auf Selmas Rücken saß. Mittlerweile war sie ihm böse, weil er die Stute so anging. Es bedeutete auch, dass sie auf den schmalen Bergpfaden höllisch acht geben mussten, dass er nicht plötzlich ausschlug oder die junge Stute vom Weg abdrängte.

»Weißt du was?«, rief Arkadij ihr zu, nachdem Lazarus mal wieder gestolpert war, weil er sich ständig nach Juliane umsah. »Heute Abend setzt du dich mal auf ihn drauf.«

Ungläubig schüttelte sie den Kopf und hielt sich auch mit der anderen Hand am Sattel fest. »Wenn du gehört hättest, was die Vorbesitzer über ihn gesagt haben … Angeblich will er jeden umbringen, der es wagt …«

»Dich nicht! Dafür lege ich meine Hand ins Feuer. Ich passe auf, aber wir versuchen es.«

»Ich weiß nicht.«

Sie hatten eine kleine Almwiese erreicht, der Pfad wurde breiter. Arkadij schwang ein Bein über den Sattel, ließ das andere folgen und saß im nächsten Moment falsch herum auf seinem Pferd. Nun konnte er Juliane ansehen, die nicht wusste, ob sie wegen seines Leichtsinns Angst um ihn haben oder lachen sollte, weil es so albern aussah. »Ich weiß nicht, gilt nicht«, sagte er nun. »Du bist die mutigste, tapferste Frau, die ich kenne.«

»Dann kennst du zu wenige …«, murmelte sie, aber er wartete erst gar nicht auf eine Antwort. Stattdessen wies er mit einer anklagenden Handbewegung auf Lazarus, der zwischen ihnen lief. »Der verrückte Gaul da würde alles für dich tun. Er vertraut dir, ich denke, du kannst auch ihm vertrauen. Und damit Ende der Diskussion.«

Mit einer akrobatisch aussehenden Bewegung drehte er sich auf dem Pferderücken wieder richtig herum und wandte ihr den Rücken zu. Auch wenn sie es nicht sah, wusste sie, dass er lachte.

»Na gut«, rief sie ihm zu. »Toter kann ich ja nicht werden.«

Weiter und weiter ging es bergan. Am Mittag gönnten sie sich und den Pferden noch eine längere Pause, dann ging es für alle zu Fuß weiter, bei schönstem Wetter. Doch auch die Sonne konnte nicht darüber hinwegtäuschen, dass in der Nacht frischer Schnee in der Höhe gefallen war. Die Gipfel waren mit makellosem Weiß überzuckert, und der Boden wurde stetig karger.

Juliane fiel jeder Schritt schwerer. Ihr Herz donnerte angestrengt in der Brust, und auch auf den wenigen ebenen Wegstrecken wollte es nicht mehr langsamer werden. Sie war an der Grenze ihrer Kräfte.

Obwohl sie bereits mehrfach Schmerztabletten genommen hatte, hüllte sie der Hirntumor in bleierne Pein. Als würde sie in einer gewaltigen Glocke stehen, die bei jedem Schritt hin und her schwang. Die Schallwellen brannten durch ihre Nerven. Hin und wieder wurden ihre Finger oder Arme taub. Mehrfach war ihr der Führstrick entglitten, doch Lazarus blieb bei ihr.

Er schien zu spüren, wie es um sie stand. Wenn sie eine Pause machte, blieb er brav bei ihr stehen oder bewegte sie mit sanften Stößen dazu weiterzugehen.

»Wir schaffen das«, sagte Juliane abgeschlagen und rieb ihm über die Blesse. Die Gewissheit, sterbenskrank bis auf über 2600 Meter aufsteigen zu müssen, um ihr Ziel zu erreichen, war dennoch entmutigend. Arkadij lief langsam voraus. Statt ihm sah sie meist nur die muskulöse Rückseite des Packpferdes, das stoisch weiterstapfte. Arkadij fragte nicht mehr, wie es ihr ging, sie hatte es ihm verboten. »Wenn etwas ist, dann melde ich mich«, hatte sie ihm verbissen zu verstehen gegeben, seitdem waren nur noch der ständige Wind, ihr pfeifender Atem und der Hufschlag der Pferde zu hören.

Ihre Oberschenkel brannten. Sie starrte auf den steinigen Weg vor sich und verlor trotzdem oft den sicheren Tritt, weil sie die Unebenheiten zwar sah, aber nicht mehr rechtzeitig reagierte, um ihnen auszuweichen.

Nach und nach schwand die Welt, der Himmel, die Berge und die mageren, struppigen Wiesen. Juliane ging wie in einem Tunnel.

Jetzt zählte nur noch der Pfad vor ihr, Meter für Meter, Schritt für Schritt. Die Luft wurde dünn. Übelkeit quälte ihren Magen, der schon seit Tagen säuerlich auf die vielen Schmerztabletten reagierte.

Lazarus lief nun neben ihr, schirmte mit seinem breiten Hals den eisigen Wind von ihr ab. Doch irgendwann half auch das nicht mehr. Sie taumelte, hielt sich im letzten Moment am Packsattel fest und blieb stehen. »Ich kann nicht mehr«, keuchte sie.

Lazarus streckte den Kopf vor und schnaubte mehrfach, erfreut über die Pause, doch im Gegensatz zu ihr schien er noch lange nicht am Ende seiner Kräfte.

Juliane hatte den Führstrick fallen gelassen und hielt sich mit beiden Händen am Sattel fest. Alles drehte sich. Der Schwindel kam und ging und kam wieder.

Arkadij und seine beiden Pferde schrumpften zu verschwommenen Punkten. Er zog ohne sie weiter, doch nein, er blieb stehen. »Juliane!« Sein Ruf klang panisch.

Im nächsten Moment landete sie schmerzhaft auf

ihrem Hintern und stützte sich im letzten Augenblick mit den Händen ab.

Jetzt nicht ohnmächtig werden, dachte sie. Lazarus blies ihr seinen warmen Atem ins Gesicht. Er roch nach Heu und Kräutern. Dann leckte er ihr über die Wange, was sie mit einem Schlag aus der nahenden Ohnmacht zurückholte.

Nun war auch Arkadij bei ihr. Sofort kniete er sich neben sie. »Hey, was ist? Tut dir etwas weh, du bist gestürzt.«

»Nur zusammengeklappt.«

»Hast du genug getrunken, wo ist deine Wasserflasche?«

»Kommt mir vor, als hätte ich ein kleines, pelziges Tier verschluckt.« Sie versuchte zu grinsen und fühlte sich schauderhaft. Noch immer pochte ihr Puls, als wolle er ihre Stimme übertönen. Er wummerte in den Ohren und bis unter die Schädeldecke.

Arkadij legte einen Arm um ihre Schulter und drückte ihr eine Wasserflasche in die Hand. Das Metall war angenehm kühl.

»Die ist ja noch fast voll«, sagte er entrüstet. »Du bist dehydriert.« Sie trank, so viel sie herunterbekam.

»Bin ich nicht, aber ich bin zu schlapp, ich schaffe es nicht. Es tut mir leid, wenn du den ganzen Weg umsonst …«

»Juliane Radu!« Er kniete sich vor sie und legte seine Hände an ihre Wangen. So zwang er sie, ihm in die Augen zu sehen. Seine waren blau wie der Berghimmel und genauso endlos. Und plötzlich war ihr nicht mehr nur vor Erschöpfung flau.

»Jetzt hör mir mal zu. Du bist 2580 Meter hier raufgestiegen, jetzt wirst du auf den letzten fünfzig nicht schlapp machen, das lasse ich nicht zu. Und wenn ich dich zum Pass trage!«

»Aber …«

»Kein Aber.« Er küsste sie, küsste sie so lange, bis sie jedem verrückten Plan zugestimmt hätte. Als er sich schließlich neben sie setzte, waren sie beide atemlos. Arkadij hielt ihre Hand in seiner. »Schau doch, da vorne ist der Pass schon, der Krimmler Tauern. Das ist nicht mehr weit. Früher sind hier ständig Menschen und Vieh drübergezogen, es war eine Fernstraße.«

Juliane rieb mit ihren Fingern über seinen Handrücken und sog jedes seiner Worte begierig auf. Sie wusste, was er da tat, er lenkte sie ab, bis sie ihren Mut von alleine wiederfand. Auch wenn sie seinen Plan durchschaut hatte, war sie ihm dankbar.

Sie versuchte sich vorzustellen, wie die Menschen früher mit viel primitiveren Mitteln diese Tour unternommen hatten. Sie konnten sich im Notfall nicht einfach in ein Auto setzen und die Berge auf diese Weise überqueren.

»Wann war das?«, fragte sie.

Arkadij räusperte sich grinsend, als schlüpfe er in die Rolle eines alten Geschichtenerzählers. »Also …

die ersten regelmäßigen Überquerungen gab es wohl schon in der Bronzezeit, später von den Römern. Richtiger Hochbetrieb kam dann im Mittelalter auf, und der Pass wurde zur wichtigsten Nord-Süd-Verbindung. Händler transportierten ihre Waren mit Karawanen, Viehhändler querten und dann noch viele einfache Leute. Dazu kamen Soldaten und Menschen auf der Flucht, in Kriegszeiten.«

»Wow …« Juliane sah die Wanderer beinahe vor sich, in einfacher Kleidung, bepackt mit allem, was sie gerade noch so tragen konnten. Sie sah die Menschen zum hohen Tauernkogel aufschauen, einem grimmig aussehenden Berg, den der frische Schnee noch höher erscheinen ließ. Auf der anderen Seite des Passes thronte der nicht minder beeindruckende Schütttalkopf.

Eisiger Wind riss den frischen Schnee von seiner Spitze und wehte ihn wie eine weiße Fahne davon.

Arkadij war aufgestanden und zog Juliane, ohne ihren Protest abzuwarten, auf die Beine. »Geht es wieder?«

Sie hielt sich an seinen Armen fest und nickte. »Dein Trick hat funktioniert.«

»Es wird auch höchste Zeit. Merkst du, dass es aufgefrischt hat? Das Wetter schlägt um. Auf der anderen Seite wird es besser sein.«

»Auf der anderen Seite …«

Arkadij küsste sie auf die Stirn und dann, länger,

auf den Mund. »Los jetzt, guck, Lazarus geht schon vor.«

Und wirklich, ihr Pferd hatte offenbar schon entschieden, wohin die Reise ging. Mit schleifendem Strick folgte er dem Pfad bergan und rupfte hier und da von dem verblichenen Gras, das unter dem tauenden Schnee hervorkam.

»Hey, warte.« Juliane lief ihm hinterher und merkte, dass sie wieder etwas mehr Kraft hatte. Vielleicht würde sie doch reichen.

Kurz darauf lief sie neben Lazarus und hielt sich mit einer Hand ständig am Packsattel oder an der dichten Mähne fest. So war es leichter.

Arkadij sollte recht behalten, das letzte Stück war einfacher, wenngleich sie mehrere Schneewechten durchqueren mussten. Da er mit den anderen beiden Pferden vorausging, war der Pfad bereits gut gespurt, und Juliane musste sich nicht zu sehr durch den Schnee kämpfen.

Dann war der Moment plötzlich gekommen: Sie stand auf dem Pass. Vor ihr breitete sich ein Tal aus. Von hier oben sah mit einem Mal alles einfach aus.

Sie stieß einen wilden Jubelschrei aus. Lazarus sprang überrascht zur Seite. Sie umarmte erst das Pferd, dann Arkadij. »Danke, danke ihr beiden! Ich glaube es nicht!

Ich bin der glücklichste Mensch der Welt.« Sie

schrie noch einmal. Ihr Jubel hallte glockenklar durch die Berge.

Noch ein dicker Kuss für Lazarus, genau zwischen die weichen Nüstern.

Der Wallach wusste gar nicht, wie ihm geschah und womit er Julianes überschwängliche Freude verdient hatte.

Arkadij stieß sie an. »Hier.« Er drückte ihr einen Piccolo mit Champagner in die Hand. »Du solltest darauf trinken.«

Der Wind riss an seinem Haar und glättete die Locken, während er sie unverwandt ansah.

Juliane nahm einen Schluck aus der Flasche, der ihr beinahe in die Nase stieg. Alles in ihr kribbelte, von der Anstrengung, vor Freude und weil Arkadij sie auf diese ganz besondere Art betrachtete.

»Was denkst du?«, fragte sie und reichte die Flasche an ihn weiter.

Er zögerte. Ein Schatten zog über seine blauen Augen. »Dass ich dir im nächsten Leben wieder begegnen möchte, das denke ich.«

Juliane brannten plötzlich Tränen in den Augen. Wenn sie einander eher begegnet wären, wenn … Nein, das durfte sie sich nicht ausmalen.

Arkadij wich ihrem Blick aus und trank einen großen Schluck Champagner. Einen zu großen. Im nächsten Moment musste er husten und dann lachen. Und dann war der Schatten vorbeigezogen.

Juliane umarmte Arkadij und drückte sich an ihn. »Danke, danke, danke. Ohne dich hätte ich das niemals gewagt.«

Er drehte sie vorsichtig in seinen Armen, bis er hinter ihr stand und sie gemeinsam auf den zurückgelegten Weg sahen. »Das hast du ganz alleine geschafft.«

***

Martin stand mit Arkadij Fuchs im Krankenhausflur und erwiderte stur dessen gelassenen Blick, bis er merkte, dass er seinen Zorn nicht länger aufrechterhalten konnte. Dieser Typ war nicht willens, ihm die Stirn zu bieten, eher würde er sich umdrehen und gehen. Dann würde Martin nie erfahren, was Juliane in der Zeit erlebt und durchgemacht hatte, in der sie diesen Fremden ihrem eigenen Mann vorgezogen hatte. »Würden Sie mit mir reden, über Juliane?«, fragte er schließlich.

Fuchs nickte. »Draußen? Hier drinnen hat man ja das Gefühl zu ersticken.«

Martin ging voraus. Den kleinen Park, der an das Krankenhaus anschloss, hatte er nie betreten. Augenblicklich schwand der Mief von Reinigungs- und Desinfektionsmitteln, von Krankheit und Angst. Links und rechts des betonierten Weges wuchsen Buchsbaumhecken und einige Rosen. Lavendelbüsche erinnerten ihn an Italien, wo er seine Juliane wiedergefunden hatte. Fuchs, der neben ihm lief und seine Hände in die Hosentaschen geschoben hatte, atmete tief ein und aus. »Hier ist es besser.«

»Sind Sie jetzt bereit zu reden?«

»Das war ich die ganze Zeit, ich bin nur nicht bereit zu streiten, weder an Julianes Krankenbett noch hier. Das würde sie nicht wollen.«

Martin stimmte widerwillig zu. »Würden Sie mir erzählen, was … was Sie mit ihr unternommen haben? Wo haben Sie meine Juliane kennengelernt?«

Er hatte genau gesehen, wie sich Fuchs' Kiefer spannten, als er ›meine Juliane‹ sagte, also stimmte sein Verdacht, da war mehr zwischen ihnen gewesen. Wie Säure brannte es in seinem Magen.

»Ich weiß nicht genau, was sie zwischen dem Aufbruch von uu Hause und dem Start unserer Tour alles erlebt hat. Nur dass sie zusammen mit ihrem Pferd die gesamte Strecke gelaufen ist.«

»Sie hatte kein Pferd.«

Fuchs lächelte. »Vielleicht hat sie ihn nie besessen, ein Pferd wie Lazarus lässt sich nicht besitzen, aber sie waren gute Freunde.«

»Sie reden von einem Tier wie von einer Person.«

»Eine Persönlichkeit, ja.«

Während sie durch den kleinen Garten liefen, berichtete Fuchs von einer Bergwanderung mit einer Frau, die nur entfernt Ähnlichkeit mit Martins Juliane hatte. Doch es stimmte, er hatte ihr Gepäck mit heimgenommen und nicht nur ein Zelt und andere Campingutensilien, sondern auch ihre Wanderschuhe gefunden, die aussahen, als hätten sie einiges hinter sich gebracht.

»Die Reise mit ihr hat mich verändert. Ich werde es nie vergessen.«

»Aber hat Juliane Sie nicht dafür bezahlt?«

»Hat sie. Das Geld habe ich im Einvernehmen mit ihr später an einen Gnadenhof gespendet.«

Martin durchschaute sein Gegenüber nicht. Juliane hatte ihn also als Führer bezahlt, und dann hatte er beschlossen, ihr Geld nicht zu nehmen? Warum? Was war zwischen ihnen vorgefallen? Das, was er vermutete? Vielleicht hatte er auch Mitleid bekommen, mit einer sterbenskranken Frau, die von einer wahnwitzigen Idee getrieben wurde, und sich geschämt, damit auch noch Geld zu verdienen.

»Falls Juliane noch einmal wach wird, würden Sie ihr etwas von mir ausrichten?«, fragte Fuchs, den Blick in die Ferne gewandt, als würde er statt der Backsteinmauern des Krankenhauses eine Erinnerung sehen.

»Kommt darauf an, was es ist«, sagte Martin. Sein Magen fühlte sich mittlerweile an wie ein kleiner, saurer Klumpen. Wenn dieser Kerl ihn bitten würde, seiner Frau eine Liebesnachricht zu überbringen, würde er ihm doch hier und jetzt die Faust ins Gesicht donnern, auch wenn er noch nie jemanden geschlagen hatte.

In den letzten Wochen fühlte er sich ständig, als müsse er seine Verzweiflung an irgendetwas oder irgendjemandem auslassen.

»Sagen Sie ihr, dass ich mein Versprechen halte. Lazarus ist bei mir und wird es bis zum Ende seines Lebens bleiben. Es geht ihm gut.«

»Lazarus?«

»Ihr Pferd. Der beste Freund, den sie je hatte.«

»Ja, das kann ich ihr sagen«, antwortete Martin erleichtert.

»Gut, danke.« Fuchs nickte ihm knapp zu, dann drehte er sich um und ging.

KAPITEL 14

Der Abstieg vom Pass gestaltete sich schwieriger als erwartet. Zumindest war es bergab weniger anstrengend, wenngleich die dichter werdende Luft ihre Kopfschmerzen befeuerte. Der intensive Geruch der ersten üppigen Almwiese war Übelkeit erregend, und so beschlossen sie, eine Weile zu rasten und die Pferde grasen zu lassen.

Lazarus und die anderen beiden stürzten sich sofort auf das satte Grün. Juliane setzte sich auf einen flachen Stein, der sich in der Nachmittagssonne aufgewärmt hatte, nahm eine Tablette und massierte sich die Schläfen.

»So schlimm?«, fragte Arkadij weich, setzte sich neben sie und zog sie an sich.

Juliane gab seinem freundlichen Drängen nach und bettete ihren Kopf auf seine Oberschenkel. »Ich mach schon«, sagte er und begann mit kreisenden Bewegungen über ihre Schläfen und die Stirn zu streichen.

Langsam wich ihre Anspannung und auch das Unwohlsein. Sie seufzte erleichtert. »Du hast magische Hände.«

»So, so.« Sie hörte an seiner Stimme, dass er lächelte, und öffnete die Augen. Er grinste lausbubenhaft und sehr zweideutig. »Wenn du wüsstest, was ich mit meinen Händen noch alles kann.«

»Arkadij!« Juliane errötete.

Sein Blick ersetzte tausend Worte. *Hier und jetzt,* schienen die blauen Augen zu sagen, hier unter freiem Himmel und der Sonne der Berge, wo es nur sie beide gab.

Juliane fasste in sein windzerzaustes Haar und zog ihn zu sich. Sein Kuss machte jeden Gedanken an einen baldigen Abstieg zunichte.

Kurz vor der Abenddämmerung näherten sie sich einer Schutzhütte. Noch immer war Juliane aufgewühlt von all der Lust und ein wenig auch von Verzweiflung, die sie in letzter Zeit immer genau dann befiel, wenn sie sich besonders lebendig fühlte.

Ihre Haut kribbelte noch, als habe Arkadij dort wirklich magische Spuren hinterlassen. Der eisige Wind, der nun mit einem Mal aufkam, löschte sie nach und nach aus. Am Himmel jagten dunkelgraue Wolkentürme dahin. Immer mehr von ihnen schafften es nicht mehr über die Gipfel und blieben daran hängen. Der Wind drückte sie gegen die kargen Steilwände und presste sie talwärts, näher zu ihnen.

»Beeilen wir uns«, rief Arkadij und begann zu joggen. Die beiden Pferde folgten ihm unwillig. Juliane musste ihre letzte Kraft aufbringen, um mit ihm Schritt zu halten … und dann tat sie es einfach.

Sie legte einen Arm über den Sattel, hielt sich auf der anderen Seite fest und verlagerte im Laufen ihr Gewicht. Schon trug Lazarus sie zur Hälfte. Ihre Beine wurden leicht, und sie machte riesige Schritte, ließ sich teils tragen, teils rannte sie. Lazarus merkte sehr wohl, was sie tat, doch es kümmerte ihn nicht. Ob er ihr wirklich so weit vertraute, dass er sie aufsitzen lassen würde? Arkadij schien davon überzeugt.

Als er sich nun zu ihr umdrehte, hob er nur eine Braue, als wollte er sagen: *Ich wusste es*.

Endlich hatten sie die Schutzhütte erreicht.

Sie banden die Pferde neben einem alten Wassertrog an und luden ab. Mittlerweile hatten sie eine gemeinsame Routine gefunden. Während Juliane die leichteren Gepäckstücke herunterhob und in die Hütte trug, kümmerte sich Arkadij um die schwereren Teile und sattelte ab. Bei der Ausrüstung hatte er ein besonderes System, das Juliane nicht durcheinanderbringen wollte.

Schnell war auch ein kleiner Litzenzaun gezogen, den Arkadij mit einer Batterie verband. Juliane verteilte Hafer an die Pferde, dann endlich konnten sie sich in die Hütte zurückziehen. Es war höchste Zeit, denn nun wurde es richtig dunkel. Sie hängten eine solarbetriebene Lampe auf, die tagsüber geladen hatte. Mit all dem Gepäck war es in dem winzigen Holzbau sehr eng.

»Ich mache Essen«, verkündete Juliane schnell, bevor Arkadij auch diese Aufgabe übernehmen konnte.

»Was wird es denn?«, fragte er und ließ sich auf eine der Holzpritschen fallen.

»Käsespätzle, glaube ich, mehr haben wir nicht.«

»Das wird sicher exquisit«, scherzte Arkadij, rieb sich den Bauch und sah Juliane dabei zu, wie sie zwei Tüten Fertigessen mit Wasser verrührte. Auf ihrem Kocher dauerte es eine kleine Ewigkeit, bis es endlich zu kochen begann. Der Geruch des Käsepulvers war zuerst abstoßend, doch nach einigen Minuten ungeduldigen Rührens erschien es ihr wie das beste Essen der Welt.

Sie war fürchterlich hungrig. Als es schließlich fertig war, verzichteten sie auf Teller und aßen gemeinsam aus dem Topf.

Draußen wurde es immer ungemütlicher. Wind toste um die Hütte und pfiff durch die Ritzen herein. »Die armen Pferde«, sagte Juliane, als sie auch den letzten Rest aus dem Topf gekratzt und ihren Löffel abgeleckt hatte.

»Mach dir nicht zu viele Sorgen, die stellen sich in den Windschatten der Hütte und rücken dicht zusammen, was wir auch tun sollten.«

»Ich glaube, ich war noch nie in meinem ganzen Leben so müde. Das Essen hat mir den Rest gegeben.«

Arkadij gähnte lange. Das schien ihm Antwort genug. Kurz darauf lagen sie eng aneinandergekuschelt auf einer Pritsche. Juliane merkte nicht einmal mehr, wie er das Licht ausmachte.

Mitten in der Nacht wurde sie kurz wach und lauschte. Draußen war es still geworden. Der eisige Wind hatte sich gelegt. Erleichtert drehte sie sich auf die andere Seite, kuschelte sich an Arkadijs warmen Rücken und schloss die Augen.

Am Morgen weckten sie stechende Kopfschmerzen und Arkadij, der neben ihr herumzappelte, weil er nach seinem Handy angelte, das irgendwo auf dem Boden lag.

»Verschlafen«, konstatierte er schließlich. »Es ist schon nach neun.«

Juliane antwortete nichts, sondern schluckte zwei Tabletten. Zwei, nicht eine wie sonst. Und noch eine dritte für ihren Magen, der mittlerweile regelmäßig gegen die starken Medikamente rebellierte.

Die Schmerzen rotierten in ihr wie eine Feuerspirale. Obwohl sie die Augen geschlossen hielt, schossen weißgrelle Blitze durch ihr Sichtfeld.

Sie hörte Arkadij sprechen, doch sie verstand den Sinn der Worte nicht. In dem lauten Rauschen in ihrem Kopf ging alles unter. Er fasste sie an den Schultern, rüttelte an ihr, bis sie abwehrend eine Hand hob. Er sollte sie in Ruhe lassen, hierbei konnte er ihr nicht helfen. Sie drückte seine Linke, ehe er sich zurückzog.

Nun war sie allein, gefangen im Strudel ihrer Schmerzen. Juliane ließ sich rückwärts auf die Pritsche kippen, rollte sich hilflos zusammen und krallte die Hände ins Holz.

Irgendwann konnte sie wieder klarer denken. Aus dem wilden Strudel wurden Stromschnellen und dann ein unruhiges Fließen. Das Rauschen schwand. Zurück war die unheimliche Stille, die sie schon in der Nacht bemerkt hatte.

Juliane öffnete vorsichtig die Augen. Arkadij war fort. Die Lampe an der Decke strahlte kaltes, blauweißes Licht aus.

Sie setzte sich auf, das ging. Aufzustehen wagte sie noch nicht. Ihre Beine fühlten sich ganz matt an und auch ein wenig, als gehörten sie nicht zu ihrem Körper.

»Arkadij?« Ihre Stimme klang fremd.

Eine Antwort bekam sie nicht. Wie lange er wohl schon weg war? Dann fuhr ihr der Schreck in die Glieder. Er rief doch wohl keinen Notarzt oder die Bergrettung?

Juliane kramte ihr Handy hervor. Es fiel ihr schwer, die winzigen Buchstaben und Zeichen zu erkennen. Dann schärfte sich ihr Blick langsam. Keine Nachrichten. Kein Empfang.

Sie stützte sich an der Wand ab und kam auf die Beine. Zum Glück war die Hütte so klein, dass sie schnell zur Tür gelangen konnte.

Sie riss sie auf und erschrak.

Alles war weiß. Von der Tür aus führte eine tiefe Spur ins grelle Nichts. Ansatzlos ging die weiße Fläche in Nebel über. Horizont und Berge gab es nicht mehr.

Barfuß ging Juliane zwei Schritte weiter. Von Arkadij war noch immer nichts zu sehen, und dann zuckte sie zusammen. Der Litzenzaun war umgerissen, die Pferde fort.

Panisch suchte sie den frischen Schnee nach Spuren ab. Es gab keine.

Lazarus und die beiden anderen mussten schon vor dem Beginn des Schneefalls Reißaus genommen haben.

Juliane taumelte zurück in die Hütte, schluckte sicherheitshalber noch eine weitere Schmerztablette und zog sich hastig an. Sie musste sich zwingen, in einen Müsliriegel zu beißen, um ihrem Magen wenigstens etwas zu geben, das er außer den Tabletten verarbeiten konnte.

Kurz darauf eilte sie in ihrer wärmsten Kleidung aus der Hütte. »Arkadij! Lazarus!« Sie rief, pfiff. Nichts.

Wind zerriss den Nebel zu Fetzen und trieb ihn schnell vor sich her. Immer wieder versperrten bleiche Schleier ihr die Sicht.

Juliane glaubte, einen Schemen zu sehen, und änderte die Richtung. Vermutlich war es dumm, sich alleine hinauszuwagen, aber hatte Arkadij das nicht auch getan? Mittlerweile war sie sich sicher, dass er nach den Pferden suchte, genau wie sie.

Der Schemen, dem sie gefolgt war, erwies sich als Felsen. Auf dem dichten Moospolster taute und tropfte der Schnee bereits. Juliane fror trotzdem. Sie zog die Nase hoch und sah sich um. Weiß. Überall weiß.

Die Hütte war fort. Der Himmel noch immer einheitsgrau.

Sie hatte sich verirrt. Die Aussicht, im Schnee zu sterben, schreckte sie nach der grässlichen Schmerzattacke am Morgen kaum.

Die Angst um ihr Pferd trieb sie weiter. Der Schnee reichte ihr halb die Wade hinauf, an manchen Stellen, wo der Wind ihn zusammengetrieben hatte, höher. Sie versuchte sich zu erinnern, wie es hier am Vorabend ausgesehen hatte. Relativ flach, mit Gras, das sie auch unter den Füßen als weiches Polster spürte. Aber gab es Unebenheiten, Geröllfelder oder gar tiefe Spalten, die Mensch und Pferd verschlucken könnten?

Sie wusste es nicht.

Verbissen stapfte sie weiter und kam schnell ins

Schwitzen. Der Kampf mit den Schmerzen hatte ihrem Körper an diesem Morgen schon viel Kraft geraubt, und auch die Schmerzmittel schwächten sie. Dennoch musste sie ihn finden. Lazarus und sie machten diese Reise doch gemeinsam! Nicht auszudenken, wenn er nun sein Leben verlor.

Hier oben gab es für Tiere keine Rettung, keinen Tierarzt weit und breit. Während sich in Julianes Vorstellung ein Horrorszenario mit dem anderen abwechselte, stapfte sie unermüdlich durch den Schnee. Schon keuchte sie. Die kalte Luft zog ihre Lungen zusammen und trocknete ihr die Kehle aus. Sie nahm eine Handvoll Schnee, ballte ihn zu einem kleinen Eisklumpen und biss ein Stück ab.

Das tat gut. Der Schnee schmeckte mineralisch. Jetzt hatte sie auch wieder genug Stimme, um weiter nach Lazarus und Arkadij zu rufen.

Doch sie hatte das Gefühl, dass ihre Rufe nicht weit drangen. Der Nebel, der immer wieder minutenlang jegliche Sicht unmöglich machte, schien auch die Geräusche zu schlucken.

Als es endlich für einen Moment aufklarte, wäre sie beinahe gestolpert. Dort waren Spuren im Schnee, die ihren Weg kreuzten. Sie wirkten noch recht frisch. Juliane ging in die Knie und meinte erkennen zu können, dass sie von ihrem Lazarus stammten. Ihr Herz tat einen Freudensprung, doch dann sah sie das Blut. Er hatte sich verletzt.

Nun rannte sie.

Die roten Spuren wurden nicht weniger, aber auch nicht mehr. Die Hufabdrücke verliefen in Bögen, als habe auch er die Orientierung verloren oder sei sehr geschwächt.

Juliane bekam Seitenstechen, doch das konnte ihr, bei all den Schmerzmitteln, mit denen sie sich vollgepumpt hatte, kaum etwas anhaben. Dennoch wurde sie immer langsamer. Ihre Kleidung klebte am Körper. Sie stolperte über einen verborgenen Stein und fiel der Länge nach hin. Sofort sog sich ihre Hose mit eisigem Wasser voll. Der Kälteschock provozierte eine neue Schmerzattacke, doch diese war gedämpft und ging vorüber.

Keuchend kam sie auf die Beine. An Aufgeben war nicht zu denken. Obwohl ihr schwindlig war, raffte sie sich auf und folgte der Hufspur, die nun gerader verlief.

Und dann sah sie ihn. Erst als dunklen Schemen, dann eindeutig seine Silhouette. Lazarus. Er stand mit gebeugtem Kopf da, als würde er leiden …

oder fressen!

»Lazarus!«

Er riss den Kopf hoch. Sein Umriss erinnerte an eine Bronzeskulptur, ganz still stand er da, ehe er wieherte und in ihre Richtung sah. Er hatte sie erkannt. Mit erhobenem Schweif trabte er ein Stück auf sie zu. Juliane rannte ihm entgegen. Es sah nicht so aus, als sei er schwer verletzt. Sein Gang war klar und leicht.

Juliane schlang die Arme um seinen Hals und schmiegte die Wange an das seidige Fell. Lazarus schnaubte eine leise Begrüßung und zupfte an ihrer Jacke.

»Lass mich sehen, was dir passiert ist.«

Sie untersuchte ein Bein nach dem anderen, hob die Hufe an und fand schließlich einen kleinen Schnitt am Vorderbein über dem Fesselgelenk. Da das Fell nass war, sah es schlimmer aus, als es war. Juliane nahm etwas Eis und rieb die Wunde sauber. Sie war nicht geschwollen und hatte aufgehört zu bluten.

Lazarus ließ die ganze Prozedur ruhig über sich ergehen. »Was du für ein braver Kerl geworden bist«, sagte sie stolz und richtete sich auf. Schwindel, da war er wieder. Sofort hielt sie sich an Lazarus fest, wickelte einen schwarzen Mähnenstrang um ihre Hand. »Das ist nicht gut, gar nicht gut.«

Ihr Körper wollte nach dem anstrengenden Vortag eindeutig eine Pause. Nun, da die Erleichterung sie einholte, fiel jeder Schritt schwer. »Wie kommen wir nur zurück, Lazarus?«

Sie hielt sich noch immer an ihm fest, und er stand ganz still da, während er sie fragend musterte.

Juliane sah sich um, ohne viel zu erkennen. Der Schnee taute zwar, doch das führte nur zu noch feuchterer Luft, noch mehr Nebel.

Wenige Meter vor ihr ragten Felsen aus dem Weiß. Dort hatte Lazarus gefressen, sie sah die Spuren, wo er den Schnee vom Gras gescharrt hatte. Womöglich waren die Pferde einfach weggelaufen, um Futter zu suchen. Das Warum war jetzt allerdings nebensächlich. Zurückzufinden war das drängendere Problem.

Lazarus stupste sie an und drückte die warmen, weichen Nüstern in ihr Gesicht.

»Würdest du mich tragen, Lazarus?«

Er antwortete nicht, natürlich nicht. Aber ihre Aufregung stieg mit jeder verstreichenden Sekunde. »Komm«, sagte sie leise und ging zu den Felsen. Dort könnte sie aufsteigen, wenn er es zuließ.

Lazarus folgte ihr treu wie ein Hund. Ganz dicht hielt er sich bei ihr, als wollte er bereit sein, falls sie ins Straucheln geriet.

Einer der Felsen stieg flach an. Juliane erklomm ihn vorsichtig, darauf bedacht, nicht zu fallen. Lazarus beobachtete sie aufmerksam. Nebel hatte auf seinem Fell eine glitzernde Schicht gebildet, und er sah ein wenig aus wie ein Zauberpferd. Für sie war er eines, zweifellos.

Als sie oben angekommen war, rief sie ihn zu sich. Mit sanftem Druck brachte sie ihn dazu, sich neben den Felsen zu stellen, sodass sie einfach aufsitzen konnte … könnte. Denn zuerst legte sie ihm nur die Hände auf den Rücken und verlagerte probeweise ihr Gewicht.

Seine Ohren zuckten nach hinten, aber er wich nicht zur Seite. »Wenn du mich loswerden willst, dann wirf mich in tiefem Schnee ab, okay?«

Sie fasste in die Mähne, nahm all ihren Mut zusammen und setzte sich auf seinen Rücken. Lazarus stand noch immer ganz still. Juliane streichelte seinen Hals und redete ihm gut zu. Er schien auf ihre Worte zu lauschen. Nach und nach entspannten sich seine Muskeln, und sie glaubte zu spüren, wie auch er in diesem Moment ein wenig heilte, seine Seele sich streckte.

»Komm, bring mich zurück«, sagte sie schließlich und schnalzte auffordernd. Sie wollte nicht die Fersen benutzen, um keine Erinnerungen an Sporen und andere dunkle Dinge aus seiner Vergangenheit heraufzubeschwören.

Lazarus lief sehr langsam los, so langsam hatte sie ihn noch nie gehen sehen. Er schien alles möglichst vorsichtig und richtig machen zu wollen, für sie.

Bald folgte er seiner eigenen Spur zurück. Er schien den Weg mehr zu wittern als zu sehen. Nebel tauchte auf und schwand. Es war schwer, die eigene Hand vor Augen zu erkennen.

Am Anfang hatte Juliane ständig damit gerechnet, abgeworfen zu werden. Doch Lazarus trug sie, blieb stehen, sah zu ihr hoch und lief dann weiter, jedes Mal mit weniger Furcht.

Als sie schließlich die Hütte erreichten, war

Juliane bis in die letzte Faser ihres Körpers glücklich. Das hatten weder die Überquerung des Passes noch Arkadijs Zärtlichkeit geschafft.

»Ich danke dir«, flüsterte sie in die gespitzten Pferdeohren und ließ sich dann von Lazarus' Rücken gleiten.

Erst da bemerkte sie Arkadij, der sie schweigend beobachtete. Stolz zeichnete sein Gesicht. Er brauchte nichts sagen, er hatte gewusst, dass Lazarus ihr vertraute. Endlich wieder einem Menschen vertraute, vielleicht sogar zum ersten Mal in seinem Leben.

Juliane küsste das Pferd auf die Nüstern und rieb ihm die Stirn, bis er genüsslich die Augen schloss.

»Hast du die anderen gefunden?«, fragte sie, als ihr klar wurde, dass Arkadij ohne die Pferde zurückgekehrt war. Sie bekam ein schlechtes Gewissen. Vor lauter Freude über den Meilenstein, den sie mit Lazarus erreicht hatte, waren seine Herdengenossen in den Hintergrund gerückt.

»Ich nicht, aber du«, sagte Arkadij lächelnd und wies hinter sie.

Juliane drehte sich um und sah zwei Schemen, die sich aus dem Nebel schälten und auf sie zugetrottet kamen. Beide liefen in der von Lazarus gebahnten Spur. Als Arkadij pfiff, trabte Robin an und auch Selma folgte schneller.

Kurz darauf standen sie vor ihm, schnaubten und verhielten sich als sei nichts gewesen.

»Na, dann können wir ja jetzt endlich los«, sagte Juliane gut gelaunt.

»Wenn es dir auch wieder gut geht.« Er trat zu ihr, sah ihr tief in die Augen.

»Wirklich gut wird es mir, glaube ich, nie wieder gehen, aber besser, ja.«

»Was war das vorhin?«

Er strich ihr das nebelnasse Haar aus der Stirn. »Ich hatte Angst um dich.«

»Das darfst du nicht, Arkadij«, sagte sie ernst. »Alles, nur das nicht. Es war eine Schmerzattacke. Die werden jetzt wohl häufiger kommen. Ich muss einfach einsehen, dass ich die Tabletten ab jetzt dauerhaft nehmen und nicht weglassen darf, wenn ich meine, es ginge ohne.«

»Warum hast du sie überhaupt weggelassen?«

»Das ist Morphium, Arkadij.«

»Ich weiß, ich hab die Schachtel gesehen.« Er schwieg, aber sie sah ihm an, dass er noch etwas sagen wollte. »Du hast nur noch Wochen, das waren deine Worte.«

Sie nickte, so schwer es ihr auch fiel.

»Dann ist es egal, ob du abhängig wirst oder die Leber kaputtgeht. Es ist alles egal, nur eines nicht. Du solltest keine Schmerzen haben, wenn du nicht musst. Versprich mir das.«

»Es ist nur … Hast du mal den Beipackzettel gelesen?«

»Nein. Und das wirst du auch nicht mehr, ich werde damit das nächste Lagerfeuer anzünden.«

Das war wieder typisch Arkadij. Sie küsste ihn auf die Nasenspitze und wand sich aus seinen Armen.

»Wo willst du hin?«

»Brav noch eine Tablette nehmen natürlich!«

***

Die Luft war erfüllt von Tannenduft und Vogelzwitschern.

Vier Tage war es her, seit sie die Berge mit ihrem späten Schneefall hinter sich gelassen hatten.

Inzwischen waren auch die Kuppen der Gipfel um sie herum von Grün überzogen, und das Land schwelgte in den Farben des Frühsommers. Arkadij ritt neben Juliane. Ihre Strecke führte nun meist über Forststraßen und breite Wanderwege.

Seit zwei Tagen ritt Juliane regelmäßig auf Lazarus, und der Wallach trug sie so brav, als hätte er nie jemanden abgeworfen. Anfangs hatte sie es gar nicht glauben können, doch mittlerweile vertraute sie ihm genauso sehr wie er ihr.

»Traben?«, fragte Arkadij augenzwinkernd.

»Ich weiß nicht.« Sie war bislang nur Schritt geritten. »Ist das für die Pferde nicht zu anstrengend?«

»Nach der Bergtour? Unsinn.«

Arkadij wartete nicht auf sie, sondern schnalzte nur, und schon trabten alle drei Pferde los. Es dauerte einen Moment, bis Juliane sich an die schnellere Gangart gewöhnt hatte und wie früher in den leichten Sitz ging.

Links und rechts flogen die Stämme nur so vorbei. Juliane kam es sehr schnell vor, doch das war sicher nur ihr Eindruck. Lazarus schien das flottere Tempo zu genießen, er schnaubte und schüttelte seine Mähne und zog Juliane vor Übermut beinahe die Zügel aus den Händen.

Auf Selmas Rücken klapperte das Gepäck und schaukelte hin und her. Der Stute schien es nichts auszumachen.

Sie trabten, bis sie an eine Weggabelung kamen. »Rechts entlang«, meinte Arkadij nur. Weiter ging es durch eine üppige, hohe Wiese, in der die Bienen summten. Etwas hangaufwärts hatte ein Imker mehrere Kästen aufgestellt.

»Du hast schon ewig nicht mehr auf die Karte geschaut, Arkadij, meinst du nicht, du …«

»Nein. Hier kenne ich mich aus wie in meiner Westentasche. Bruneck ist nicht mehr weit, als Kind habe ich hier gewohnt. Hier waren wir früher oft Pilze sammeln.«

»In Italien?«, fragte sie ungläubig. »Ich dachte, du seist in Österreich aufgewachsen und deine Mutter Russin.«

Sie wusste, dass sie das Thema lieber ruhen lassen sollte, wie alles, was mit seiner Familie zusammenhing. Aber mittlerweile kannten sie sich besser, vielleicht war er jetzt bereit zu reden.

»Meine Mutter war Russin, ja. Aber nach ihrem Tod konnte mein Vater gar nicht schnell genug eine Neue finden. Mit ihr ist er dann hierher gezogen.«

»Und mit dir.«

Er zuckte unwirsch mit den Schultern.

»Du könntest ihn also theoretisch einfach besuchen, wenn du eine Reittour gemacht hast, oder zumindest Paulchen«, sagte sie, wohl wissend, dass sie sich auf dünnes Eis vorwagte.

»Niemals«, sagte er laut und mit so plötzlichem Zorn, dass sein Pferd einen Satz nach vorn machte. Er zog grob an den Zügeln. Das hatte Juliane bei Arkadij noch nie erlebt. Das Thema schien ihm wirklich nahezugehen, aber sie verstand noch nicht, warum.

»Niemals? Du warst ihn wirklich in all den Jahren noch nie besuchen?«

Er schüttelte den Kopf.

»Wie oft bist du denn hier?«

»Drei-, viermal im Jahr, meist. Aber was soll ich denn da, wir haben uns nichts zu sagen.«

Juliane lenkte Lazarus mit einer Gewichtsverlagerung neben ihn und beugte sich hinüber. Sie legte ihre Hand auf seine. Er sah sie an wie ein waidwundes Tier. Plötzlich erinnerte er sie eher an ein Kind, das den Verlust nicht wahrhaben wollte.

»Ist zwischen dir und deiner Stiefmutter etwas vorgefallen?«

»Nenn sie nicht so«, erwiderte er kühl. Juliane drückte seine Hand, bis er sie erneut ansah. »Nein, nichts. Sie hat nichts verstanden, ständig versucht, aus uns eine perfekte kleine Familie zu machen. Aber die gab es nicht mehr, sie war zerstört und sie die letzte, die etwas daran ändern konnte.«

»Aber sie hatte doch keine Schuld.«

»Sie nicht, aber mein Vater. Er wusste genau, was er mir antat, und trotzdem …«

»Manche Menschen finden nun mal schnell einen neuen Partner. Ich würde mir wünschen, dass Martin nicht lange um mich trauert, das bringt mich ja auch nicht zurück.«

Arkadij hielt sein Pferd an. »Wirklich? Das meinst du nicht ernst. Und wenn ihr ein gemeinsames Kind hättet?«

»Dann erst recht«, erwiderte sie und schluckte. Ein Kind würde es für sie nie geben.

Von da an ritten sie schweigend weiter. Juliane beobachtete ihren Begleiter hin und wieder von der Seite und sah, dass er grübelte. Mit ihrer ehrlichen Antwort hatte sie wohl einiges ins Rollen gebracht. Auch ihre eigenen Gedanken kehrten zu ihren Eltern zurück, die immer eine besondere Ehe geführt hatten. Sie waren sehr unterschiedlich und ebenso temperamentvoll. Oft hatten sie nächtelang diskutiert, doch schon als Kind hatte Juliane gewusst, dass sie nicht wirklich stritten. Sie waren ehemals wilde 68er. Ihr Vater malte und spielte Gitarre, ihre Mutter dichtete, und beide liebten es, das politische Tagesgeschehen zu zerpflücken, als gelte es, Hühner zu rupfen.

Auch ihr, der einzigen Tochter, hatten sie beizubringen versucht, dass sie alles infrage stellen sollte, doch Juliane hatte rebelliert, alles ins Gegenteil gekehrt und später eine Beziehung ohne Spannung und ohne Streitkultur geführt.

Dass sie doch irgendwann ausgebrochen war, als ihr das Schicksal einen sehr harten Schubs gab, hatte sie wahrscheinlich auch ihnen zu verdanken.

»Ich vermisse sie«, sagte sie leise.

Arkadij hob den Kopf. »Hmm?«

»Meine Eltern. Ich vermisse meine Eltern. Meinst du nicht, du solltest irgendwann mal in Ruhe mit deinem Vater reden? Du bist ein erwachsener Kerl, der Berge bezwingt, das wirst du doch auch hinbekommen.«

Er sah sie gequält an, verzog den Mund. Für ein Lächeln reichte es nicht. »Dafür ist es zu spät.«

Nein, so leicht würde er ihr nicht davonkommen. »Er lebt, solange er lebt ist es nicht zu spät, du willst später nicht bereuen müssen, dich nie wegen so einer dummen Sache ausgesprochen zu haben.«

Arkadij schnappte nach Luft, als wolle er sie anschreien, doch er besann sich. »Meine Mutter war gerade erst sechs Wochen unter der Erde, da ist er schon mit einer Neuen ins Bett gestiegen! In das Ehebett, und ich habe die beiden erwischt. Ich war zwölf!«

Ja, das musste wirklich schlimm gewesen sein, aber seinem Vater deshalb für über zwanzig Jahre den Krieg zu erklären … »Vielleicht war es die einzige Art, wie er mit dem Verlust umgehen konnte. Es gibt solche Menschen, nicht jeder ist so stark, Arkadij.« Sie räusperte sich. »Hat er noch mehr Frauen mit heimgebracht?«

»Nein, nur sie. Aber das reicht doch.«

»Und er ist noch immer mit ihr zusammen?«

Arkadij nickte zerknirscht, offenbar wurde ihm langsam klar, dass er vielleicht überreagierte, aber das hieß noch nicht, dass er es auch eingestehen wollte.

»Wo wohnen sie?«

»Nein, das kannst du dir direkt aus dem Kopf schlagen. Wir reiten gemeinsam bis zum Nationalpark Drei Zinnen ohne Stopp in Bruneck.«

Die Art, wie er das sagte, machte ihr klar, dass sie keine Chance hatte. »Schon gut, ich lasse dich in Ruhe, aber Arkadij, ich bin mir sicher, dass deine Mutter nicht wollte, dass sich ihre beiden Männer voneinander abwenden.«

»Sie hätte uns vermutlich in einen Raum gesperrt

und erst wieder rausgelassen, nachdem wir einander die Hand gegeben hätten«, gestand er und lächelte zögernd.

KAPITEL 15

Juliane hatte sich vor diesem Tag gefürchtet. Die Übernachtung in einem kleinen Gasthof im Nationalpark Drei Zinnen war ihre letzte gemeinsame gewesen. Am nächsten Morgen saßen sie auf einer sonnigen Terrasse beim Frühstück und warteten auf einen Freund von Arkadij, der ihn und seine beiden Pferde abholen würde.

Juliane sah erneut auf ihr Handy. Es war noch eine halbe Stunde Zeit, dann würde sie von ihrem Weggefährten Abschied nehmen müssen. Arkadij nahm ihre Hand.

»Nicht, sonst muss ich womöglich heulen, und ich hab mir vorgenommen, es in diesem Leben nicht mehr zu tun.«

»Wasserverschwendung, ich weiß«, sagte er und versuchte es mit einem motivierenden Lächeln. Ihre Hand ließ er dennoch nicht los. Und Juliane weinte nicht, noch nicht. »Was hast du dir denn vorgenommen, hast du einen Entschluss gefasst?«, hakte er nach.

Sie zuckte mit den Schultern. »Ich hätte nie geglaubt, es über die Alpen zu schaffen, und jetzt bin ich hier. Und ich stehe immer noch auf zwei Beinen.«

»Und reiten kannst du auch noch. Wenn du willst, organisiere ich dir einen Transport, du könntest heim, deine Familie sehen, deinen Mann ...«

»Alles, nur das nicht. Vielleicht reite ich einfach immer weiter, bis ich irgendwann vom Pferd falle.« Sie wusste, dass ihr Ende nicht so kommen würde, nicht bei einem Hirntumor.

»Du bist noch immer nicht galoppiert.«

Sie legte den Kopf schief und sah ihn fragend an. »Das ist dir wichtig, oder?«

»Das ist das Schönste auf der Welt.«

»Besser als Sex?« Es war ihr einfach so rausgerutscht, und nun wurde sie rot. Ihre Wangen glühten wie Feuer. Der Sex mit Arkadij war wirklich unglaublich gut. Es fiel ihr schwer, nicht daran zu denken, wenn er sie auf diese verträumte Weise ansah.

»Manchmal, ja«, sagte er unbeirrt.

»Wo hattest du deinen schönsten ... Galopp?«, setzte sie nach.

»Am Strand natürlich. Weit und breit kein Mensch, ordentlich Wind, die Wellen schienen uns zu jagen, und es hat sich angefühlt wie fliegen.«

»Tja, Pech gehabt, hier ist weit und breit kein Strand, nur Berge und Täler.«

»Der Strand ist nur ein paar Tagesritte entfernt.«

»Du spinnst!«

Juliane stand auf der Weide neben Lazarus und winkte. Die andere Hand hatte sie an die Brust gepresst. Warum tat ihr das so weh? Sie kannten sich doch kaum!

Die Rücklichter des Pferdehängers blinkten rot, als Arkadij vor der nächsten Kurve bremste. Dann verschwand er hinter einigen Tannen und war fort.

Fort, als habe es ihn nie gegeben. Als seien der Alpenritt und die romantischen Abende mit ihm nur einem wilden Traum entsprungen. Auch Lazarus sah ihnen nach, dann wieherte er laut und lange.

»Ja, deine Pferdekumpels sind weg, aber vielleicht siehst du sie schon bald wieder, wenn du willst«, sagte sie mit belegter Stimme.

Sie setzte sich auf die Wiese, umschlang ihre Knie und fühlte sich ganz klein. Sie hatte all ihre Kraft gebraucht, um Abschied zu nehmen. An diesem Tag würde sie keine weiten Strecken mehr gehen. Arkadij hatte sich anfangs geweigert, sie alleine zurückzulassen, und schließlich doch vor ihrer Sturheit kapituliert. Es war ihre Reise, ihr letzter Weg. Er war einen Teil davon mit ihr gegangen, wofür sie ihm unendlich dankbar war.

»Bevor ich mein Herz ganz an dich verliere, musst du gehen«, hatte sie gesagt und ihn mit Tränen in den Augen geküsst.

»Aber ich kann dich nicht alleine lassen, jetzt, da es dir jeden Tag schlechter geht.«

»Es ist meine Entscheidung, meine. Und genau davor bin ich weggelaufen. Ich möchte nicht ständig bewacht und beobachtet werden.«

Schließlich hatte er ihren Wunsch zähneknirschend respektiert, was Martin nie getan hätte. Juliane hatte ihn gebeten, einfach zu gehen, als würden sie einander am nächsten Tag wiedersehen. Sie sah ihm zu, wie er die Pferde putzte und seine Ausrüstung packte. Dann war der Geländewagen mit dem Hänger auf den Parkplatz des Hotels gefahren. Mit hochgezogenen Schultern führte Arkadij seine beiden Pferde zum Wagen und lud seine Sachen auf den Rücksitz. Nach einem schlichten Kuss auf die Wange war er eingestiegen und davongefahren.

Einfach so.

Juliane berührte ihre Wange. Hatte er ihr in den vergangenen Stunden auch nur ein Mal in die Augen gesehen? Nein, wie auch, es hätte zu sehr wehgetan. Juliane grub ihre Hände in die weiche Wiese, bis sie den kühlen Erdboden darunter ertastete.

Sie verbrachte Stunden auf der Weide bei Lazarus, der sich immer in ihrer Nähe hielt, und sah zu den Felstürmen der Drei Zinnen hinauf. In ihrer Hosentasche steckten mehrere Karten, die Arkadij in der Hotellobby hatte ausdrucken lassen. Es war ihr Weg zum Meer. Falls sie es denn wollte.

Am nächsten Morgen brach sie auf.

Den Sattel hatte Arkadij ihr gelassen, und an Lazarus' Halfter baumelte nun ein Anhänger, wasserfest beschrieben mit seiner Adresse und Telefonnummer, nur für den Fall …

Keine Minute verging ohne Schmerzmittel. Julianes linker Arm kribbelte auf Dauer und wurde in unregelmäßigen Abständen gefühllos. Es kam ihr vor, als schalte sich ihr Körper nach und nach ab.

Lazarus spürte immer, wenn es ihr schlecht ging, nie nutzte er Julianes Schwäche zu seinem Vorteil aus. Er war wirklich ein ganz besonderes Pferd.

An diesem Morgen dauerte es, bis Juliane ihn gesattelt und mit allem beladen hatte, was sie brauchte. Er stand einfach ruhig da, schlug nur hin und wieder mit dem Schweif ein paar Fliegen fort und ließ sie keinen Moment aus den Augen.

Als sie ihn schließlich vom Hof führte, fühlte sie sich reif fürs Bett. »Eigentlich wollte ich heute laufen, Lazarus«, sagte sie und war empört und wütend über ihre zunehmende Schwäche. Die vielen Tabletten nahmen ihr zwar die Schmerzen, aber auch die Kraft.

Resignierend kletterte sie auf eine Bank und von dort in den Sattel. Lazarus schnaubte zufrieden, wartete, bis sie sicher saß und lief dann los.

Sein Schritt war schnell, viel schneller als das Tempo, das sie selbst zu Fuß geschafft hätte. »Du hast es aber eilig«, sagte sie überrascht. Vielleicht spürte er, dass ihr die Zeit davonlief.

Mittags konnte sie die Drei Zinnen nicht mehr sehen, doch erst am nächsten Tag hatten sie die Dolomiten vollständig hinter sich gelassen.

Lazarus lief wie ein Uhrwerk und schien niemals müde zu werden. Wenn sie Pause machten, schlief Juliane meist sofort ein, während Lazarus sich satt fraß. Sie konnte sich darauf verlassen, dass er sie nach etwa zwei Stunden weckte, damit sie weiterziehen konnten. Der Boden wurde mit jedem Tag fruchtbarer. An die Stelle der Wälder traten Weiden und Hänge voller Rebstöcke, wenngleich noch immer felsige Kuppen das Land prägten.

Arkadij hielt sein Versprechen. Er rief nicht an, aber er schickte ihr Nachrichten und bereitete wie ein Schutzengel ihre Reise vor. Nie musste sie sich Sorgen machen, keinen Platz für die Nacht zu finden. Er telefonierte herum, plante und wenn sie am Abend eine Unterkunft erreichte, wartete man dort bereits auf sie.

In Gemona blieb sie zwei Tage. Der Ort war wunderschön am Fuße des Monte-Champon-Massivs gelegen, mit mittelalterlichen Gässchen und einem schneeweißen Dom, der der Schutzpatronin der Stadt, Santa Maria Assunta, gewidmet war. Ihre Unterkunft lag etwas außerhalb auf einem kleinen

Bio-Bauernhof, direkt am Ufer des Tagliamento. Nachdem sie tagsüber den Ort zu Fuß erkundet hatte, fühlte sie sich völlig matt, obwohl sie nicht weit gelaufen war. Am Abend setzte Juliane sich an den Fluss und sah Lazarus dabei zu, wie er gemeinsam mit zwei Eseln, mit denen er sich die Weide teilte, in einem Nebenarm planschte.

Er schlug mit dem Vorderbein ins Wasser, riss den Kopf hoch, wenn es spritzte, und hopste wie ein Fohlen immer hinein und hinaus. Es war ein Wunder, dass er in dem Kies und Geröll, das den Untergrund bildete, nicht stolperte.

Eigentlich hatte Juliane ebenfalls baden wollen, doch nun war die Schwäche auch in ihre Beine eingekehrt. Ertrinken, das war eine schreckliche Vorstellung. Daher saß sie auf einem Stein und hielt nur die Füße ins kühle Nass.

Schon seit einer Weile hielt sie ihr Telefon in der Hand. Das Display war in der Zwischenzeit immer wieder ausgegangen. Sie wischte darüber und wählte die Nummer.

»Hey Mama«, meldete sie sich.

»Jule, oh wie wunderbar, dass du dich meldest.« Ihre Mutter weinte, das hörte sie sofort, doch sie freute sich auch. »Wo bist du? Was machst du?«

»Ich mache die Videofunktion an.«

»Warte, ich hole Papa.«

Juliane schwenkte langsam die Kamera, von den

Bergen des Massivs über alte knorrige Bäume zu Lazarus und den Eseln, und dann auf ihre Füße, mit denen sie im Wasser planschte. »Ich glaube, ich habe das Paradies schon gefunden«, sagte sie und musste sich sehr zusammennehmen, um nicht mit ihrer Mutter um die Wette zu heulen.

»Ich freue mich für dich«, sagte ihr Vater pragmatisch. »Martin hat uns schon vor einer Woche alles gesagt. Er meinte auch, dass du nicht angerufen werden willst. Wie geht es dir?«

»Wir möchten dich auch sehen, Kind.«

»Ja, Mama.« Juliane drehte die Kamera um und zwang sich zu lächeln.

»Mein Gott, Julchen! So schmal bist du geworden. Was machst du nur?«

»Ich habe die Alpen zu Fuß überquert!«, sagte sie stolz.

»In deinem Zustand? Ich bin beeindruckt«, bemerkte ihr Vater, und sie wusste, dass er es genau so meinte. Er sagte nie ein Wort zu viel, und Small Talk würde er wohl niemals über die Lippen bringen. »Deine Mutter und ich haben viel über dich und deine Situation gesprochen. Wir möchten dir sagen, dass wir dich unterstützen werden, wie wir nur können. Und wir verstehen, dass du weggegangen bist, auch wenn wir dich gerne sehen würden.« Ihr Vater drehte sich um, fuhr sich durch das schüttere Haar.

»Danke, das bedeutet mir viel.« Juliane hielt das Handy weiter weg und zog die Nase hoch. »Ich hätte Taschentücher mitnehmen sollen.«

»Ach, Kind.«

»Was macht ihr in fünf Tagen?«

Ihr Vater fuhr herum, nun war es ihm egal, dass sie ihn weinen sah. »Kommst du nach Hause?«

»Nein, aber vielleicht möchtet ihr einen Ausflug nach Italien machen, ans Meer. Martin kann auch gerne mit.«

»Natürlich, natürlich kommen wir«, rief ihre Mutter. Nun lagen sich ihre Eltern in den Armen. Sie so zu sehen gab Juliane ein wenig das Gefühl, zu Hause zu sein. Ihre Eltern hatten sich immer geliebt und es jeden sehen lassen. Jetzt wurde Juliane klar, dass ihr genau das bei Martin und sich gefehlt hatte. Dabei hatten ihre Eltern es vorgelebt.

»Ich muss jetzt gehen«, sagte sie schnell. »Die Adresse schicke ich euch.«

Die letzten Tage vergingen wie in Zeitlupe. Der Schmerz ließ Juliane nicht mehr allein, lief wie ein geisterhafter Schatten neben ihr her. Manchmal war es so schlimm, dass sie sich übergeben musste, einmal sogar aus dem Sattel heraus. Besonders in den Morgenstunden war es kaum auszuhalten, erst gegen Mittag wurde es besser.

Lazarus war nun ihre größte Stütze. Manchmal musste er für sie sehen, wenn ihr Sichtfeld verschwamm oder plötzlich alles doppelt da war.

Es war Zeit anzukommen, sich auszuruhen, und wenn dann auch die Schmerzen aufhörten, vielleicht für immer.

Als sie das Meer zum ersten Mal riechen konnte, hielt sie an und schrieb Arkadij eine Nachricht. *In zwei Tagen kannst du Lazarus abholen*, tippte sie. *Danke, mein Ritter der Berge.*

Arkadijs Antwort kam erst, als sie das Ortsschild von Marina Julia passierte und auf einen sandigen Pfad abbog, der sie in das Naturreservat Lido di Staranzano führen würde, eine weite Lagunenlandschaft, die schließlich am Meer endete.

Juliane zog an den Zügeln, und Lazarus blieb sofort stehen. Das Handy befand sich ganz oben in der Satteltasche.

»Wir haben eine Nachricht von unserem Retter«, sagte sie und musste sich konzentrieren, um die Buchstaben zu entziffern. »Bin bei meinem Vater, und wir reden, ob wir uns vertragen, weiß ich noch nicht. Trotzdem danke für den Tritt in den Hintern, Juliane … und für alles andere. Ich kann mit dem Auto in drei Stunden bei euch sein. Lazarus muss nicht lange warten, wenn es so weit ist.«

Sie verstaute das Telefon und streichelte dem Wallach über den Hals. »Los, den letzten Kilometer schaffen wir auch noch.«

Das Hotel war winzig. Eine windschiefe Kate mit fünf Zimmern, für Wanderer und Abenteurer, mitten im Wald gelegen. Auch hier wurde Juliane bereits erwartet. Ein junges Paar half ihr aus dem Sattel und hinauf in ihr Zimmer. Sie brauchte Stunden, um sich so weit zu erholen, dass sie wieder aus eigener Kraft stehen und gehen konnte. Lazarus wieherte ihr von einer kleinen Weide aus zu, sobald er sie am Fenster bemerkte.

Es war Abend, als Juliane schließlich den Strand erreichte, der nur hundert Meter vom Hotel entfernt war. Lazarus trottete mit hängendem Kopf hinter ihr her und stupste sie immer wieder an.

Das Meer war flach und glatt wie ein Tuch aus Blei. Stahlgraue Wolken zogen darüber. Juliane ließ sich in den Sand fallen. Angekommen. Hier war die Welt für sie zu Ende. Keinen Schritt mehr. Kein Galopp am Strand. Hier gab es weder Dünen noch rauschende Wellen, dafür Ruhe und Frieden.

Sie sah hinaus, weit bis zum Horizont, und wünschte sich, dass diese Stille auch in ihren Kopf einziehen würde.

Die Abenddämmerung war fahl, als wolle sie ihr den Abschied nicht zu schwer machen. Das weiche Licht tat wohl. Sie schloss die Augen.

Als sie wieder wach wurde, war es Morgen.

Lazarus lag neben ihr und sah sie nachdenklich an.

Am Strand wateten schneeweiße Reiher im Wasser. »Den gemeinsamen Galopp werden wir verschieben müssen«, sagte Juliane erschöpft. Lazarus spitzte die Ohren, weil jemand kam. Scheu sprang er auf und jagte im nächsten Moment los. Er rannte auf die Reiher zu, pflügte durch das Wasser, dann reckte er den Schweif und galoppierte, fort von ihr, den fliehenden Vögeln hinterher. Ihre Sicht verschwamm, Tunnelblick, Dopplung, dann fehlte plötzlich die Hälfte ihres Sichtfeldes, wie ausgestanzt.

Lazarus war fort. Auch er hatte auf einen tränenreichen Abschied verzichtet.

Juliane streckte sich wieder im nachtkühlen Sand aus. Vielleicht war es besser so.

***

Arme, die sie trugen. Jemand gab ihr Wasser zu trinken. Tabletten … Der kreiselnde Schmerz wurde zurückgedrängt.

Als sie die Augen öffnete, erahnte sie Bewegung. Bäume huschten vorbei. »Sie wird wach«, sagte eine Stimme, der sie ihr halbes Leben lang vertraut hatte. Der Geruch seiner Haut hüllte sie ein wie ein Kokon.

»Martin.«

»Ich bin da, meine Liebe, wir fahren heim.«

»Heim«, seufzte sie, und es fühlte sich gut an, wie Geborgenheit und nicht mehr wie Eingesperrtsein.

Martin strich ihr mit den Fingern durchs Haar, wie er es früher immer getan hatte, wenn sie gemeinsam fernsahen. Ihr Kopf lag auf seinem Schoß, und er saß auf der Rückbank von Vaters Auto.

»Hast du Schmerzen?«, fragte Martin mit belegter Stimme.

»Nicht zu sehr.«

»Das ist gut.« Er wandte den Kopf und blickte aus dem Fenster. »Warum bist du nur weggegangen?«

»Ich musste wieder lernen, wie es ist, woanders zu sein, ohne dich zu sein. Und du musst lernen, ohne mich zu sein«, sagte sie schwach. »Verstehst du?«

Er schüttelte den Kopf, langsam, immer wieder. Er verstand es, doch sie sah ihm an, dass er den Gedanken nicht zulassen wollte. »Ich kann nicht ohne dich sein.«

»Doch, das kannst du.«

Eine Weile lauschte Juliane dem Motorengeräusch und dem Summen der Räder auf Asphalt, während sie die Reise, für die sie Wochen gebraucht hatte, in wenigen Stunden hinter sich brachten.

»Wo ist mein Pferd?«, fragte sie und setzte sich mit letzter Kraft auf.

»Was für ein Pferd? Du hast kein Pferd, Jule, das ist nur …« Martin lächelte gezwungen und musterte sie mitfühlend. »Das bildest du dir nur ein.«

* * *

EPILOG

Der Strand war endlos.

Blaugrüne Wellen brachen sich im steten Reigen. Juliane klammerte sich mit beiden Händen in Lazarus' Mähne fest. Die dicken, schwarzen Flechten peitschten ihr ins Gesicht, doch das störte sie nicht.

Die Hufe donnerten über den Sand. Juliane sah an der Pferdeschulter hinab. Seine Beine bewegten sich so schnell, dass sie verschwammen. Ob er noch schneller laufen konnte?

Juliane schnalzte, und Lazarus streckte sich, bis sein Hals ganz lang war. Der Rhythmus der Hufe steigerte sich wie ein Trommelwirbel, als kündige er ein großes Ereignis an. Juliane konnte kaum noch etwas sehen, so sehr blies ihr der Wind ins Gesicht. Da war der Horizont, die Dünen, die Weite. So viel Weite.

»Kannst du noch?«, rief sie dem Pferd zu.

Sie sah über die Schulter zurück und über aufgewirbelten Sand und Wasser. Dort irgendwo musste Arkadij auf Robin sein, doch sie sah nur noch einen kleinen Punkt.

»Abgehängt!«, jubelte Juliane.

Sie löste die Hände aus der Mähne. Nun klammerte sie sich nur noch mit den Beinen am bloßen Pferderücken fest. Sie wunderte sich, denn eigentlich ritt sie nie ohne Sattel.

Aber es fühlte sich gut an, als könnte ihr nichts passieren. Lazarus lief näher an die Brandung. Unter den Hufen spritzte Wasser bis zu ihren Knien hinauf. »Schneller, schneller!«, rief sie und breitete die Arme aus. Der Wind traf sie nun mit voller Wucht und riss sie beinahe hinunter.

Plötzlich sah sie zwei Menschen am Strand sitzen. Sie hatten ein Picknick auf einer Decke ausgebreitet und redeten miteinander. Als Juliane und Lazarus vorbeijagten, sahen sie auf und winkten.

»Mama? Papa?« Schon vorbei.

Ein einsamer Spaziergänger am Strand. Martin. Er drehte sich um und breitete beide Arme aus, als wolle er sie fangen … oder aufhalten. »Du bist viel zu schnell!«

Und vorbei.

Lazarus' Atem ging schwer, doch er wurde nicht langsamer. Das Huftrommeln rückte in den Hintergrund. Rauschen, Wellenrauschen …

… langsamer schlug ihr Herz. Der schnelle Ritt machte ihr keine Angst mehr.

Rauschen. Windrauschen.

Er zog an ihren Haaren. Juliane legte den Kopf in den Nacken und schloss die Augen, dann verlor sie den Halt. Sie rutschte. *Das wird wehtun.*

Schon konnte sie Lazarus nicht mehr spüren.

Sie fiel, drehte sich, streckte die Hände dem Boden entgegen, doch sie kam nicht auf. Der Strand war fort und auch die Angst vor dem Fall.

Windrauschen.

Wellenrauschen.

Frei sein …

Die Geräte blinkten und piepten noch immer. Martin, der bei Juliane gesessen hatte und eingeschlafen war, zuckte zusammen.

Ärzte und Schwestern stürmten ins Zimmer und drängten ihn zur Seite, doch sie konnten nichts mehr tun.

Juliane war gegangen, während er schlief. Fassungslos starrte er in ihr Gesicht. Ihre Augen waren weit geöffnet, und sie lächelte.

Die Ärzte konnten sie nicht mehr zurückholen.

Schließlich schalteten sie die Geräte aus und ließen Martin wieder mit ihr allein. Erst dann, als er ihre Hand nehmen wollte, sah er, dass sie die Faust auch im Tod noch um etwas geschlossen hielt. Es war das schmale schwarze Armband aus Pferdehaar.

* * *